国家社会科学基金重大项目：边疆多民族地区红色文化资源调查、保护与传承研究（编号18ZDA270）

U0505593

边疆多民族地区
红色文化资源保护与传承研究

Research on the Protection and Inheritance of
Red Cultural Resources in Frontier Multi-Ethnic Areas

卞成林　著

中国财经出版传媒集团

经济科学出版社
Economic Science Press

图书在版编目（CIP）数据

边疆多民族地区红色文化资源保护与传承研究/卞
成林著．－－北京：经济科学出版社，2021.11
ISBN 978－7－5218－3071－2

Ⅰ.①边…　Ⅱ.①卞…　Ⅲ.①边疆地区－民族地区－
革命纪念地－旅游资源开发－研究－中国　Ⅳ.
①F592.7

中国版本图书馆 CIP 数据核字（2021）第 241197 号

责任编辑：李晓杰
责任校对：王肖楠
责任印制：张佳裕

边疆多民族地区红色文化资源保护与传承研究

卞成林　著

经济科学出版社出版、发行　新华书店经销
社址：北京市海淀区阜成路甲 28 号　邮编：100142
教材分社电话：010－88191645　发行部电话：010－88191522
网址：www. esp. com. cn
电子邮箱：lxj8623160@163. com
天猫网店：经济科学出版社旗舰店
网址：http://jjkxcbs. tmall. com
北京季蜂印刷有限公司印装
787×1092　16 开　14.5 印张　300000 字
2022 年 8 月第 1 版　2022 年 8 月第 1 次印刷
ISBN 978－7－5218－3071－2　定价：68.00 元
（图书出现印装问题，本社负责调换。电话：010－88191510）
（版权所有　侵权必究　打击盗版　举报热线：010－88191661
QQ：2242791300　营销中心电话：010－88191537
电子邮箱：dbts@esp. com. cn）

前　言

在"两个一百年"交汇的重要历史时期，我国在建设社会主义现代化强国的道路上奋勇前行，要建设社会主义现代化强国，必须树立文化自信，红色文化则是增强文化自信的重要资源。中国共产党以马克思主义为指导思想，领导中国人民在新民主主义革命时期为谋求国家独立和民族解放而凝结出的一系列先进文化被称作红色文化。红色文化深刻体现出中国人民的优秀品质，高度概括了中华文化的精神内核，是彰显中华民族精神风貌、提升民族自信和文化自信的重要载体。习近平总书记强调，"要把红色资源利用好、把红色传统发扬好、把红色基因传承好"，这充分说明了红色文化受到了党和国家领导人的重视，也体现出红色文化在增强文化自信过程中不可替代的价值和意义。

红色文化继承和发展了中华传统优秀文化，是实现文化自信的重要基础。红色文化记录了近代以来中国共产党领导各族人民进行反帝反封建斗争的历史进程，总结了马克思主义中国化的重要智慧和经验，为坚定"四个自信"提供了关键保障。从先秦诸子开始到近代以来，我国的文化遗产浩如烟海，中华文化源远流长，红色文化正是在马克思主义的指导下，结合中国实际情况，继承发展了中华传统优秀文化，进一步丰富了中华民族的文化宝库，为实现中华民族伟大复兴提供了新思路。近代以来，农民阶级、资产阶级都用了不同的思路尝试挽救中国，历史证明，只有共产党才能救中国，只有社会主义才能救中国。利用红色资源，传承红色基因，红色文化中保留的历史经验是推动我们砥砺前行的重要信心来源。

红色文化能够进一步增强各族人民对中国特色社会主义文化自信的认同。文化的自信需要不断的发展和丰富，习近平总书记强调，文化自信是更基本、更深沉、更持久的力量，一旦失去这种内在的精神力量，历史悲剧就不可避免地要上演。红色文化在当今的社会背景下，通过历史事件、集体记忆等多样化的方式，为实现文化自信提供了丰富的资源。红色文化的表现形态丰富多样，遗迹旧址、人物事件、纪念场所、文艺作品都是体现红色文化价值的重要载体，不管是信息类的文字作品、科学研究成果，还是物质类的遗迹旧址、文化广场，都能够以不同的方式增强各族人民对红色文化的认同，进而增强文化自信。不同形态的红色文化资源共同构建起了完善的作用机制，进一步生产各族人民共有的记忆。

红色文化能够有效地对抗西方意识形态的入侵。伴随着信息时代的到来，西方的历史虚无主义、新自由主义等错误文化传入中国，对中国树立文化自信产生了巨大的消极影响。西方利用"自由""平等""民主"等借口否定我国的价值理念，事实证明，西方的"自由""平等""民主"并没有为世界带来和平，反而为世界带来了动荡和不安。中国共产党从中国实际出发，基于中国现实国情找到了文化自觉和自信的立足点。红色文化形成和发展的过程也说明中国需要以马克思主义中国化的方式，才能够真正解决中国的现实问题，不需要西方的意识形态对我国的发展指手画脚。

红色文化将为构建中国特色话语体系增添动力。伴随着世界格局的不断变化，全球经济秩序、文化价值秩序都在重构，在中华民族伟大复兴的道路上，需要构建起中国特色话语体系，才能够真正让中国道路、中国理论、中国智慧影响世界。红色文化是中国道路、中国理论、中国智慧的凝练，保护与继承红色文化将为构建中国特色话语体系增添动力，井冈山精神、长征精神、延安精神、西柏坡精神充分体现了中华民族的文化烙印，讲好红色故事，不仅能够体现出社会主义制度的优越性，更能够增强民族自豪感，让世界听到中国声音。

当前，铸牢中华民族共同体意识已经成为了民族工作的主线，同样也是实现中华民族伟大复兴的根本保证。边疆各族人民也在红色文化的产生和发展过程中发挥了重要的作用，边疆多民族地区的红色文化资源十分丰富，保护好、传承好边疆多民族地区的红色文化资源，不仅能够带动当地的经济结构转型，促进当地的经济高质量发展，让各族人民共享发展成果，更能够唤醒各族人民的共有记忆，不断凝聚人心，进而铸牢中华民族共同体意识。保护与传承边疆多民族地区的红色文化资源，不仅仅是一项惠及边疆富民工程，更是实现各族人民一家亲、同心共筑中国梦的重要路径。

卞成林

2022 年 8 月

目　　录

第一章 绪 论

第一节 研究背景与研究意义

一、研究背景

自第二次世界大战以来，世界上便主要呈现出两种文化对抗的状态，即以美国为首的资本主义文化和以苏联为首的社会主义文化之间的对抗。这种对抗状态一直持续到苏联解体，然而在这之后，在各个国家、民族之间关于文化的对抗不断增多。亨廷顿在《文明的冲突》一书中指出，现代国家之间的对抗，逐渐演变成了文明之间的对抗。自改革开放以来，中国的综合国力不断增强，国际地位不断提高，现在成为世界第二大经济体。对内，我们民族众多，文化种类多样，在不断挖掘和继承传统文化的前提下，更要进一步发展中华文化，构建文化认同，坚定文化自信，铸牢中华民族共同体意识，各民族同胞共同奋斗，为中华民族伟大复兴而努力；对外，我们作为世界第二大经济体，同时是社会主义国家，以美国为首的西方资本主义国家对中国虎视眈眈，认为美国与中国之间陷入了修昔底德陷阱，从多方面对我国进行打压，在文化方面企图利用"颜色革命"、和平演变等手段使得我国分裂，社会混乱。在这种复杂的国内外形势下，加强社会主义核心价值观的引导，铸牢中华民族共同体意识，发展中华民族优秀传统文化，继承红色基因，树立文化自信，是我国进一步增强综合国力，提升国际影响力，促进各民族共同繁荣的重要路径。

随着全球化进程加快，我国逐渐出现了文化自负和文化自卑两种心态，这两种心态对社会发展和民族进步都具有负面影响。在当今世界，文化软实力逐渐成为综合国力的重要体现，不管是自负还是自卑，对于树立文化形象，坚定文化自信都具有阻碍作用，所以必须要以开放的态度，吸纳优秀外来文化，同时不断挖掘民族文化内涵，从而更好地面对西方文化的挑战。我国拥有着灿烂悠久的历史，文化形式和内容也多种多样，与世界上其他地区或民族相比有着无与伦比的优势和积淀，再加上在历史上的绝大部分时间，中华民族都是世界上较为发达的民族，所以类似于"天朝""华夷之辨"这种思想长期出现人们心中，一直到现在都有文化自负的现象。

远有乾隆皇帝在接见英国来使马戛尔尼的时候认为英国人带来的地理仪器、军用武器等用品为"奇技巧淫"，清朝物产丰富，无所不有，同时不能接受他眼中的"蛮夷"英国女皇与他平起平坐，所以便不将英国来使放在眼中，英国人进贡的物品也被丢进了仓库，但是英国进贡的气枪是当时世界上火力最猛的武器，其内部构造也十分精密。另外还有郎世宁在建造欧式西洋楼的时候，特别在喷泉中设计了自动提水装置，但是被乾隆皇帝认为是投机取巧的表现，下令禁止使用，并用人工搬运，并且乾隆下令修建西洋楼的目的并非对排水方法的认同，而是向西方夸耀"天朝"的无所不能。近代世界上一旦有任何发现、发明，都有人希望从本民族的历史中找到类似的原型，然后驳斥他人。文化自负所伴随的一般都是思想上的故步自封与自我设防，同时也是一种不敢和世界文化进行沟通和交流的表现，害怕在交流的过程中发现自身的不足。

文化自卑是一种对本民族文化的轻视乃至否认的心理，自从近代以来，我国的国门被打开，鸦片战争、中法战争、甲午战争、八国联军侵华战争的爆发使得中国不再闭关锁国，中国原有的秩序观被打破，鸦片战争使得中国的国家主权、领土遭到不断的破坏，从自给自足的小农经济社会变成了半殖民地半封建社会，自此之后中国国门大开，沦为了资本主义的市场和原料产地，中国进入了旧民主主义时期。此时的中国统治集团还是只顾贪图享乐，并且与侵略势力勾结，镇压人民的抗争。在这一阶段，大量的有识之士开始向西方学习科学技术，并且逐渐转变了之前对自然科学漠视的态度，认识到了西方世界在技术方面是领先于中国的，中国的学术体系开始由人文学科向自然科学过渡，同时他们转变了中国为世界中心的传统理念。中法战争在中国战胜的情况下，统治阶级竟然主张签订了停战条约《中法新约》，承认法国吞并安南，从此中国的西南地区持续受到列强的骚扰，在此基础上中国人民进一步了解了统治阶级的腐朽，对西方科学技术的学习需求愈发扩大。在这一阶段，统治阶级开始了一场以学习、引进西方科技生产、军事技术来维护统治的运动——洋务运动，其主要指导思想"中学为体，西学为用"是从"师夷长技以制夷"的思想进一步演变而来的，但是这场运动并没有拯救中国，甲午海战的失利，不仅宣告了洋务运动的失败，还使得中国的民族自信大大降低。

1894年，朝鲜爆发起义，朝鲜政府向清廷求助，而日本也趁机派军到朝鲜、中国蓄意挑起战争，随后中日甲午战争爆发，以清廷北洋水师全军覆没而结束，随后签订的《马关条约》更是大片领土被割让出去，破坏了领土的完整，巨额的赔款使清廷只能大肆借债，自此中华民族危机空前严重，半殖民地程度大大加深。甲午海战的失败深深刺激了中国，曾经被视为蕞尔小国的日本击溃了清廷，大片领土被割让，主权进一步沦丧，洋务运动破产，使得众多知识分子上书要求改革，随后的戊戌变法便是针对"制"的改革了。戊戌变法共维持了 103 天，也称百日维新，倡导对西方学习，从科学技术、政治制度、教育体制等多方面进行系统的学习和改良，尤其是在思想方面，维新派兴办新式学堂，翻译西方书籍，创办报刊，传播新式思想。戊戌变法是中国近代史上一次重要的思想启蒙运动，它促进了当时社会的思想解放，推动了社会与思想的发展，对封建顽固思想进行了强烈的抨击与批判，但是顽固派势力过于强大，致使此次变法只有百日之久。1900 年，八国联军侵华，慈禧太后仓皇出逃，北京第二次沦陷，随后签订的《辛丑条约》使得清廷沦为帝国主义的走狗，中国彻底成为半殖民地半封建社会。

1840 年之前，中国一直认为自己是"天朝上国"，西方国家所谓的科学技术不过是"奇淫巧技"，这种文化自满的思想导致了自身文化的封闭和社会发展的落后，而在 1840 年之后，中国开始沦为半殖民地半封建社会，从前的强盛和自满被西方的坚船利炮所打破，取而代之的是无尽的屈辱，中国与列强之间的碰撞实质上是西方工业文明与中国农业文明的碰撞，结果是西方工业文明取胜，导致中国开始出现了文化自卑的现象。在中国随后的发展过程中，新文化运动倡导"民主"和"科学"，以西方文化作为指导，全国范围内掀起了一场向西方学习的浪潮，随着历史的发展，中国人民不断进行探索和学习，努力实现文化自觉和自信。

文化软实力和综合国力的增强既要摒弃文化自卑，又要抵制文化自负，坚定文化自信是国家发展民族复兴的重要路径。文化自信是建立在文化自觉以及对文化充分认识了解的基础上的，是对国家和民族价值判断的一种肯定，所以才能通过文化自信来激发创新活力，促进整体进步，在中国历史大部分时间中，中华民族都是具有民族自信的气度的，在唐朝时期更是形成了万邦来朝的盛况，众多文化在中华大地上交流交融，进一步丰富了中华文化。正是对自己的文化有信心，才能自信地与其他文化交流，树立起民族自豪感。在近代，毛泽东也曾经指出，在中华民族的历史上，有发达的农业和手工业，有众多的思想家、教育家、军事家、文学家，有丰富的书籍典藏，中国是世界文明最早发源的国家之一，在今天的历史当中，应当以马克思主义为指导，将中国的历史不断总结，继承珍贵的遗产。

现如今，在摒弃文化自卑和抵制文化自负的基础上，我们仍然有一系列重要的文化问题需要解决，比较有代表性的就是"灰色文化"的入侵。"灰色文化"自 20 世纪文化转型期以来影响不断加深，伴随着信息化浪潮的到来，它以多种信息化手段传播，以轻松娱乐的外表获得了大众集体的认同，形成了一种特殊的文化消费形态。它是一种偏离我国核心价值观和社会主导价值的文化形态，以刺激性、娱乐性、诱惑性为特点，不断削弱主流的道德观、审美观在人民群众中的影响力，它多以极其夸张荒诞的手法转移、歪曲事实真相，以放大社会发展中的负面情绪，促使群众逃避、厌恶现实，形成了极其功利性的社会意识。由于我国从农耕文明到工业文明的转变速度过快，全球化浪潮袭来之后，群众不免出现了新奇却又恐慌的心态，容易遭受境外势力的思想控制，弱化传统价值观念和道德的约束。

"灰色文化"对我国人民的影响主要体现在以下四个方面：

第一，价值观混乱。改革开放以来，大众文化不断发展，在"灰色文化"的不断影响下，许多群众的价值观从以前的为人民服务、报效祖国等崇高理想逐渐向个人功利化思想发展，造成了对自己认识不客观、不到位，消极工作、盲目崇拜的错误做法。虽然"灰色文化"披着"现代"的外衣，但是实质并不是开放的，而是以自我为中心的极度利己的错误取向，这种利己主义和功利主义很容易在群众中传播，如果不加强文化甄别能力，盲目吸纳外来文化，就会导致人民群众的价值观混乱。

第二，审美趣味滑坡。在市场经济不断发展的背景下，社会竞争愈发激烈，这种简单、刺激的"灰色文化"很容易带动个人情感，获得精神上的快感，进而增强文化的认同。与之相对的，传统文化的道德约束很快会被利己性的思维所排斥，导致内心的麻痹与迷茫。"灰色文化"的传播大部分是以低俗的文化作品或活动传递，在获得了受众的认同之后，高尚审美的文化便很难继续发展与传播，目前国内低俗歌曲、文学作品大行其道，标榜"开放""时尚"，却对爱国主义等高级审美的作品嗤之以鼻，这种趋势不断发展下去会导致人民群众的审美趣味滑坡。

第三，责任感缺失。习近平总书记在纪念五四运动一百周年大会上讲到，新时代中国青年要担当时代责任，为实现"两个一百年"奋斗目标，为实现中华民族伟大复兴而努力，这种责任感不仅对国家发展、民族复兴有着重要意义，同时对自身品格的塑造也十分关键，但是"灰色文化"将个人利益放在集体利益之上，将自身的好恶不断放大，将个人情绪化，进而使得个人缺少人生理想和社会责任，缺乏抗压精神。"灰色文化"在日常生活中对人的影响是一些生活习惯上的改变，例如迟到、失信、推脱；而在精神层面上，会使得人民心中的理想信念空泛化甚至虚无化，我国的爱国主义、集体主义等优秀精神逐渐消失，知识分子的家国情怀也逐渐被磨灭，个人主义盛行，爱国主义教育工作难以开展，这种趋势不断发展下去会导致人民群众的责任感缺失。

第四，政治意识消退。"灰色文化"的娱乐性会逐渐使人民的生活重心和关注重点向娱乐内容转移，减少对政治的关注和参与，"灰色文化"将政治的严肃性削弱，降低人民对政治的关注度，以颓废主义和娱乐主义将文化受众圈围在娱乐的牢笼之中，这种趋势不断发展下去会导致人民群众的政治意识消退。

综上所述，我国目前社会中存在着多种不利于社会发展、民族复兴的错误、落后、腐朽的文化，我们应当继续发扬中华民族的优秀文化，并逐渐实现文化自信，最后实现文化自强，而实现文化自信就是要将马克思主义思想与中华传统文化、红色文化相结合，不断增强文化影响力，在全球化的进程中不断扩大中华文化的影响广度和深度。我国幅员辽阔，民族众多，虽然在各区域、各民族之间文化不断交流的背景下产生了许多文化共性，但是由于边疆地区的文化交流和文化核心地区相比仍然较少，边疆地区容易受到境外文化的影响，所以在边疆地区更应该做好树立文化自信、加强社会主义核心价值观引导等一系列思想文化建设工作。

一般情况下我们认为东北三省、广西壮族自治区、内蒙古自治区、新疆维吾尔自治区、云南省、甘肃省、西藏自治区是我国的陆疆地区。在不同的历史时期关于边疆的概念界定有所不同，在中国古代，受限于交通、自然环境等多方面因素，边疆地区往往都是一些愿意承认中心王朝统治地位的地区，虽然伴随着中央集权的不断增强，中央政府对边疆地区的管理也逐渐增强，但是当时的边疆并没有明确的界限；近代以来，国家意识、主权意识不断觉醒，经过边界勘探等一系列工作之后，国家之间的界限逐渐清晰，而边疆地区的重要性越发凸显，我国现在的边疆地区虽然不能直接和历史上的边疆地区划等号，但是很大程度上也借鉴了历史上行政区划的经验，有着一定的继承性和稳定性。同时由于我国的边疆地区多为少数民族聚居区，所以也被称为"边疆多民族地区"，我国的边疆多民族地区约占国土面积的60%，边疆多民族地区人口数量约占全国人口的20%，总体来看边疆多民族地区蕴含着以下几点特殊含义。

第一，政治含义。边疆多民族地区远离国家经济、政治中心，因此在边疆多民族地区，中央政府的管控工作相对来说开展起来难度较大，所以边疆多民族地区的管理方式与其他地区也不同，在历史上有着高度集权统治和高度自治的两种模式。

第二，军事含义。边疆多民族地区是国与国之间的交界地区，军事地位十分重要。目前来看，我国的邻国大部分是西方国家打压或拉拢的对象，邻国的文化和经济波动很容易影响边疆多民族地区的社会稳定，进而给整个国家的安全带来挑战。

第三，经济含义。边疆多民族地区是处在国家市场体系的边缘地区、开放水平不足的落后地区，其市场化建设、整体开放水平与国内其他地区有所差距，其经济潜能未能很好地被挖掘，内在发展动能不足，同时在交通网络中处于末端，不能形成较大规模的交通枢纽，在经济发展中自然受到了约束。

第四，文化含义。边疆多民族地区是多民族文化发展的地区，由于我国的边疆多民族地区大部分是少数民族聚居区，在长期的历史发展过程中，受到自然环境、生产方式等一系列因素的影响，边疆多民族地区产生出了独特的地域文化与民族文化，在语言文字、风俗习惯等诸多方面与其他文化都有所差别。

但是目前伴随着我国社会主义建设的不断进行，边疆多民族地区逐渐展现出与其他地区所不同的特征。

第一，边疆多民族地区的经济发展较其他地区落后。首先，市场化水平不高，由于边疆多民族地区多处在我国的西部地区，经过调查发现其非公有制经济发展水平较低，在开放格局中与东部沿海地区相比属于弱势地区，开放程度、开放模式都与东部地区有着较大差距，致使边疆多民族地区很难吸引优秀的资源在本地发展。其次，公共基础设施建设不足，交通运输网络建设较为滞后，大多是铁路公路的终点站；同时由于边疆多民族地区的地形较为复杂，大部分地区的铁路公路建设难度较其他地区大很多，交通运输线路的不足也极大地限制着边疆多民族地区的经济发展。

第二，边疆多民族地区的人口结构较其他地区更为复杂。首先，人才较其他地区更为缺乏，在培养人才方面，由于教育资源的缺失，教育水平的不足，边疆多民族地区很难自主培养大批量优秀人才，同时还面临着人才流失的危险；在引进人才方面，由于相关激励政策与其他地区有较大差距，并且本地的经济社会发展水平与其他地区也颇显不足，造成了人才引进难的问题。其次，长驻人口居住地民族较多，与其他地区人口主要以汉族为主不同的是，在边疆多民族地区，往往是多个民族在此聚居，既包括汉族，又包括大量的其他少数民族同胞，所以如果对民族关系认识不到位、没有处理好，各民族之间很容易出现隔阂。

第三，边疆多民族地区的地理位置较其他地区更为敏感。首先，由于与其他国家毗邻，同时我国周围的国家大多都受到了西方大国的控制与打压，对中国进行经济发展上的遏制乃至破坏，在文化意识方面进行渗透，边疆多民族地区成为面对这些困难的前线；同时我国在边界问题上与其他国家还有所争议，一些国家企图通过各种形式侵吞我国领土，边疆多民族地区在某些特定时期会面临着军事冲突的危险。其次，边疆多民族地区存在着大量的跨境民族，并且我国的一些少数民族有着自己的宗教信仰，所以在边疆多民族地区不管是在民族方面还是在宗教方面都不可避免与境外有所联系，所以更容易受到非法势力的影响和控制，对我国的国家安全造成影响。

第四，边疆多民族地区的生态环境较其他地区更为脆弱。首先，由于其与其他地区相比地理环境较为复杂，西南地区地质灾害多发、西北地区土地贫瘠、北部地区荒漠化严重、东北地区水土流失情况也不容乐观，边疆多民族地区生态环境的自愈能力较差，一旦破坏，治理成本较高。其次，边疆多民族地区多为资源富足区，有着大量的自然资源，我国过去在资源开发、经济发展的过程当中没能很好地协调经济发展与生态保护之间的关系，很长时间内一直秉承着"先开发，后治理"的理念，对边疆多民族地区的生态环境造成了极大的破坏，这种发展模式对边疆多民族地区的可持续发展极为不利。

边疆多民族地区的作用十分重要，具体体现在以下几个方面。

第一，拱卫国土。在国家治理的范畴中，存在着"核心区—边疆区"的区分，核心区代表着人口稠密、经济发达的地区，而边疆区是守卫在核心区以外的地区，目前我国面临着外来型的国家安全威胁，涉及领土、军事、政治等多方面。一方面，边疆区是保证国家领土完整的前沿阵地，另一方面，边疆区可以作为外部威胁进入核心区的缓冲区，在边疆区将威胁降到最低乃至消化分解，以确保国家整体的安全。

第二，保障发展。在国家发展的过程当中，边疆多民族地区有着丰富的自然资源，是其他地区所无法比拟的，所以可以为国家整体发展提供大量的自然资源，同时由于边疆多民族地区相对落后，有着更为廉价的劳动力和可以进一步开发的市场，在东部地区产业升级的过程中可以更好地承接产业转移，一方面推动边疆多民族地区的经济社会发展，另一方面可以更好地提升东部地区产业层次，促进国家整体的发展。

第三，丰富文化。在中华民族文化当中，少数民族文化是重要组成部分，边疆多民族地区由于在气候、地理等多方面差异性较大，不同地区也呈现出了不同特色的地域文化、民族文化，同时这些文化与我国其他地区的文化也有着较大差异，对中华民族文化内涵的丰富和进一步发展有着重要的意义，为树立文化自信，建设文化强国提供着重要支撑，同时也为文化产业的发展提供了重要的文化资源，以更好地促进经济高质量发展。

第四，对外开放。伴随着"一带一路"倡议的提出，我国的边疆多民族地区从以往的边缘区成为开放的桥头堡，在国家对外开放和经济建设方面的地位显著提升。由于"一带一路"倡议是我国构建新型开放格局、加强经济合作、打造利益共同体的重要举措，边疆多民族地区有着不可替代的重要作用，新疆维吾尔自治区发挥其区位优势与中亚、南亚、西亚各国加强沟通，构建起丝绸之路经济带；内蒙古自治区与东北三省发挥区位优势与蒙古国、俄罗斯加强合作，进一步延展区域交通网络，为向北开放做好建设；广西壮族自治区继续深化与东盟各国之间的联系交流，加快北部湾、珠西江经济带建设，以更好地推动海上丝绸之路的构建；云南与西藏加快与周边国家在旅游、国际贸易等多方面的合作。事实上，边疆多民族地区已经成为"一带一路"倡议的实施主体和对外开放交流的重要门户。

第五，树立形象。由于我国以往大国外交的外交战略逐渐陷入困境，和周边邻国建立起良好的外交关系是十分必要的，边疆多民族地区直接和周边国家相邻，这些地区自身的发展水平、与其他国家之间的民间交流都时刻影响着我国的国家形象。伴随着我国在国际上的影响力日益增强，必然要承担起更多的国际责任，边疆多民族地区承担着与周边国家交流沟通、跨境治理责任的任务，将这些工作做好有利于中国在世界上树立起负责任的大国形象。

但正是由于边疆多民族具有着这些特性，境外敌对势力企图分裂、遏制中国的活动也多从边疆多民族地区入手，以宗教、经济利益诱导普通民众乃至领导干部分裂中国国土，企图将边疆地区从中国独立出去。从古至今，我国大部分的边疆多民族地区都有过被境外势力侵吞或企图分裂的历史。中华人民共和国成立之后，废除了一系列不平等条约，设置了五个少数民族自治区，颁布了《民族区域自治法》，以保障边疆少数民族同胞基本权益，促进边疆多民族地区发展，但是西方敌对势力又多次在我国境内有组织、有预谋地策划了暴力恐怖事件，企图将西藏、新疆地区从我国分裂出去。综合来看，在我国进入社会主义新时代的今天，想要建设社会主义强国，必定要稳定边疆多民族地区，构建文化认同增强向心力，推动社会和谐发展，各民族团结互助，最终实现各民族共同繁荣，推动中华民族走向伟大复兴。

构建文化认同、树立文化自信是促进边疆多民族地区发展，实现中华民族伟大复兴的重要路径，文化认同包括对本民族的文化认同和对中华民族的文化认同，不管是各个民族自己的文化还是中华民族的文化，都是铸牢中华民族共同体意识、建设文化强国、树立文化自信、推动和谐社会建设、促进国家发展的重要部分，尤其是边疆多民族地区有着其他地区所没有的特征与作用，在边疆多民族地区树立文化认同，对社会主义现代化建设和社会主义精神文明建设有着至关重要的作用。

中华民族的形成是近代以来，中国人民面对西方列强的入侵以及国家意识的兴起，逐渐觉醒出的一种"对他而自觉为我"的过程，而红色文化的产生就在这一过程中，它是由中国共产党领导，以马克思主义为指导思想，以中国传统文化为基础，以无产阶级为实践者，以实现民族独立和人民解放，建立人民民主专政的新中国为目标，在新民主主义革命时期通过革命实践凝练出的优秀的先进文化。它是全体中国人民共同创造的一种文化、一种精神，所以在某种程度上说，中国境内的各族人民，对于红色文化的认同感都极高，加强各族人民、各地区人民对于红色文化的认同，有利于增强对中华文化的认同。改革开放 40 多年来，边疆多民族地区作为后发地区，与其他地区相比在经济社会发展水平上有着较大的差距，这就容易造成部分人民心态上的"失衡"，"个人主义""拜金主义"盛行，这些思想腐蚀着当代青年，所以在边疆多民族地区加强红色文化教育，坚定理想信念，传承红色基因，树立文化自信，深挖红色文化资源，多种形式保护、促进红色文化产业发展，带动经济社会高质量发展刻不容缓。

一直以来，党和国家领导人都十分重视红色文化的保护、传承与发展，毛泽东、邓小平、江泽民、胡锦涛、习近平等国家领导人曾先后就红色文化进行过相关论述，并且对革命圣地进行实地调查，每逢重大革命历史事件纪念日都做出重要讲话，表彰为中华人民共和国的成立、建设作出杰出贡献的楷模人物。党的十七届六中全会明确指出了要深化文化体制改革，自建党 90 周年以来，我国出现了一股"红色浪潮"，大量关于宣传红色文化的歌曲、影视、书籍不断涌现，红色文化的大量传播不仅对塑造个人品德有着良好的作用，同样对构建和谐社会，推进社会主义核心价值体系建设有着重要意义。中央办公厅、国务院办公厅于 2004 年、2011 年和 2016 年接连发布《2004—2010 年全国红色旅游发展规划纲要》《2011—2015 年全国红色旅游发展规划纲要》《2016—2020 年全国红色旅游发展规划纲要》，还将红色旅游发展纳入《国民经济和社会发展第十三个五年规划纲要》《国家"十三五"时期文化改革发展规划纲要》，从人力、物力、财力上支持开发利用红色资源，推动红色文化产业发展。《国民经济和社会发展第十四个五年规划和 2035 年远景目标纲要》更加突出强调红色旅游的理想信念教育功能，更加突出强调红色旅游的脱贫攻坚作用，更加突出强调红色旅游的内涵式发展。在全党、全国学习、传承红色文化的背景下，在边疆多民族地区进一步挖掘、保护与传承红色文化资源既是响应党和政府的号召，又是人民自身的精神需求；既是加强思想道德建设的重要环节，又是带动边疆多民族地区经济社会发展的科学路径。

二、研究意义

"文化是一个国家、一个民族的灵魂。文化兴国运兴，文化强民族强"。当前，我国边疆多民族地区文化领域正在发生广泛而深刻的变革，推动本地区文化大发展大繁荣既具备许多有利条件，也面临一系列新情况、新问题。一方面，我国经济持续快速发展、改革开放各项事业取得丰硕的成果、综合国力日益增强，新时代中国特色社会主义理论不断发展，社会参与程度不断加深，国内主要矛盾转化为人民日益增长的美好生活需要和不平衡不充分的发展之间的矛盾，精神文化需求快速增长，国际地位影响力显著提升等为边疆多民族地区文化建设和文化事业的发展奠定了坚实的物质基础、提供了宝贵的精神文化资源、营造了良好的社会氛围、拓展了巨大的发展空间和提供了良好的国际环境。边疆多民族地区文化发展拥有着前所未有的大好机遇。另一方面，边疆民族地区政治、经济、文化等领域发展的质量和水平还不高，文化建设的布局和结构还不尽合理，制约该地区文化科学发展的体制机制障碍尚未完全破除。面对人民群众精神文化需求快速增长的新形势，边疆多民族地区的文化产品无论是数量还是质量，都不能满足人民群众多方面、多层次、多样化的精神文化需求，进一步解放和发展文化生产力、提高文化产品和服务供给能力的任务更加紧迫。面对经济发展方式加快转变、社会结构深刻调整的新形势，推动全民族文明素质提高，发挥文化引领风尚、教育人民、服务社会、推动发展的任务更加紧迫。面对现代信息科技和传播手段快速发展的新形势，加快建立文化创新体系、推进民族地区文化创新的任务更加紧迫。面对世界范围内各种思想文化交流、交融、交锋更加明显和斗争尖锐复杂的新形势，增强民族地区文化整体实力和国际竞争力，抵御国际敌对势力的文化渗透，维护国家文化安全的任务更加紧迫。

（一）理论意义

边疆多民族地区红色文化资源是指在中国共产党领导下，该区域内各族人民在新民主主义革命时期所培育的民族精神财富及其物质文化载体，它既包含境内的革命历史遗址、文物、纪念地、名人故居、烈士陵园、展览馆、纪念场馆及革命标语、诗歌、文献、影像、歌曲、作品等物质形态的资源，也包含境内各族人民在战争年代培育的忠诚于党、热爱祖国、热爱人民、敢于斗争、敢于胜利、严守纪律、不怕牺牲、军民团结、无私奉献、艰苦奋斗、勇往直前等精神层面的资源。这些资源既是中国共产党和全中国人民宝贵的精神财富，也是国家实施德育与思想政治教育取之不尽、用之不竭的宝贵精神财富和难得的红色文化资源，更是加强边疆地区经济社会发展的重要资源，是加强边疆地区群众对国家认同、社会主义核心价值观认同的重要文化和心理基石，是边疆各族人民发展文化事业，增强文化自信的根本来源。因此，充分开发和利用边疆多民族地区红色文化资源、传承民族精神血脉、坚持不懈地推进社会主义核心价值体系建设，对于认真贯彻落实党的十九大精神，加强和改进爱国主义和革命传统教育，充分发挥红色文化当代价值，促进边疆多民族地区社会主义核心价值体系的认同等都具有十分重要的理论意义。

目前对红色文化资源的研究尚未形成整体性的、理论性的成果，红色文化资源研究对象偏向江西、延安、西柏坡及长征所经地区，对西南边疆地区的红色文化资源调查、保护与传承、开发不足。同时，红色文化研究学科分散、观点凌乱，甚至出现相互矛盾的地方，对红色文化资源调查也缺少权威、统一、严谨的标准，红色文化资源保护与传承内外动力机制不明、影响因素缺少理论分析，政策实施机制缺少长期跟踪研究。为解决上述问题，本书拟突破红色文化资源研究单一学科、方法的限制。在研究内容上，构建红色文化资源多维分析框架，在理论上分析边疆多民族地区红色文化资源保护与传承的影响因素与内外部动力机制，从而构建红色文化资源保护与传承理论机理提升该领域研究的理论性、系统性。在研究视角上，对边疆民族地区红色文化资源的研究大多以具体区域为例进行研究，研究对象和研究成果分散，难以形成对边疆多民族地区整体的理论探讨，在"边疆学"逐渐建立并不断取得重要成果的同时，边疆多民族地区红色文化资源研究的整体性却存在一定的不足。

因此，本书拟综合运用马克思主义原理、文学、民族学、政治学、管理学、社会学等的理论工具和研究范式，在理论上界定红色文化资源基本内涵和特征、维度，对现阶段边疆多民族地区红色文化资源保护与传承面临的内部要素、外部环境进行分析，构建边疆多民族地区红色文化资源保护与传承机理，并在现状调查、案例分析及作用机理研究的基础上进行分析，提出相应对策和建议。一方面，可以深化我们对红色文化资源规律性、理论性的认识，另一方面，也可以促进我们对边疆多民族地区红色文化资源及其影响因素的整体性把握，同时超越边疆多民族地区红色文化资源整体性与个体性研究、宏观与微观研究分立的局限，为边疆多民族地区红色文化资源保护与传承体系构建提供理论依据。项目研究深化对红色文化资源理论和边疆民族地区的规律性认识具有重要的理论意义。

（二）现实意义

对红色文化资源进行调查保护、开发利用和发展建设，不仅对巩固党的执政地位至关重要，还对建设社会主义核心价值体系有所帮助，也能为提高人民生活水平助力加码，是当代共产党人和全体中华儿女义不容辞的责任。本书的研究成果应用前景可观，它蕴藏着长远的德育、思想政治教育价值和社会效益。

一是维护和巩固党的执政地位的政治工程。首先，红色文化的物质内容和精神内涵值得深入挖掘，红色文化的发展是党以马克思主义思想为指导，与中国实践相结合的过程，它在党夺取和巩固政权的过程中提供了重要的精神支撑。调查、保护、开发红色文化资源，不但能够巩固党的执政地位，还能够通过赋予红色文化时代意义，使中国共产党永葆青春，推动党的执政方式科学化和现代化。其次，本书研究成果可直接应用于边疆多民族地区乃至全国开展的社会主义核心价值体系建设与社会主义和谐社会构建的伟大事业中，加强红色文化资源优势与边疆多民族地区民族文化、生态文化等文化形态的融合，促进文化事业发展，增强文化自信。这项研究将有助于开展理想信念教育，以弘扬爱国主义为核心，推进民族精神和时代精神的学习，进而影响千千万万的华夏儿女，塑造中国人民的文化自信，其影响必将深远持久。

二是开展社会主义核心价值观教育的文化工程。红色文化资源由物质文化层（如革命遗址、旧址等）、制度文化层（如革命纲领、路线等）和精神文化层（如革命精神、革命理想道德传统等）构成。对红色文化资源进行全方位的开发和利用，将十分有利于社会各界学习马克思主义思想；有利于坚持走中国特色社会主义文化发展道路；有利于实现社会主义精神文明和物质文明的协调发展；有利于坚定中华儿女的信念，激励全国人民为实现中华民族伟大复兴而奋斗。

三是提高人民生活水平的富民工程。当今世界，文化软实力是衡量国家综合实力的重要标志，要想实现中华民族伟大复兴，就必定要不断提升我国的文化软实力。加快文化事业的社会效益与经济效益协调发展，提升人民的生活品质，带动社会的进一步发展；在提高边疆多民族地区人民生活水平的过程当中，要充分推进红色文化的产业化进程，利用好广播电视、互联网、旅游等媒介来挖掘红色文化资源的经济价值。本书可以为边疆多民族地区红色文化资源开发与利用总体规划提供合理化对策建议，为边疆多民族地区深度开发与利用这些资源提供智力支持，并加强和改进德育与思想政治教育，将红色文化资源优势转变为经济优势，带动相关产业的发展，促进社会政治经济文化和谐发展。

第二节　研究综述

一、研究回顾

（一）边疆多民族地区红色文化研究学术史梳理

在建设中国特色社会主义过程中，作为多民族国家的中国正逐渐形成主权独立、民族统一、国家与民族发展步调一致的民族架构。在中华民族伟大复兴中国梦向"两个一百年"不断推进的政策目标之下，多民族地区作为发展的主要组成部分，已成为明确国家主权、统一中华民族、建设社会主义现代化国家、提高复兴能力的关键一环。在民族地区长足发展演变的进程中，中华人民共和国的民族建设进程正进入决胜期的关键时期。

边疆多民族地区发展进程中的地域文化已成为民族团结进步的基础。红色文化在边疆地区的文化教育任务应该是民族地区文化教育培养的长期重点任务，不仅需要促使红色文化学习常态化、制度化，更要大力宣扬红色文化的革命精神，发挥其思想政治教育作用，为实现边疆多民族地区的乡村振兴提供基础的精神动力以及精神创造力，充分发挥红色文化建设在乡村振兴战略实践进程中的巨大作用。通过深度挖掘边疆多民族地区的红色文化，使红色基因代代延续。与此同时，充分发扬中国共产党奋斗100年历程以来留下的精神宝藏与文化财富，发挥其在边疆多民族地区乡村振兴战略中的重要作用。因此，为落实习近平总书记关于"发扬红色传统、传承红色基因"等重要指示，依据国内学者在边疆多民族地区红色文化研究领域的相关研究，笔者开展细致分析探讨，以期细化红色文化在边疆多民族地区的研究，深入挖掘边疆多民族地区的红色文化元素。

1. 数据的初步统计

为了解边疆多民族地区红色文化研究学术发展历程，并保证样本文献的全面性，本书以"主题＝民族地区＋红色文化"为检索式，在中国知网中进行检索，排除重复文献和不相关文献后发现历年使用边疆多民族地区红色文化术语发表的文献总计76篇，其中期刊论文63篇，学位论文12篇，会议论文1篇。观察边疆多民族地区红色文化研究的文献历年发表文献数量情况（见图1-1），可以看出其总体呈上升趋势，其中发表文献篇数波动较大的年份为2012年、2019年两年。通过进一步文献阅读分析发现，学术界关于边疆多民族地区红色文化的专门理论研究开始于21世纪，来自中央民族大学的王洁致力于对红色旅游文化与少数民族地区红色旅游开展创始研究，认为少数民族地区的红色旅游对其经济发展有很重要的带动作用。红色文化作为民族地区经济发展的创新突破点，通过对红色文化的旅游式开发，在宣传爱国主义教育的同时，还可保护历史文化遗产，培育民族地区旅游业新的开发增长点。自此，边疆多民族地区的红色文化研究逐渐步入公众视野，在学术界也开展广泛研究，具体研究方向主要从红色文化资源开发、红色旅游、社会主义核心价值观、民族团结教育、乡村振兴战略以及脱贫攻坚等角度出发。据此，我们可以将边疆多民族地区红色文化研究划分为四个阶段。

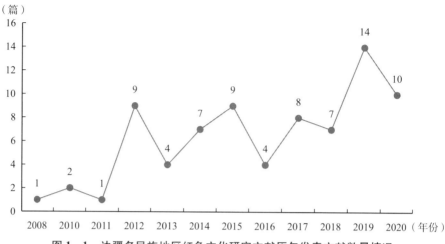

图 1 - 1   边疆多民族地区红色文化研究文献历年发表文献数量情况

2. 萌芽阶段（2008 年以前）

该阶段虽然没有提出边疆多民族地区红色文化相关术语，但对边疆多民族地区红色资源的研究早已经开始。2006 年，陈国勇在《云岭红色记忆——新民主主义革命时期党在云南的民族工作》一文中，以介绍党在新民主主义革命时期开展的各项工作为切入点，深入探究云南地区的民族工作成果，认为"党在云南的民族工作是有成绩的"，尤其以民族地区开展的各项伟大事业，高效优质地处理好了民族地区的各项民族固有问题，在马克思主义民族理论的指导下，各族人民获得翻身解放。在此期间，党不仅在民族地区与群众建立了深厚的革命友谊，更为日后团结各族人民、建设党的民族事业奠定了良好基础（陈国勇，2006）。2007 年，赵洪君从红色旅游的角度出发，探讨作为民族地区的广西的红色旅游发展与四川阿坝州的红色旅游开发，他认为阿坝州作为中国工农红军两万里长征的经过地，可通过开发红色旅游资源，打造"雪山草地"红色品牌，推进阿坝州地区的旅游业创新发展，以培育新的经济增长点（赵洪君，2007）；与此同时，广西作为民族地区的重要组成地区，其红色旅游业的发展可推动广西民族地区经济社会发展水平提高（贺剑武，2007）。

3. 起步阶段（2008~2012 年）

在该阶段，"边疆多民族地区""边疆文化旅游""边疆红色旅游"等相关术语和概念被提出，对边疆多民族地区红色文化的研究类目也逐渐丰富。在这一研究阶段，学者们主要挖掘民族地区的红色旅游资源，认为发展边疆多民族地区的红色旅游可为其提供经济增长的动力，如武建军在 2008 年《发展红色旅游的双重社会价值分析》一文中明确提出，发展红色旅游是不断弘扬中国革命先烈的光荣事迹与英雄精神的重要组成部分，可不断加强群众思想政治素养，并不断推进边疆多民族地区的现代化、城镇化进程；也有学者认为，红色文化旅游是边疆多民族地区经济增长点的新机遇，通过发掘红色旅游的各项特点，可探讨少数民族地区加强爱国主义教育的新途径，即大力发展少数民族地区的红色旅游（王洁，2008）。随着红色旅游的日渐深入发展，深度挖掘边疆多民族地区的红色文化资源已成为学术界重点关注的研究领域，具体细化到各个民族地区，有学者以四川民族地区为例，认为四川民族地区发展红色旅游存在吸引力不足、资源整合力度不强与基础设施建设不足等固有问题，应努力加强红色经典建设，促进人文生态的紧密结合（唐文娟，2010）；也有学者以新疆石沙子与沙湾区域的旅游整合开发作为研究重点内容，从微观角度研究西部民族地区旅游资源整合的开发现状，运用区域旅游整合开发的理论与具体实践相结合，认为红色文化旅游应与"绿色旅游"相结合，开发民族地区军垦文化与地域文化（路月雷，2010）；洪雁对湘鄂西少数民族地区的红色资源进行本土化研究，认为应加强对"红色历史"与"红色精神"的结合（洪雁，2010）；秦容以四川凉山彝族自治区的革命老区旅游业发展作为研究对象，认为四川凉山彝族自治区应以将循环经济作为主要发展理论开展民族地区的旅游业建设与发展（秦容，2010）；张玉蓉等则针对渝东南民族地区的特色乡村旅游发展开展对策研究，认为丰富的乡村旅游资源通过打造乡村旅游精品、整合红色旅游资源等措施便可加强民族地区的红色旅游发展进程。由此，边疆多民族地区的红色文化研究在该阶段呈现出以"红色旅游"为重点观察研究对象的研究状况。

4. 发展阶段（2012~2019 年）

该阶段对边疆多民族地区红色文化研究的内容逐渐深入且成型，例如有学者注意到边疆多民族地区红色文化对思想政治教育的意义、马克思主义的大众化，以及高校人才培养的作用（梁楚晗，2012；焦艳，2012；温岳鹏，2012；田宗远，2012；罗晓蕙，2014；陈欢，2014；胡艳梅，2014；金香花，2014）。还有学者开始研究红色文化资源与推进社会主义核心价值观培育的内在关联（项福库，2013；卢尚月，2014）。并在此研究基础上开始逐渐关注边疆多民族地区的文化产业发展（韩华，2014）与红色旅游更深层次的多元内涵（廖坤慧，2015；张艳敏，2015；冯骋，2015；陈忠国，2015；毕素梅，2016）。随着扶贫政策的出台，学者们逐渐认识到红色旅游与民族地区脱贫攻坚道路的高度契合，认为红色文化遗产保护可助力脱贫攻坚（林子，2018），也有学者基于村民感知的问卷调查视角，通过贫困人口对旅游扶贫效应进行评价（李如，2018）。该阶段的研究逐渐深化，强调边疆多民族地区红色旅游的同时，逐步展开对红色文化与思想认同、价值观建设等层面的深入研究，使边疆多民族地区红色文化研究逐渐全面化与深入化。

5. 爆发阶段（2019 年至今）

该阶段随着中华民族铸牢共同体意识的深入建设发展，国家对红色文化研究与民族团结教育等内容十分重视，学术界的研究方向与研讨脉络也逐渐转移至对红色文化内涵价值与传承创新等的更深层次研究。对边疆多民族地区而言，红色文化研究作为铸牢中华民族共同体意识的重要研究领域，探讨边疆多民族地区的大学生思想政治教育以及民族团结精神的内容成为学术界重点关注领域。如有学者从红色文化的价值研究角度出发，认为红色文化对于促进社会主义文化事业繁荣具有重要作用（刘晨，2019）；还有学者认为，红色文化对黑龙江少数民族地区的民族认同具有助推作用（伍启杰，2019）。王敏则提出，贵州多民族地区脱贫攻坚进程中，红色文化发挥了巨大的新时代价值，其政治原则价值、资源内容价值以及工作方法价值都是助推脱贫攻坚的重要抓手，在其发表的《新形势下发扬乌兰牧骑精神的时代价值》一文中，认为乌兰牧骑的红色文化精神将党的民族政策与边疆多民族地区的基层文化发展深度融合，对建设中国特色社会主义具有重要意义（王敏，2019）。在王敏的另一篇《新时代民族地区红色文化传承价值的四维探析》一文中，提出强化民族地区红色文化记忆的精神传承价值（王敏，2020）。除红色文化时代价值的研究方面，该阶段对于边疆多民族地区的红色文化研究还呈现出对地区红色文化资源整合（陈强，2020）、高校思想政治教育（马晶晶，2019；陆春蓉，2020；吴琼，2020；莫海燕，2020）、高校社会主义核心价值观培育（王秀萍，2020）等新兴内容。更重要的是，边疆多民族地区红色文化与民族团结等研究内容已成为当前阶段研究的热点，有学者关注到"不忘初心，牢记使命"的主题教育是传承红色基因，促进民族团结的强大精神动力（马开能，2019）。

（二）边疆多民族地区红色文化研究的知识图谱分析

1. 期刊分析

对文献期刊进行分析可以帮助学者准确把握其研究领域具有权威性的期刊，在一定程度上指导学者有效选择适合的期刊进行参考文献的选择，为后续研究指明方向。而期刊共被引分析方法作为文献计量学和科学计量学中的一种定量研究方法，已被国内外学者广泛应用于多个学科领域的研究。期刊共被引是指两本期刊被同一篇文献引用的现象，期刊间的亲疏关系以及期刊间的内部联系可以通过共被引关系的强弱来反映，通过期刊共被引分析，可以进行分类以及定位期刊，从而确定相关期刊在这一领域之中的学术地位，进而评价学术期刊。在此过程中，通过对知识产权链条领域期刊共被引网络各节点的中心性进行分析，还可以得出网络中的关键节点，为进一步确定载文质量高的期刊提供帮助。同时，期刊载文量反映了某一期刊在某个时间段内刊载论文数量的多少，载文量的大小在一定程度上反映了一份期刊的信息占有、传递和输出能力。因此，对期刊进行分析时应通过期刊共被引可视化分析，并综合中心性分析以及载文量分析两方面来确定在这一领域的权威期刊。

（1）研究领域的前五期刊分析。由于通过中国知网（CNKI）导出的论文文献数据，缺少"参考文献"字段，无法通过 Citespace 软件对中国知网导出的论文文献数据进行共被引分析，因此，对中文边疆多民族地区红色文化研究的期刊分析，将从该领域期刊的载文量以及学科研究层次展开研究。将检索得到的中国知网的 Refworks 数据导入 Excel 中，对期刊名称进行计数，共计 63 条有效文献，因此得到 2008～2020 年边疆多民族地区红色文化研究文献期刊分布，其中载文量排名前五的期刊如表 1－1 所示。

表 1－1　　　2008～2020 年边疆多民族地区红色文化研究文献期刊分布（前五）

刊物名称（简称）	载文量/篇	占比（%）
广西民族师范学院学报	3	4.76
贵州民族研究	3	4.76
百色学院学报	2	3.17
学术交流	3	3.17
阿坝师范学院学报	1	1.59

通过表 1－1 可以看出，边疆多民族地区红色文化研究领域发文量排名前 5 位的中文期刊共发文 12 篇，占比约 17.46%，表明国内边疆多民族地区红色文化研究领域的论文大多集中于某些特定期刊，且部分期刊的发文数量已为边疆多民族地区红色文化相关研究提供研究参考与方向指引。其中，《广西民族师范学院学报》与《贵州民族研究》在该领域刊登的文章最多，各为 3 篇，前者刊登的边疆多民族地区红色文化研究领域文章主要集中在对边境民族地区的红色文化遗产保护（许晓明，2012）、民族地区高校文化建设（杜向武，2016；徐魁峰，2016；陈燕，2015；李金，2015）等层面，涉及学科主要有文化、高等教育、中等教育等方面；后者刊登的边疆多民族地区红色文化研究领域的文章主要集中在对红色文化的传播与认同（温健琳，2013）、民族地区红色文化与脱贫攻坚战略的研究（林子，2018）、民族地区红色文化与社会主义核心价值观建设研究（王善，2015）等层面，涉及学科主要有旅游、文化经济、高等教育、思想政治教育、文化等方面。排在第三、第四位的期刊为《百色学院学报》与《学术交流》，发文量分别为 2 篇和 3 篇。前者期刊刊登的有关边疆多民族地区红色文化

研究领域的文章主要集中在推进马克思主义大众化（胡艳梅，2014）等问题研究，涉及学科主要有高等教育、思想政治教育等内容；后者研究领域则集中于边疆地区红色文化资源的开发问题（刘定禹，2013）、党建问题（钟国云，2012）、民族团结问题（钟国云，2013）以及旅游产业开发（王春阳，2014）等问题，涉及学科主要有旅游、高等教育等内容。其他期刊发文量均为 1 篇。因此说明，发文量在 3 篇左右的期刊对于这一领域的研究相对其他期刊具有明显优势，权威性相对明显，说明在边疆多民族地区红色文化研究领域的研究趋势及方向进行选择选择时，这三个期刊关注的重点具备比较高的参考价值。

（2）研究领域的期刊层次分析。将发文量位于前五位的期刊按照知网期刊检索后的研究层次分组进行分类，可以进一步确认在边疆多民族地区红色文化研究领域的研究层次，为研究选取参考文献指导意见。分类结果如表 1－2 所示。

表 1－2　　　　　　边疆多民族地区红色文化研究领域的研究层次

研究层次	期刊名称
基础研究（社科）	贵州民族研究、百色学院学报、广西民族师范学院学报、学术交流
政策研究（社科）	无

通过表 1－2 可知，国内边疆多民族地区红色文化研究主要集中分布在社会科学领域的基础研究层次的政策研究层次中，以《广西民族师范学院学报》《贵州民族研究》《百色学院学报》《学术交流》为代表，集中在基础研究（社科），因此，在进行关于边疆多民族地区红色文化研究领域的社会科学基础研究时，可以重点关注这几个期刊；另外，主要载文期刊没有属于政策研究（社科）的范畴，因此，关于边疆多民族地区研究领域的社会科学政策研究仍待发掘。

2. 研究团队分析

本书将研究团队分为个人作者研究团队和机构研究团队两类进行研究，其中，根据中国知网数据库导出数据信息的适用范围，通过作者和合作网络进行分析。

（1）研究作者分析。在文献作者分析层面，将检索得到的中国知网的数据导入 Citespace 软件中，Node Types 栏选择 Author，Selection Criteria Top N 设置为 30，选中 Pruning 栏下的 Pathfinder 以及 Pruning sliced network，使图像更加简明易读，其余选项均保持默认，点击左侧"GO!"按钮进行可视化分析，将 Citespace 左侧的数据导出至 Excel，得到边疆多民族地区红色文化研究高频次发文作者，如表 1－3 所示。

表 1 - 3　　　　　　　　边疆多民族地区红色文化研究高频次发文作者

作者	发文量	单位
王敏	3	贵州师范大学
汪勇	2	贵州师范大学
沈林	3	江西环境工程职业学院
梁军	2	桂林理工大学
黄家周	2	西南交通大学
尹诗雯	2	广西师范大学
温岳鹏	2	广西师范大学

如表 1 - 3 中所示，边疆多民族地区红色文化研究领域的重要学者主要有王敏、汪勇、沈林等，因此可以重点选取以上学者的文章进行参考。其中，来自贵州师范学大学的王敏致力于民族地区红色文化传承价值（王敏，2020）、红色文化助推少数民族地区脱贫攻坚价值（王敏，2020）、少数民族地区红色文化精神的时代价值（王敏，2020）等研究内容；来自贵州师范大学的汪勇致力于红色文化与马克思主义，马克思主义中国化、时代化（汪勇，2011）与大众化的研究（汪勇，2012）；来自江西环境工程职业学院的沈林与来自桂林理工大学的梁军共同致力于民族地区红色文化传承（梁军、沈林，2018）等研究内容，其中作者重点关注了西南民族地区的红色文化传承现状（梁军、沈林，2018）；来自西南交通大学的黄家周致力于红色文化马克思主义大众化的研究（黄家周，2014）；来自广西师范大学的尹诗雯致力于广西民族地区大学生民族精神培育与教育等方面的研究（尹诗雯，2016）；来自广西师范大学的温岳鹏致力于百色地区红色文化精神价值的研究（温岳鹏，2012），也关注少数民族地区推进马克思主义大众化的相关研究（温岳鹏，2012）。

（2）研究机构分析。在文献研究机构分析方面，将 CNKI 检索得到的数据导入 Citespace 软件中，Node Types 栏选择 Institution，Selection Criteria Top N 设置为30，其余选项均保持默认，点击左侧"GO！"按钮进行可视化分析，得到边疆多民族地区红色文化研究领域机构合作可视图，如图 1 - 2 所示。

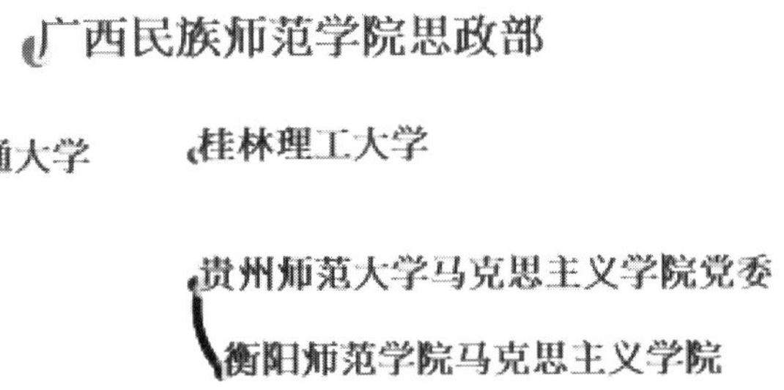

广西民族师范学院思政部

西南交通大学　　　桂林理工大学

贵州师范大学马克思主义学院党委

衡阳师范学院马克思主义学院

图 1 - 2　边疆多民族地区红色文化研究领域的研究机构分析

通过图1-2可以看出，广西民族师范学院思政部、衡阳师范学院马克思主义学院、西南交通大学、桂林理工大学、贵州师范大学马克思主义学院党委的发文量最高，但研究中心或机构之间的研究联系较少，即研究线条不够紧密，仅有贵州师范学院与衡阳师范学院的合作研究较为密切。整体来看，各机构应加强各机构之间的研究合作，建立适度规模化的研究机构群体。将Citespace软件运行的数据导出，得到边疆多民族地区红色文化领域研究发文量排名前5位的机构如表1-4所示。

表1-4　　　　　　边疆多民族地区红色文化领域研究高发文量机构

发文量	机构名称	机构性质	地区
3	广西民族师范学院思政部	高校	西南地区
2	衡阳师范学院马克思主义学院	高校	西南地区
2	西南交通大学	高校	西南地区
2	桂林理工大学	高校	西南地区
2	贵州师范大学马克思主义学院党委	高校	西南地区

根据表1-4可以看出，广西民族师范学院思政部、衡阳师范学院马克思主义学院、西南交通大学、桂林理工大学、贵州师范大学马克思主义学院党委为边疆多民族地区研究领域发文量排名前5位的机构。通过研究机构类型来看，边疆多民族地区红色文化研究领域的研究发文多集中于各大高校，机构类型非常单一。可以看出，目前西南地区各高校为国内对边疆多民族地区红色文化研究的主力，尤其是广西壮族自治区、贵州省的各高校和研究机构。从地域上看，边疆多民族地区研究主要集中在西南地区，主要是由于西南地区民族种类多且地处边疆。

3. 研究领域的重要文献分析

对重要文献进行分析，可以为进行更加详细的文献综述提供帮助，可以直观地展示边疆多民族地区红色文化领域研究发展过程中的奠基性文献以及核心文献等重要文献，从而准确地梳理出边疆多民族地区红色文化领域研究发展过程中的重要研究成果，为后续研究提供重要参考，如表1-5所示。

表 1 – 5 边疆多民族地区红色文化领域研究重要成果

排名	被引频次	作者	题目
1	18	黄家周	党的十七大以来国内关于马克思主义大众化路径研究综述
2	15	田宗远、谢仁生	西部少数民族地区马克思主义大众化困境与对策研究
3	13	项福库、何丽	开发利用红色文化资源推进社会主义核心价值观培育对策研究——以渝东南红色文化资源开发利用为例
4	13	陶雨芳	六盘山花儿文化生态保护区建设研究
5	12	廖坤慧	贵州民族地区红色旅游解说词翻译规范化研究
6	9	林子	红军文化遗产保护利用与民族地区脱贫攻坚新路——以贵州省为例
7	9	钟国云、陈欢	红色文化：桂越边疆多民族地区农村基层党建工作的重要依托
8	9	王洁	红色旅游文化与少数民族地区红色旅游
9	8	卢尚月	民族地区社会主义核心价值观建设探究——以广西为例
10	8	钟国云	红色文化：桂越边疆多民族地区社会稳定与和谐的重要依托

通过表 1 – 5 可知，被引频次排名第一的是黄家周于 2014 年 5 月发表的《党的十七大以来国内关于马克思主义大众化路径研究综述》一文，被引频次为 18 次，文章认为，党的十七大以来，国内学术界逐渐将关注点转移至马克思主义大众化的研究，民族地区的马克思主义大众化与非民族地区的相比有很大不同，其具有不同的历史、地理、宗教以及民生等因素，为实现多民族地区生产力的大力发展，需实现民族地区宗教信仰与马克思主义思想指导地位的互动统一，同时维护民族地区社会生产力的发展与各族群众的青少年马克思大众化教育，因地制宜推进马克思主义的大众化（黄家周，2014）。被引频次排名第二的是田宗远与谢仁生在 2012 年发表的《西部少数民族地区马克思主义大众化困境与对策研究》一文，被引频次为 15 次，文章认为，由于西部地区地处边疆，存在经济、文化、制度等落后的严重问题，马克思主义大众化在该部分地区存在发展瓶颈与现实困境；由于边疆多民族地区的复杂性与多样性，实现马克思主义的大众化亟需找对发展的契机与平台，应大力推进边疆多民族地区的马克思主义大众化水平，改善地区经济与教育民生现状，实现民族地区的新次元发展（田宗远，2012）。被引频次第三的是项福库与向丽在 2013 年发表的《开发利用红色文化资源推进社会主义核心价值观培育对策研究——以渝东南红色文化资源开发利用为例》一文，被引频次为 13 次，文章认为，渝东南地区的红色文化资源十分丰富，但目前的红色资源开发遭遇开发困境，主要涉及重视城市不够、投入资金不足、利用效率较低以及整合力度不够等问题。笔者认为，应加大开发力度，实现其产业化、生

态化发展，并在此基础上不断加强培育社会主义核心价值观，推进价值观建设纵深发展（项福库、向丽，2013）。

4. 研究领域的研究热点分析

通过对文献关键词的供词分析以及突变分析，可以直观地反映出边疆多民族地区红色文化研究领域的热点领域，从而准确把握这一领域的学术研究范式，更易从中发现目前该领域研究中的学术空白，为更好地选择学术研究方向提供帮助。

（1）关键词共现。对边疆多民族地区红色文化研究领域的研究热点进行分析，将检索得到的中国知网文献数据导入 Citespace 软件中，Node Types 栏选择 Keyword，Selection Criteria Top N 设置为 20，选中 Pruning 栏下的 Pathfinder 以及 Pruning sliced network，使图像更加简明易读，其余选项均保持默认，点击左侧"GO！"按钮进行可视化分析，得到边疆多民族地区红色文化研究关键词共现图，如图 1 - 3 所示。

图 1 - 3　边疆多民族地区红色文化研究关键词共现知识图谱

由此可知，关于边疆多民族地区红色文化研究领域的关键词图谱，主要包含了红色文化、民族地区、大学生、新时代、少数民族地区、民族院校、马克思主义大众化等内容。

（2）关键词聚类。为进一步展现关键词的研究聚类，在知识图谱中采用 Keyword 聚类，得到边疆多民族地区红色文化研究的聚类视图，如图 1 - 4 所示。

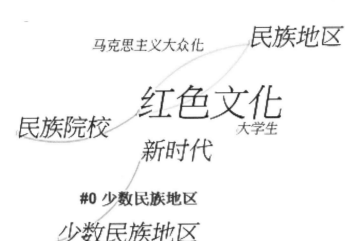

图1-4 边疆多民族地区红色文化研究关键词聚类视图

鉴于参考文献样本数有限，系统只识别出"少数民族地区"一项研究类别，由图1-4可知，关于边疆多民族地区红色文化的现有研究，主要集中于对特定地区的特定属性研讨，其研究类目仍有待进一步深化或细化。

（3）关键词时间聚类。为进一步展现关键词研究的时间聚类，在关键词共现知识图谱的基础上，选择Timeline和TimeZone显示，采用Keyword聚类，选择Log-Likeli-hood Ratio（LLR对数极大近似率），调整图像后得到图1-5和图1-6。

图1-5 边疆多民族地区红色文化研究领域关键词Timeline视图

由图1-5和图1-6可知，边疆多民族地区红色文化研究领域的高频关键词聚类只有少数民族地区1类，且随着时间变动趋势，对该领域的研究逐渐转移至对民族院校的思想政治教育等思想认同内容。其中，边疆多民族地区红色文化研究中对于大学生思想政治教育、民族院校思政教育以及社会主义核心价值观建设等内容在近年来热度逐渐上升。

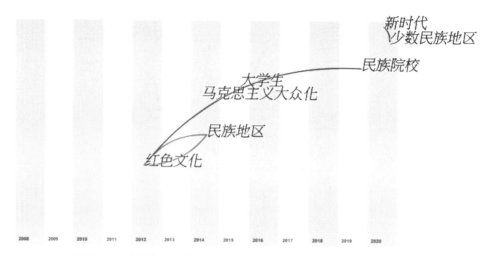

图 1-6　边疆多民族地区红色文化研究领域关键词 TimeZone 视图

（4）关键词整理。通过对研究领域的关键词提取，得到边疆多民族地区红色文化研究领域的研究热点，如表 1-6 所示。

表 1-6　　2009～2020 年边疆多民族地区红色文化研究领域热点关键词脉络

年份	研究热点
2009	农村、民族生态、西部边疆多民族地区、民族生态文化、地方经济发展、维护社会稳定、科学发展
2010	西南边境民族地区、社会稳定、边疆少数民族、影响因素、思想政治工作、社会主义和谐社会
2011	政治稳定、国家安全、政治参与、基层党组织建设、社会主义核心价值体系教育
2012	马克思主义大众化、基层党建、文化产业、新疆、社会管理创新、西部边疆、清代、边疆民族教育
2013	社会管理、人才培养、学生工作、利益表达
2014	思想政治教育、政治文化、思政工作、民族地区高校、民族认同、民族团结教育
2015	边疆治理、军民融合、思想政治理论课、社会治理体系、边疆高校、宗教事务管理、发展路径、边疆多民族地区大学生、发展现状
2016	意识形态、文化、多元文化、资源开发、农村基层组织、治理能力现代化、国家民族意识、文化价值观、中国梦
2017	精准扶贫、中华民族共同体意识、地方院校、社区发展、产业结构、意识形态建设
2018	乡村振兴战略、产业发展、新时代、认同、非物质文化遗产、文化自信
2019	义务教育、公共文化、媒体融合、党建工作、实践创新、对策研究、安全机制、基层农村、民族团结进步
2020	特色产业、课程思政

由表 1 - 6 可以看出，过去十年间，每年均有热点凸显的关键词出现，即我国在 2009～2013 年间已对边疆多民族的地区红色文化研究领域开展了大量研究，主要集中在边疆多民族地区红色文化相关的社会主义核心价值观教育层面。

2013～2020 年，对边疆多民族地区红色文化的研究集中在边疆地区的民族团结进步、意识形态建设和治理能力现代化等层面，愈加注意对价值观的研究。国内关于边疆多民族地区红色文化领域研究热点脉络相对较少，自 2018 年起，该研究领域的热点凸显关键词更多集中在民族院校的社会主义核心价值观建设与文化认同等层面的内容。

5. 研究前沿分析

将检索得到的中国知网文献数据导入 Citespace 软件中，Node Types 栏选择 Keyword，Selection Criteria Top N 设置为 20，其余选项均保持默认，点击左侧 "GO!" 按钮并选择可视化分析，下一步进行突变分析，由于研究时间跨度较大，将 Burstness 下的 Minimum Duration 设置为 3，提取突变最少保持 3 年的关键词，得到表 1 - 7。

表 1 - 7   边疆多民族地区红色文化研究领域前沿术语

关键词	强度	开始年份	结束年份	突变年份分布（2008～2020 年）
红色文化	2.0794	2012	2012	□□□□■□□□□□□□□
马克思主义大众化	1.223	2014	2014	□□□□□□■□□□□□□
民族地区	1.9039	2017	2018	□□□□□□□□□■■□□
民族院校	1.1822	2019	2020	□□□□□□□□□□□■■

注："■" 为关键词频次突然增加的年份，"□" 为关键词频次无显著变化的年份。

如表 1 - 7 所示，我国对边疆多民族地区红色文化研究仍然处于较为落后的发展阶段，由于缺乏研究样本，该研究领域的关键词研究热点仍集中在 "红色文化" "马克思主义大众化" "民族地区" 以及 "民族院校" 等前沿主题。由此可见，随着红色文化研究的相对深入，边疆多民族地区的思想政治教育已成为当今红色文化研究领域的重点关注内容。随着时间脉络的推进，红色文化与思想政治教育、文化认同、价值引领的关联逐渐密切，该方向的研究也成为未来的研究热点与发展趋势。

6. 研究主题分布分析

为掌握边疆多民族地区红色文化研究现状及结构，利用 VOSviewer 对题录数据进行聚类，选择归一化处理和聚类分析参数后对边疆多民族地区红色文化研究进行聚类分析，形成该领域聚类网络视图如图 1 - 7 所示。每个节点代表 1 个关键词，节点大小表示关键词频次高低，节点间连线表示关键词间共现的情况。
VOSviewer 共形成 9 个聚类，其中 3#、5#、8#、9#聚类为社会主义核心价值观建
设、马克思主义大众化、思想政治教育以及高校人才培养等内容，可以与边疆多
民族地区红色文化的精神认同聚类合并；4#、7#聚类为边疆多民族地区红色文化
旅游、红色文化资源开发现状等内容，可与边疆多民族地区红色文化开发利用聚
类合并；1#、2#、6#属于红色文化内在价值、时代价值与乡村振兴结合的相关研
究，可合并为边疆多民族地区的红色文化价值研究聚类。因此，红色文化研究领
域共形成 3 个聚类，分别是：1#边疆多民族地区红色文化的价值研究聚类，包括
边疆多民族地区红色文化内在价值、时代价值等内容；2#边疆多民族地区红色文
化精神认同聚类，包括社会主义核心价值观建设、马克思主义大众化、思想政治
教育等内容；3#边疆多民族地区红色文化开发利用聚类，包括边疆多民族地区红
色文化资源开发现状、红色文化旅游开发利用以及红色文化发展路径等内容。从
图 1 - 7 的关键词共现情况来看，各聚类之间并非截然分开的，各主题之间通过
中心度较高的关键词进行连接，存在一定的渗透和交叉的现象。

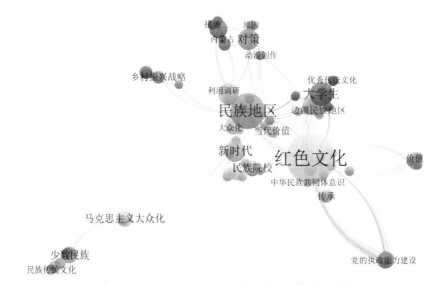

图 1 - 7　边疆多民族地区红色文化研究的主题分布

（三）边疆多民族地区红色文化研究内容梳理

1. 边疆多民族地区红色文化的价值研究

（1）边疆多民族地区红色文化内在价值研究。学术界关于边疆多民族地区红
色文化内在价值的相关研究，主要从红色文化的内涵、政治价值、文化价值等方
面开展。

在边疆多民族地区红色文化内涵的研究方面，红色文化内涵是红色文化的价值内核，开始于五四运动，在新民主主义革命时期得到发展并日渐成熟（谷松岭等，2011），是民族文化发展的历史性产物，凝聚着国家和民族的生命力，是强大的精神支柱与精神纽带（王开琼，2017）。梁军等学者认为民族地区的红色文化是指在少数民族聚居的地方，留下的集物质文化、精神文化为一体的先进革命文化，除却革命遗址、红色文化纪念馆、展览馆、烈士陵园以及博物馆、文献历史馆以外，还包括大量遗存在民族地区的革命印记，例如文艺作品与民间习俗、革命故事与革命历史等（梁军，2018）。也有学者提出，多民族地区的红色文化属于在中国共产党先进领导下产生的、在带领各族人民实现民族解放的过程中创造出来的、在民族地区成为强大精神动力的先进文化（汪勇，2011）。

在边疆多民族地区红色文化政治价值的研究方面，王敏等学者提出，红色文化作为一种文化形态，具有增进民族地区国家认同和促进民族团结的政治价值（王敏，2020）。首先，国家认同意为一个人确定自己属于某一个国家，且认为自己与该国家在某种层面上达到心理认同，国家认同是中国红色文化蕴含的深层政治含义。其次，民族团结是中国共产党在广大少数民族地区播撒红色文化的首要目的，习近平总书记曾明确提出"实现中国梦需凝聚起社会力量，这就是中国各族人民团结起来的一股力量"。传承民族地区的红色文化是开展民族团结进步教育的基本素材与重要载体，有利于坚定各族群众的理想信念（刘晨，2019），不仅能为铸牢中华民族共同体意识助力，更能为实现伟大的民族复兴中国梦提供强大的精神力量。

在边疆多民族地区红色文化价值的研究方面，王敏与汪勇明确提出，多民族地区的红色文化是马克思主义之魂，是独特的民族文化记忆，是多民族地区各族人民赖以生存的精神根基（吴娜，2017）。红色文化作为马克思主义理论与中国传统文化思想结合的文化产物，是构建社会核心价值体系的内核所在（温岳鹏，2012）。如果思想意识形态的历史源头被遗忘，政党将必然灭亡（胡继冬，2018）。红色文化作为马克思主义中国化的文化记忆与文化共识，为中华民族的文化自信带来了十足的底气，使中华民族精神呈现出高度的包容性与开放性，确保了各民族的反分裂文化传统更为坚固，使中华文化经久不衰，绵绵不绝（王敏、汪勇，2020）。

（2）边疆多民族地区红色文化时代价值研究。学术界关于边疆多民族地区红色文化时代价值的相关研究，主要从传承价值、社会价值、经济价值等方面开展。

在边疆多民族地区红色文化传承价值的研究方面，有学者提出，多民族地区的红色文化资源丰富，以广西百色、河池为例，不断发展红色旅游的现代扶贫项目已为民族地区带来巨大的经济收益，也是百色地区等广大民族地区响应文化建设号召、推动地区进一步发展的精神支撑（温岳鹏，2012）。还有学者指出，党的十九大报告强调的是提升文艺原创力，大力推进文艺创新，红色文化时代精神的挖掘需来源于创新意识，创新传承红色记忆（王敏，2020）。党的十九大报告同时提出，由于红色文化不仅蕴含党的理想信念，也蕴含着党的精神追求，因此，通过民族地区红色文化的传承式发展，将与社会主义核心价值观一道，成为民族凝聚力与向心力的强有力支撑，成为人们取之不尽用之不竭的宝贵精神财富（梁军，2018）。

在边疆多民族地区红色文化社会价值的研究方面，党的十九大报告曾指出，"建设平安中国，维护社会核心稳定，加强社会创新治理，确保国家长治久安"。红色文化作为中华文化的重要组成部分，可宣扬革命文化的高度自信，发扬人类社会创造的这一先进文明成果，树立文化自信（夏吾交巴，2018）。还有学者认为，我国少数民族地区的社会治理已成为中国建设社会治理创新的关键一环，而传承与保护好多民族地区的红色文化就是加强社会治理的重要举措之一。创新多民族地区的社会治理效应、助推社会美好和谐的价值动力来源于对红色文化的传承，其社会价值将有利于多民族地区的价值整合；在创造新的文化价值动力的同时，还能引领民族地区的社会风向与时代主流，贯彻红色文化理想信念，传播正能量，弘扬主旋律，加强对民族地区的思想政治教育以及精神引领建设，充分发挥对民族地区社会和谐稳定的风向标作用（王敏等，2020）。除此之外，继续促进对社会主义新青年的爱国教育培养，使民族地区青少年树立正确的三观，使广大青年切实感受中国共产党的历史成就，维系多民族地区社会生活的团结稳定，有利于社会和谐发展（伍启杰等，2019）。

在边疆多民族地区红色文化经济价值的研究方面，多民族地区红色文化的"文化富矿"已成为蕴含经济效益与社会效益的重要经济资源。新时期，我国的主要矛盾已经转变，广大民族地区的文化资源带动经济社会发展已成为区域经济发展的重大命题，多民族地区的红色文化资源作为当地的意识形态动力，不仅能为经济发展提供精神动力，更能为群众的社会实践活动提供鲜明的意识形态与行动指南。作为多民族地区重要的文化产业资源，红色旅游资源的开发与利用已促使丰富多彩的少数民族特色文化日益扩充发展，在多民族地区经济文化发展进程中发挥"龙头"作用（刘晨，2019），新兴的产业发展之路将会为多民族地区的经济发展助力，促进少数民族脱贫致富，实现人民美好生活的愿景（王敏、汪勇，2020）。

2. 边疆多民族地区红色文化的精神认同研究

（1）边疆多民族地区红色文化的马克思主义大众化研究。学术界关于边疆多民族地区的民族特色文化保护研究，主要从多民族地区红色文化推进马克思主义大众化现实意义、作用机理、演化路径等方面开展。

在边疆多民族地区红色文化推进马克思主义大众化现实意义的研究方面，有学者认为，马克思主义大众化需要在西部少数民族地区大力开展，造成其大众化现状不容乐观的根本原因是西部地区的地缘劣势，民族地区的经济、文化、教育水平相对较弱，且民族文化传统较为丰富。因此，推进边疆多民族地区的马克思主义大众化不仅可以使民族地区文化传统得到有效保护，促进边疆多民族地区的文化交融，巩固党的执政地位（温岳鹏，2012），也能为全国的马克思主义大众化进程助力（田宗远等，2012），有利于民族团结（温岳鹏，2012）。

在边疆多民族地区红色文化推进马克思主义大众化作用机理的研究方面，胡艳梅提出红色文化这种文化意识形态已成为推进马克思主义大众化的重要资源载体。第一，边疆多民族地区的红色文化十分丰富，例如在百色，红色革命文化的特征彰显出民族地区党领导人民群众争取民族独立与团结的伟大尝试，其地域内留存的当地文化与英雄史诗更容易为马克思主义在民族地区的大众化普及创造优质的资源条件，与此同时，少数民族地区的红色文化在融合地区传统文化的基础上大力发展，实现了文化传承与融合，这无疑为马克思主义大众化提供了更好的民族文化交融的例子（田宗远、谢仁生，2012）；第二，边疆多民族地区红色文化的宣传教育可以加深红色文化的思想教育功能，进而创造出马克思主义大众化实现进程中的精神指引；第三，边疆多民族地区红色文化的传承进一步宣扬了中国共产党领导全国人民取得革命胜利的战略认同，有利于更深入解读中国共产党的革命历史，使各族人民充分了解到革命历程的艰辛与红色文化的宝贵，有利于提高其政治引领作用，加深马克思主义中国化的认同；第四，边疆多民族地区红色文化的传承与传播促使马克思主义的大众化进程更贴近现实群众，不断增强马克思主义的受众感染力与认同渗透力（胡艳梅，2014）。

在边疆多民族地区红色文化推进马克思主义大众化发展路径的研究方面，学术界主要从投入研究、教育宣传以及平台建设等角度开展路径规划。首先，红色文化是对红色资源的全方位整合，加大红色文化的研究力度就要整合红色文化资源的要素构成、空间分布、关键要素等；其次，要全方位构建红色文化教育模式，制定有针对性的教育内容，创新教学教育方法；再次，要扩大在民族地区传播红色文化的平台渠道，发展红色旅游与新媒体传播同步进行，多角度宣传红色文化（胡艳梅，2014）；最后，要充分考虑民族地区族情与马克思主义大众化进程的相互结合，加强民族地区的语言文字工作，选用少数民族地区语言推进大众化进程（温岳鹏，2012）。

（2）边疆多民族地区红色文化的社会主义核心价值观研究。学术界关于边疆多民族地区红色文化与培育社会主义核心价值观关系的研究，主要从民族地区高校培育社会主义核心价值观必要性、重要性、契合性以及培育路径等方面开展。

在边疆多民族地区高校培育社会主义核心价值观必要性的研究方面，王秀萍以习近平总书记的讲话为依托，认为民族地区的红色文化宣扬要时刻以培育社会主义核心价值观为指引（马玉堂，2015）。第一，这是贯彻党全面建成小康社会思路引领之下的正确措施；第二，民族地区高校的社会主义核心价值观建设可以提高民族地区的价值认同，促进民族团结；第三，民族地区加紧培育社会主义核心价值观的步伐，对于培育民族地区的社会主义接班人以及优秀人才的培养都有十分重要的意义（王秀萍，2019）。

在边疆多民族地区高校培育社会主义核心价值观重要性的研究方面，项福库等学者认为，红色文化资源具备十分重要的育人功能（项福库、何丽，2013）。红色文化资源是社会主义核心价值观培育的重要方向标（李康平，2010）。红色文化资源在承载党领导下的革命历史之时，为培育社会主义核心价值观提供了鲜明的素材，使各族人民对红色文化精神产生情感与实践认同，对培育社会主义核心价值观具有提供素材的作用（刘志军，2012）。

在边疆多民族地区高校培育社会主义核心价值观契合性的研究方面，王秀萍提出，红色文化作为党领导人民群众创造出来的先进文化，是与社会主义核心价值观在国家、社会和个人三者在价值追求上的高度契合。民族地区红色文化与社会主义核心价值观培育具有双向促进作用，前者推进后者培育，后者促进前者传承（李焱，2018）。首先，红色文化具备革命性的重要特征，集中表达了党和人民对追求民族独立、国家富强、人民幸福的美好愿景，社会主义核心价值观也体现了"富强、民主、文明、和谐"的国家层面的理想夙愿，二者展现出在国家层面上的高度契合。其次，红色文化与社会主义核心价值观都是为了追求自由平等，不论是在新民主主义革命时期，抑或是现代社会，二者皆表征出价值判断与价值追求的相互促进与互通有无。最后，红色文化源于中国共产党领导中国人民开展的革命实践，其追求的爱国奉献、舍小家为大家的革命精神与当代社会主义核心价值观在个人层面上的精神诉求是一致的，都是对个体人格诉求的一种本质回归（王秀萍，2019）。

在边疆多民族地区高校培育社会主义核心价值观路径的研究方面，习近平总书记就培育路径做出了根本指引，即"铸牢中华民族共同体意识"（习近平，2017）。在这一思想引领的作用发挥下，王秀萍指出，第一，以教育宣传的重要手段，宣传红色文化资源，引导青年树立正确的世界观、人生观和价值观，增强其对做社会主义建设者和接班人以及对社会主义道路的高度认同；第二，以红色文化资源为平台宣传素材，丰富教育形式与技术呈现，在传承红色基因的进程中加强社会主义核心价值观培育；第三，以红色文化资源为社会实践依托，定期举办校园红色文化相关活动，学习革命传统、参与知识竞赛、开展社会实践等，实现红色文化教育与社会实践教育的高度融合（王秀萍，2019）。也有学者指出，红色网络软件的开发对于校园先进文化的宣传有重要的引领中介作用，只有加强红色网站的建设运行，方能帮助民族地区青年大学生梳理正确的世界观（李金，2015）。

（3）边疆多民族地区红色文化的高校思想政治教育研究。学术界关于边疆多民族地区红色文化的高校思想政治教育相关研究，主要从高校落实立德树人根本任务、地方落实育人价值转化等方面开展。

在高校落实立德树人根本任务的研究方面，张洁提出其实现离不开中华民族创造的优秀红色文化。作为近代以来中华民族的奋斗基因，不仅代表着中华民族伟大复兴历史长河中的斗争实践，更代表着中国共产党社会主义建设的前进步伐，地区红色文化的植入性、实践性以及内在性都与立德树人这一根本任务相联系（张洁，2019）。习近平曾在2018年全国教育大会中指出，必须要在厚植爱国主义情怀上下功夫，在学生中弘扬劳动精神，这都是新时代立德树人的要求（习近平，2018）。

在地方落实育人价值转化的研究方面，地方高校可促进民族地区红色文化育人价值的转化（张洁，2019）。由于人们对"红色文化"的认识往往具有局限性，将其认为是新民主主义革命时期造就的红军开拓革命政权的先进文化，使民族地区的红色文化资源面临挖掘力度不够等问题。首先，2017年中央印发《2016—2020年全国红色旅游发展规划纲要》，标志着红色文化的教育与旅游功能已成为国家顶层设计的重点关注对象，红色文化资源的内涵也更加全面深化，这一新的红色文化资源界定为民族地区的地方高校挖掘本土的红色文化资源提供了新的契机（白四座，2016）。其次，新的红色文化内涵的拓展及各地红色文化研究宣传机构的设立，使红色文化学术平台的地位日益提高，以研促学的方式为地方高校研究本土红色文化提供了大量线索与启示。最后，区域红色课程的开设以及红色文化教育刊物的发行启迪了地方高校的红色文化转化，在此基础上创新教育教学方法，并在其中不断融入社会价值，可以引领当地的精神文化认同（张洁，2019）。

3. 边疆多民族地区红色文化的开发利用研究

（1）边疆多民族地区红色文化资源的开发现状研究。学术界关于边疆多民族地区红色文化资源的开发现状的研究，主要从挖掘力度、发展后劲、宣传教育与法律保障等方面开展。

在挖掘力度的研究方面，有学者指出，民族地区虽然拥有较为丰富的红色文化资源，但由于地域辽阔且资源集中度较低，给传承发展工作带来了较大的难度。关于民族地区红色文化资源开发的问题，学者普遍认为地区内存在开发力度弱与关注度低等显著问题。由于保护遗址皆以革命遗址等静态纪念形式出现，无法彰显当地红色文化的内涵特色（梁军等，2011）。有学者在研究广西壮族自治区的文化符号时，曾明确指出广西的代表性文化符号实现了红色文化符号的充分挖掘，彰显出对红色文化资源的凝练意识（黄伟林等，2020）。

在发展后劲的研究方面，专家指出，需贯彻马克思"经济基础决定上层建筑"的深刻观点，必须大力提高民族地区的红色文化传承发展建设资金，减少制约因素，更好地发挥红色文化的传承价值。除此之外，传承红色文化需丰富民族地区红色文化的发展活力，丰富传承形式，调动发展积极性与互动性，以期扩大民族地区红色文化资源的开发辐射力，增强品牌效应，在保障资金的基础上提高红色文化资源的发展后劲（梁军等，2011）。更重要的是，民族地区基础设施的缺乏使得文化机构相对不健全、服务体系薄弱，难以形成对红色文化产业的积极贡献（王开琼，2017）。

在宣传教育的研究方面，梁军提出，民族地区的部门政府重视力度不够，不能对地区红色文化资源提供合理的开发策略，使保护意识弱与了解程度低等固有问题逐渐"内卷化"，进一步降低地区的文化资源本就不高的传播范围和影响能力，削弱红色文化资源的宣传教育属性（梁军，2011），与此同时，红色旅游景区的宣传意识较弱，氛围感较低，文化影响力较弱（黄霞，2020）。

在法律保障的研究方面，目前，红色文化资源的不可再生性为其提供了十分有效的法律保障，这一特性使红色文化资源的保护与开发成为顶层设计的重点关注领域。由于缺乏正规开发，红色文化资源认定及管理都存在较多的制度危机与权责漏洞（范连生，2013）。

（2）边疆多民族地区红色文化的红色文化旅游开发利用研究。学术界关于边疆多民族地区红色文化旅游开发利用研究内容相对较为广泛，主要从民族地区红色文化旅游的概念内涵、特性特征、发展意义、发展困境及路径规划等视角开展。

在边疆多民族地区红色文化旅游的概念内涵研究方面，王洁认为，"红色旅游"是指依存于红色文化之上的，以革命历史、英雄事迹以及革命精神为内涵，以历史遗迹、雕塑雕像、博物馆等为载体开展的主体性旅游活动，意为旅游者缅怀先烈，感悟革命精神（王洁，2008）。

在边疆多民族地区红色文化旅游的特性特征研究方面，王洁提出，红色旅游景观数量较大，依据2004年中央印发的《2004—2010年全国红色旅游发展规划纲要》，中国共计12个重点旅游区，有7个重点红色文化旅游区集中在民族地区

（王洁，2008）。且纲要中提出红色旅游资源的内容丰富，反映出丰富的红色旅游开发素材、多样的旅游资源类型。

在边疆多民族地区红色文化旅游的发展意义研究方面，学术界认为，发展民族地区的红色文化旅游，有利于加强新时期的爱国主义教育，具有重要的政治教育功能，是中国特色社会主义建设的重要内容（刘红梅，2016）；并同时有利于保护历史革命遗迹（王洁，2008），发挥文化教育功能，推动社会主义精神文明建设的发展（刘红梅，2016）；进一步培育新的红色文化旅游经济增长点，进而带动民族地区或革命老区的经济社会发展进程（王洁，2008）。

在边疆多民族地区红色文化旅游的发展困境及路径规划研究方面，学者们认为，民族地区红色文化旅游的开发目前存在很多不足，例如形式单一，吸引力不足；开发层次较低，重复建设；基础设施不完善；缺乏统筹规划；消费水平不高；管理体制不规范等。在开发路径方面，学者们认为应整合资源项目，挖掘资源内涵，保护与开发双管齐下，打造红色品牌，建立体制机制等（王洁，2008）。

（3）边疆多民族地区红色文化的发展路径研究。学术界关于边疆多民族地区红色文化的发展路径研究，主要从资源传承、旅游开发、媒介宣传、服务教育等角度出发开展。

在资源传承方面，学者们提出，传承民族地区红色文化的关键在于"承"，即在建立健全民族地区红色文化资源保障体制机制的同时，加强"传"层面的宣传教育，增强人们的红色文化认同感，再进一步将"传"与"承"相结合，实现民族地区红色文化的优良承袭。具体措施有：对红色文化资源进行普查和摸清，并开展及时的维护与抢修，之后努力打造民族地区的红色文化品牌，通过多元展示的平台效应，扩大民族地区红色文化的受众群体，树立红色文化的可持续发展观，以期实现民族地区红色文化的传承与创新式发展（梁军等，2011）。除此之外，充分加强对青少年的爱国主义教育实践，少数民族地区的教育部门应考虑将红色文化内容建设到课堂宣传平台或网络宣传平台，强化和固化少数民族地区学生的红色文化认同感，使红色文化基因代代传承（黄霞，2020）。

在旅游开发方面，政府要采取宏观微观并施的举措，不仅要引导地区社科类团队加深对红色文化的研究开发，更要加强对旅游景区的内涵建设，提升景区的精神内涵，不断发掘并凝练先进文化理论。"中国革命作为共产党人的营养剂，在重温历史故事的同时，增强了心中的精神力量"（吕其庆，2016）。旅游景区需不断突出红色文化的精神内涵，使游客感受到特殊的爱国主义与革命传统教育，缅怀革命精神，接受爱国教育。

在媒介宣传方面，各式各样的传播媒介不断营造的红色文化氛围，将会是民族地区红色文化资源未来发展的有力路径。学者们指出，红色题材的创作开发需从民族团结的角度出发，在此基础上的提炼创作将会营造出更好的红色文化氛围，使爱国主义情感在其中得到进一步深化。文化艺术等传媒机构通过书籍等媒介加强对红色文化传统的弘扬，通过电影电视、人像雕塑、绘画描写、音乐舞蹈等媒介营造民族地区红色文化的文化认同，以期更好地保护这一宝贵的民族精神财富（黄霞，2020）。

在服务教育方面，红色文化作为立德树人根本任务实现的基本保障，通过树立红色文化发展新理念，立足地方高校"育人""资政"的双重职责使命，积极挖掘地方本土红色文化资源的同时，搭建研究平台，实现多学科融合，开设区域红色课程，打造学科研究体系，还原历史的同时联系地方实际，充分彰显红色文化资源服务地方教育事业发展的功能（张洁，2019）。

二、研究述评

（一）已有的边疆多民族地区红色文化价值研究，缺乏红色文化对促进乡村振兴、脱贫攻坚战略进程等的战略机理研究

国内对边疆多民族地区红色文化的价值研究集中于对其内涵价值的研究，众多文献都纷纷指出，红色文化资源在民族地区的突出内涵，涉及文化价值、政治价值等，但关于新时代红色文化资源开发利用的当代价值研究较为匮乏。随着边疆多民族地区对红色文化资源关注度的提升，多数学者皆从红色文化资源的旅游产业开发以及特色文化产业开发的角度展开具体分析，但鲜少有学者重点论述乡村振兴战略与脱贫攻坚战略在红色文化资源开发进程中的重要战略价值，并缺乏对红色文化新时期战略价值作用机理的研究。

（二）已有的边疆多民族地区马克思主义大众化研究，缺乏对其效应评估以及实践反馈等方面的后续研究

由于国内的马克思主义大众化研究一直属于重点关注的研究主题，尤其自党的十七大以来，国内学术界的研究重点便侧重于马克思主义大众化的实现路径上。边疆民族地区作为马克思主义大众化推行的特殊地区，其大众化推行进程与实现路径已受到学者们的广泛关注。目前，学术界对于边疆多民族地区的马克思主义大众化的探讨主要集中于研究其环境条件的特殊性以及实现路径的综合性，并明确民族地区马克思主义大众化的特殊性实践载体与差异性的受众群体。但兼具学术性与实践性的跟踪研究成果十分匮乏，缺少对大众化水平的跟踪评估与效果反馈，无法了解民族地区的马克思主义大众化进程实情。

（三）已有的边疆多民族地区红色文化旅游研究，重复性研究成果较多，独创性学术成果较少

既有的研究由于集中于对红色文化旅游产业开发的研究，缺乏对边疆多民族地区红色文化资源开发利用的全方位把握，缺乏思辨性与规范性的全面研究，侧重于从单一的旅游产业发展角度开展对红色文化资源的开发利用研究。政府亟须汲取地区发展经验，全方位考察边疆多民族地区的红色文化开发路径，通过综合评测其发展意境，充分考虑政府开发能力的现实情况，从而针对性地提出边疆多民族地区红色文化资源开发的现有缺陷与发展方向。

（四）需要进一步研究的问题

第一，通过准确把握中国边疆多民族地区的特殊地缘条件，综合考察民族地区各阶段及各地区的经济社会发展状况，从红色文化资源保护与开发利用的视角出发，找寻新时期背景下红色文化资源与乡村振兴战略的最佳结合点，深化时代价值，使红色文化资源开发为地区脱贫助力，形成具有时效性、系统性、针对性的中国红色文化资源开发的时代价值理论。

第二，通过全面深入地了解边疆多民族地区马克思主义大众化的具体路径，研究不同层次、不同素质水平的受众群体，探索不同地域及不同文化背景下的马克思主义大众化影响因素，从宏观微观相结合的角度出发，拓宽马克思主义大众化实现路径的探讨视角。另外，对边疆多民族地区马克思主义大众化的研究需加入效果评估与反馈评价等内容，集中力量建立科学可行的边疆地区马克思主义大众化效果评价及效应评估的指标体系，综合运用其他学科的理论方法集中专业知识，突破惯性思维，找寻马克思主义大众化的实现新路径。

第三，运用马克思主义的具体问题具体分析的方法和策略，差异考察边疆多民族地区各个区域不同的红色文化开发路径，通过改变学术界既有的对边疆多民族地区红色文化旅游开发的相关研究方向，探索不同红色文化资源开发背景及特殊地域背景之下的开发路径，探讨对特殊区域和地方红色文化资源开发路径等问题，积累研究经验，扩充学术界对于红色文化资源开发的路径研究成果，为全国各地区红色文化资源开发提供研究案例与实践经验。

第三节　研究内容与研究方法

一、研究内容

本书以边疆多民族地区红色文化资源保护与传承为研究主体，主要对西南、西北（西北、北部）、东北三个地理维度的边疆多民族地区红色文化资源展开调查研究，进而建立形成边疆多民族地区红色文化资源保护与传承的机制分析，最终形成边疆多民族地区红色文化资源保护与传承的模式及政策研究。主要研究内容包括：

1. 红色文化资源的理论内涵剖析

首先在理论探讨方面，对红色文化的概念和内涵进行相关界定，通过回顾党史，厘清红色文化资源的边界。其次对红色文化资源的特征进行分析，探索出其具有科学性、民族性、开放性、革命性、人民性、创新性、政治性、丰富性、先进性等特性。最后对红色文化资源的分类标准进行科学探讨，并对红色文化资源进行分类，以更好地进行后续研究。

2. 边疆多民族地区红色文化资源保护与传承现状研究

通过田野调查与统计分析、田野调查与案例研究，掌握边疆多民族地区红色文化资源分布、开发与保护、传承的现状，面临的外部环境；归纳总结边疆多民族地区红色文化资源的基本特征、保护和传承的突出问题及发展趋势，为开展边疆多民族地区红色文化资源保护与传承影响机理提供理论支撑，为红色文化资源保护与传承模式研究建立基础。

3. 边疆多民族地区红色文化资源保护与传承的机制研究

通过文献研究的方法搜集国内外关于边疆多民族地区问题、文化资源保护与传承方面的研究成果，初步建立边疆多民族地区红色文化保护与传承的影响因素、作用机制、演化过程的分析框架，在此基础上建立科学合理的总体研究框架。从内部驱动和外部驱动两个维度分析边疆多民族地区红色文化资源保护与传承的影响因素与动力机制。研究从动态化发展的角度，提出"经济—社会—文化"三位一体的边疆多民族地区红色文化资源保护与传承的循环提升过程。从理论分析的角度，笔者认为，在内部驱动与外部驱动的机制作用下，边疆多民族地区红色文化资源的保护与传承将通过经济发展、社会发展、文化发展三个方面的共同作用实现健康可持续的建设发展。

4. 边疆多民族地区红色文化资源保护与传承的模式及对策研究

通过文献和案例分析，了解边疆多民族地区红色文化资源保护与传承的基本模式，分析边疆多民族地区红色文化资源保护与传承所存在的主要问题及其原因，掌握西南多民族地区红色文化资源分布、开发与保护、传承的现状。针对边疆多民族地区红色文化资源保护与传承的实际问题展开对策建议及具体实施路径分析，在此基础上建立形成边疆多民族地区红色文化资源保护与传承支撑体系。

二、研究方法

1. 文献研究方法

围绕边疆多民族地区红色文化资源调查、保护与传承的研究主体，梳理近年来国内外相关文献，吸收边疆多民族地区发展、红色文化资源调查保护及传承等方面的最新研究成果，把握相关领域的研究前沿。全面掌握与本课题研究相关的民族学、边疆学、管理学、政治学、经济学、传播学经典理论，通过对现有理论进行集成和整合，构建边疆多民族地区红色文化资源调查、保护与传承的理论分析框架，用以指导本课题的理论研究。

2. 田野调查法

通过田野调查采集项目研究所需数据、案例，对西南、西北（西北、北部）、东北三个地理维度边疆多民族地区红色文化资源分布、开发与保护、传承现状的数据、案例、资料进行调查和采集。本书研究需要在对西南、西北（西北、北部）、东北三个地理维度下的边疆多民族地区红色文化资源调查分析的基础上展开，从而对不同地区、不同民族的红色文化资源的基本特征、现实困境、发展情况进行全面精准把握。实地调研方法的优点在于能够及时准确地获得一手资料，因此，本书将采用实地调研方法获取边疆多民族地区红色文化资源的相关数据资料，通过访谈的方法获取典型案例资料。

3. 系统研究法

边疆多民族地区红色文化资源调查、保护与传承是一个系统、完整的研究体系，具有多主体参与、多要素整合和多机制联动等系统特征，本书研究正是以边疆多民族地区红色文化资源调查、保护与传承的理论分析框架为基础展开的，笔者认为，边疆多民族地区红色文化资源保护与传承的内部与外部驱动机制都具有整体性的复杂系统，应用系统论分析方法分析边疆多民族地区红色文化资源调查、保护与传承的影响因素、作用机制、一般特征规律、模式及对策实施路径。

4. 政策系统设计分析法

在边疆多民族地区红色文化保护与传承的模式及对策研究中运用政策系统分析法，分别从模式建立、问题分析、对策建议、支撑体系建设四个方面对边疆多民族地区红色文化保护与传承的模式及对策进行具体实施路径分析。

5. 文献计量法

通过文献计量的方法，对文献的结构体系的变化规律进行解释，能够从理论上增加研究内容的科学性和精确性，进而为本书的研究内容提供定量依据，进一步提供优化的情报服务，更好地解决文献情报工作中的基本矛盾。

第二章 边疆多民族地区红色文化资源的基本概念、内涵、研究对象及边界

第一节 红色文化资源的概念、内涵分析

一、红色文化资源的定义

第一，红色的定义。红色代表着平安吉祥。中国结是一种古老的手工编织品，大多是以红色为主，从周朝时期人们就开始佩戴，多作馈赠亲友、随身饰物以及室内装饰之用，它蕴含着"一帆风顺""平平安安"等美好寓意，传达着中国人民最美好的祝福。每逢过年的时候，中国人民都有贴红对联、挂红灯笼和放鞭炮等一系列习俗，这是因为传说在腊月三十就会出现伤人的"年兽"，它害怕红色和响声，所以中国人用红纸、红灯和鞭炮来驱赶"年兽"，于是红色逐渐就蕴含了平安吉祥的意味。

红色代表着勇敢无畏。人类的血液是红色的，中国人民自古以来都是爱好和平的，同时也是勤劳勇敢的，中国人民深深知道和平来之不易，所以中国人民从来都是温和的、谦逊的，但中国人民更知道，每一份和平的背后都是以鲜血为代价的。中华人民共和国国歌歌词中提到，我们新的长城是由中华人民的血肉铸成的，中国的国旗、中国共产党的党旗都是红色的，也同样代表着我们的和平与成功是由勇敢的中国人用红色的鲜血换来的。

红色代表着至高无上。从周朝开始，官方由于信仰火焰和太阳的颜色，以红色为尊，中国古代的皇帝大多都身着红色。虽然自隋朝之后皇帝开始穿黄袍，但是红袍依旧是皇帝喜爱的，所以红色在中国人的心目中代表着权威、正统。同时从明朝开始有的"票拟"制度，需要皇帝进行"批红"，清朝也有了"朱批"制

度，皇帝用朱笔在奏折上进行批示，现在的中央重要文件大部分也是红色的标题，被称为"红头文件"，所以在中国人民的心中，红色代表着至高无上的权力。

红色代表着革命。新莽末年的农民起义军赤眉军，将战士的眉毛染红，以作为自己的标志，自此之后，"赤眉"一词也被用作农民起义军的代称。在古代的农民起义当中，有很多以红色作为自身标识的起义军，例如元末的红巾军、清末的义和团等。中国共产党的党旗也是红色的，左上角由锤头和镰刀来代表工人阶级和农民阶级，说明了要联合工人和农民来进行中国革命。此外在中国共产党领导的新民主主义革命中，红色一直激励着中国人民追求民族解放，例如我们的军队叫作红军，我们的旗帜是红旗，浙江嘉兴当年召开中共一大的小船叫作红船，整体看来，红色在中国的传统语境当中，代表着反抗、革命的精神。

红色代表着成功与荣耀。在中国古代，科举制度产生以来，公布成绩的榜单被称为金榜，如果考中科举，即为"金榜题名"，当时的"金榜"即为红纸，而在学而优则仕的中国古代，能够"金榜题名"则表示读书生涯甚至整个人生都取得了成功。到近现代以来，中国通过授红花、授红绶带来对先进人物进行表彰，所以红色往往代表着成功与荣耀。

综合看来，在中国的传统语境下，红色代表着平安吉祥、勤劳勇敢、至高无上、革命、成功与荣耀等多种含义，与中国传统文化和中华人民的良好品质所契合，是深埋在中华人民的基因当中的。

第二，红色文化的定义。红色文化具有鲜明的政治内涵，由于红色在政治领域中多代表进步、革命、激进等含义，社会主义国家通常用红色来代表自身的意识形态和共产主义理想，世界上大部分社会主义国家的国旗也都包含红色，这是因为社会主义制度大部分都是通过革命手段而建立的。[①]

1917 年，俄国十月革命一声炮响，给中国送来了马克思主义。中国共产党人以马克思主义为指导，带领广大群众为实现中华民族的解放与自由不断奋进。回顾新民主主义革命时期，我们创建的人民军队叫作红军，我们的军旗是红色的。涌现了一批优秀的文艺作品：《闪闪的红星》《红岩》等。红色文化是中国共产党带领中国人民用生命谱写的伟大实践历程。

红色文化不等同于革命文化，文化本身是对与相关实践活动的一种反映，虽然红色文化与革命文化发生的背景相同，但是两者的外延却有着较大明显的区别，革命文化更注重的是以暴力手段进行革命斗争活动，其直接目的是反抗、推翻、革命，而在这过程中也存在错误的思想倾向。而红色文化是对马克思主义同中国社会主义道路实践的经验与中华优秀传统文化的总结与提炼，其目的是构建

---

① 张寒梅. 红色文化的内涵、特征及传播创新研究［J］. 重庆工商大学学报（社会科学版），2014，31（1）：157 – 160.

一个独立富强的国家，所以二者的内涵基本一致，但是红色文化是以革命文化为基础的，更加系统化、大众化的一种文化。

红色文化定义的研究还有几点需要明确，首先，红色文化必须是由中国共产党所领导的，在中共二大上提出了中国共产党的最低纲领和最高纲领，最低纲领是消除内乱，打倒军阀，实现国内的和平，打倒帝国主义，实现民族的独立，最终建立起独立富强的民主共和国；最高纲领是在完成最低纲领之后，逐渐铲除私有制度，最终实现共产主义。红色文化产生的背景、内涵和中国共产党的纲领一致，要明确地反帝反封建。

其次，红色文化必须要以中华传统文化作为基础，同时吸收借鉴优秀的外来文化进行重组革新之后，以马克思主义思想作为指导，结合中国革命实际情况，是共产党人在革命实践过程中逐渐总结创新出的正确革命道路或革命精神，或是人民群众认可的、自发创作的成果形成的科学的、正确的文化。

再次，红色文化的表现形式和主要内容是多样性的，红色文化的表现形式分为物质和非物质两种，物质形式的多为战斗遗址、枪械弹药、生产生活工具、军服遗物等，而非物质形式地包括在革命过程中逐渐凝练出的优秀精神和品格，例如长征精神、西柏坡精神，还包括一些群众自发创作的、为了歌颂中国共产党正确领导的文化作品，例如民歌、戏曲等。红色文化的主要内容可以分为四种：第一种是在新民主主义革命时期对共产主义事业有着重要推动作用的人和在革命事业中存活下来的战士以及牺牲的烈士，这是红色文化产生的实践者；第二种是在新民主主义革命时期的战斗遗址和相关战斗中遗留下来的战斗物品，以及当时革命战士所用的生产生活工具；第三种是在新民主主义革命时期发生的重大革命活动或历史事件，这些活动或实践必须是推动革命向积极一面发展的，有利于民族独立，建立中华人民共和国的，第二种和第三种是红色文化产生的直接成果；第四种是中国共产党领导人民在革命过程中，逐渐凝练出的具有时代特色的优秀精神品质，例如长征精神、红船精神等，这是红色文化在革命过程中不断凝练升华后取得的成果。总体来看，红色文化是由人、物、精神合为一体的，具有多种表现形式的一种文化。

最后，红色文化有着广义与狭义之分，广义的红色文化可以代表在世界范围内，以马克思主义为指导思想的，为了实现共产主义事业，推动社会进步发展所产生的文明成果，而狭义的红色文化则是由中国共产党领导的，以马克思主义为指导思想的，与中国传统文化相结合，以实现民族独立与解放，建立独立富强的中华人民共和国为奋斗目标的优秀文化成果。在中国，红色文化也有不同的理解，其中广义的红色文化包含自新民主主义革命以来到现在为止，中国共产党带领中国人民谋求民族复兴、建立中华人民共和国、实现社会主义改造、进行改革开放、进入社会主义新时期等一系列革命、建设的实践过程中凝练出的优秀文化成果；狭义的红色文化则仅仅包括新民主主义革命时期，即从五四运动后全国各地出现共产主义小组开始，到中国共产党打败国民党，建立中华人民共和国结束，这个期间中国共产党带领中国人民反帝反封建凝练出的优秀文化成果。

所以，红色文化并不是简单地将红色和文化相加，而是以中国传统文化为基础，在特定的历史时期，即新民主主义革命时期，与优秀的中外思想不断碰撞、重组，经历了长期的革命实践的丰富，进而形成的优秀的文化形态。它是由中国共产党领导的，以马克思主义为指导思想的，以中国传统文化为基础的，以无产阶级为实践者的，以实现民族独立和人民解放，建立人民民主专政的新中国为目标，在新民主主义革命时期通过革命实践凝练出的优秀的先进文化。红色文化萌芽于新文化运动和五四运动，发端于中国共产党成立，发展于土地革命时期，成熟于抗日战争和解放战争时期。

第三，文化资源的定义。资源一词表示在一个国家内或某个地区内部所蕴含的各种物质要素，包括人、财、物等一系列要素，可以分为自然资源和社会资源，自然资源即自然界可以满足人类活动需求的一切自然物质，包括水、矿产、空气、森林等，并且这些物质可以通过人类的技术产生一定的价值。社会资源则是为了满足人类需求，能够提供可以转换为具体服务的客体，其中包括了信息资源、文化资源以及人类通过劳动创造出来的各种物质财富。由于人类的生产活动是处在社会活动中的，在不同的社会环境下会产生不同的社会资源，也就是说在不同种族、不同国家内部都有着社会资源，所以社会资源有社会性的特点。由于社会资源在社会发展的过程中会不断地丰富增加，社会资源不断积累可以推动知识的丰富进而带动整体社会的发展，文化资源可以通过文字、影像等多种手段进行延续传播。人类在劳动中所总结出的生产经验、生产工具等又可以在下一代人的生活生产中发挥作用，促进下一代人的进一步创新与发展。在人类社会的发展过程中，社会资源在不断地被继承、使用、创新着，每一代人都是站在前人的肩膀上。在这个过程中，人的素质不断提升，生产工具不断被发明，生产方式不断更新，促进了社会的发展，所以社会资源有继承性的特点。由于社会资源可以在不同地区或者国家之内流动，知识可以传播，技术可以交流，劳动力可以迁移，政府的政策、自然环境等多方面因素都会影响社会资源，例如特区开放就是利用政策来引进人才、技术的实例，所以社会资源有流动性的特点。由于每个国家或地区的自然资源分布不同、发展水平不同、管理体制不同、社会制度不同，诸多因素影响着社会资源的分布，所以社会资源有非均衡性的特点。

文化资源作为社会资源的一种，自然也有着以上的特性，但是它又有着自身特有的性质，文化资源是潜在的、隐性的，对人产生的作用是潜移默化、深远持久的，其产生的作用深深地烙印在每个人的精神世界当中。同时，文化资源的形成是通过历史长期的积淀形成的，包括了民族心理、民族精神在内，这种内在性的东西一旦形成就很难抹去，所以说文化资源具有稳定性。另外，文化资源在发展的过程中并不是一成不变的，它在使用和传承的过程当中是一定会伴随着时代的变化而不断创新发展的。文化资源虽然有产权归属，但是这种产权归属并不是独属于某一个人或者某一个组织的，所有人都可以对其进行使用，是全世界所共有的财富，并不会因为人们使用而消耗殆尽，反而会因为人类的使用不断丰富，愈发凸显其生命力，所以说文化资源还具有持久性的特点。

目前关于文化资源的定义还没有统一的界定，有学者认为，文化资源也有广义与狭义之分，广义的文化资源代表人类一切有关于文化活动的生活生产，其主要形式是以非物质形态为主；狭义的文化资源代表着有直接或者间接经济利益可以挖掘的文化内容。要充分认识文化资源的含义，可以从不同的角度进行探析，从文化本身的角度来看，文化资源和文化现象有所相似，但又有差别，文化资源可以作为文化现象的外在特征，它是人类社会长期实践发展的过程中凝练积淀出的物质和精神财富总和；从资源的角度来看，文化资源需要给文化产业的发展提供基础要素，所以说文化资源作为一种资源，其开发的目的是促进社会的发展。在此过程中，既要对经济有所发展，又要发挥出其在思想领域等其他非经济领域中的重要作用。所以，文化资源是在历史上发生的、可以为今天所服务的优秀文化积淀，文化资源作为社会资源当中的一种，是人们在文化生产中可以利用的一种社会资源，是文化产业、文化服务业、文化旅游业的重要资源支撑，它既有动态的文化活动形式，又有静态的文化成果形式。文化资源首先要进行挖掘调查，对一定区域内的文化概况有一定的了解，明确其分布种类、分布区域、形成原因、保护意义、传承价值等；其次要进行保护，有一定意义的文化资源需要进行保护，保护文化资源是取得其经济利益和社会利益的前提条件；最后是对红色文化的传承，传承的手段有很多，将文化资源产业化，带来巨大的经济价值，推动经济社会的发展，是一种常见的传承手段，通过思想教育，加强相关文化对人民的价值观的培养，提升人民和国家的整体素质，带动文化软实力的提升，树立起文化自信，也是一种常见的传承手段。需要说明的是，关于对文化资源的开发就是对文化的破坏这种说法是与现实相背离的，因为对文化资源的开发实质上就是对人类社会发展过程中的物质与非物质形态的文化资源进行以保护为主的活动，只有对文化资源进行开发，才能进一步发挥出文化资源的作用。

第四，红色文化资源的定义。经过对红色、红色文化、文化资源这三个关键词语的定义明确了之后，红色文化资源的定义就不难理解了，首先，红色文化资源是带有"色彩"的，即代表着平安、勇敢、权威、革命和成功，是根植于中国传统文化当中的重要组成部分，同时当红色与革命活动相连接之后，其政治性就开始不断凸显出来；其次，红色文化资源是基于红色文化产生的，红色文化是由中国共产党领导的，以马克思主义为指导思想的，以中国传统文化为基础的，以无产阶级为实践者的，以实现民族独立和人民解放，建立人民民主专政的新中国为目标，在新民主主义革命时期通过革命实践凝练出的优秀的先进文化；最后，红色文化资源作为一种社会资源，它既是红色文化的一种外在特征，又是红色文化产业的基础要素，所以说红色文化资源是可以为现代社会所服务的，由中国共产党领导的，以马克思主义为指导思想的，以中国传统文化为基础的，以无产阶级为实践者的，以实现民族独立和人民解放，建立人民民主专政的新中国为目标，在新民主主义革命时期通过革命实践凝练出的优秀的先进文化资源。这种文化资源不仅仅服务于红色产业的发展，更在思想教育、社会稳定等方面发挥着至关重要的作用。

二、红色文化资源的研究内涵

红色文化和红色文化资源的内涵研究重点要放在其形成和发展的过程中，重点要明晰革命活动是如何促进红色文化形成，并推动其进一步发展的，同时还要明确红色文化与红色文化资源之间的相同性和差异性。

红色文化中无处不体现着党的理想信念和奋斗使命，是中国共产党领导革命的重要智慧结晶，同时也为中国共产党进行治国理政提供着精神指引。它是具体真切历史发展的产物，是中国共产党人带领人民群众为美好生活排除万难、冲锋在前、不断革命和奋斗的历史凝练，是中国共产党人带领中国人民追求民族独立和民族复兴的过程中的积累总结。解放和发展社会生产力等重要思想、顽强奋斗积极拼搏的进取精神、宁死不屈百折不挠的钉子精神，实事求是以实践检验真理的客观科学态度是红色文化的重要组成部分，这些都在不断为推进社会主义核心价值观建设提供核心思想。传承红色文化可以全面、客观地理解中国革命历史进程是如何在共产党领导下推进的，从而达到抵制历史虚无主义的目的，可以深入透彻了解社会主义发展道路是我国的必然选择，进而增进四个自信，即道路自信、制度自信、理论自信和文化自信。如此看来，红色文化的作用不仅仅是一种特有文化信息的表现和传递，更重要的是对中华民族儿女世界观、价值观的塑造，对实现中华民族伟大复兴的价值指引，对推动社会发展的经验沉淀。

为实现促进红色文化资源不断发展，把握其发展逻辑的关键在于分析红色文化与资源之间的相同性和差异性。只强调红色文化和革命文化的研究，会陷入对文化表面形式的追求中，不便于让人们理解其丰富内涵。而通过联结"红色文化"与"资源"，可以将研究推向动态化，使得红色文化资源研究具有可持续研究力。这两个关键词，将革命精神与传统具象化，有助于人们理解和接受，不再只是一个狭窄的概念。"红色文化"有关研究旨在在具体历史实践中考察和探讨革命精神与传统，将其形成和内涵不断丰富的历史环境和时代背景客观真实地还原出来，使其更具有指导意义，探讨革命精神与传统的内在逻辑关系，并进行普世的提炼，总结出内在规律性。"资源"的研究必须使革命精神与传统相结合开发挖掘甚至再创造出看得见摸得着的具体实物，不再只有抽象的理论经验和单一同质化的形式，而是实实在在、在不同地点有不同特色的物化形式。一方面不仅要发掘、抢救和保护好各类原始资源，另一方面更要描绘好资源开发和使用的蓝图，形成总体规划，指导红色文化向红色文化资源转化。红色文化资源的研究核心要义和工作重心就是把握好"红色文化"的静态研究与"资源"的动态开发利用，再将两者有机结合。

红色文化资源作为人文资源的一种，具有显著的原生和衍生特征，是特定历史条件下产生的产物，同时又可以通过人的主观能动性进行衍生创造，使其区别于自然资源。这个特征使人们可以从多个维度概括红色文化资源。从红色文化资源的产生形式上，红色文化资源可分为原生红色文化资源和衍生红色文化资源，原生红色文化资源指的是特定历史实践过程中形成并保存至今的实物，包括历史人物的遗物，共产党人为民族复兴奋斗的遗址、遗迹等；衍生红色文化资源则是为再现革命历史，弘扬红色精神红色文化，根据过往历史进行采集、加工出来的文化资源。由于革命环境的恶劣、历史时局的动荡、时间推移保存条件有限，原生红色文化资源的保存受到极大挑战，并且数量极其有限，这在一定程度上赋予了衍生红色文化资源重要地位。

想要从红色文化中挖掘开发红色文化资源并加以利用需要具备有以下几个条件：首先，只有经过丰厚积累和具有丰富内涵的文化，才有一定的厚度用以开发和挖掘其所蕴含的可利用资源。经历百年的沉淀和积累，红色文化不仅有深刻的内涵和多样化的表现形式，而且在中国共产党人的伟大实践下不断发展，不断赋予新时代新含义，为红色文化资源的开发利用提供了坚实的基础，保证了源头活水不断。其次，资源的开发和利用动力一方面还来自消费者的现实需求，在物质发展得到极大丰富的今天，人民群众对美好生活的追求拓展到对丰富优质的精神文明的追求上。作为长期扎根于人民、服务于人民的红色文化，其蕴含的红色文化资源无疑具有强大的内在吸引力，人民也迫切渴望红色文化资源不断被开发利用，以滋润不断增长的精神需求。再次，随着科技的不断发展突破，文化资源开发和保护的能力得到了前所未有的提升，资源利用形式也不断推陈出新，红色文化资源势必能借由先进的科技手段得到开发保护和利用，从而焕发新的生命力，提升人民对红色文化的认知，拓展红色文化资源的利用场景。最后，在纷杂信息流冲击不断增强、全球化日益加剧的时代背景下，各国综合国力竞争加剧，文化软实力被提升至战略高度，而提升我国文化软实力的重要路径就是不断推动红色文化的资源化进程，这样才能在自然资源不断减少的背景下优化发展结构。同时，红色文化资源的转化有利于提升民族凝聚力，进一步推进社会主义先进文化的建设。

当然，作为文化的一种，红色文化也遵循在特定条件下才能实现红色文化资源化的普遍规律。想要将文化成功转化为文化资源，可以投入生产并且创造社会价值两个条件缺一不可。在这个层面上，红色文化的丰富内涵和其对经济社会发展的财富价值能提供的巨大动力，表明了红色文化可以向红色文化资源转化的真实可能。在此基础上，如何真正地发挥红色文化的作用，凸显社会价值，成为一种可利用的文化资源，就必须深挖其文化内涵和文化当代价值。

三、边疆多民族地区红色文化资源研究的基本对象及边界

（一）边疆多民族地区红色文化资源研究基本对象的确立

边疆多民族地区红色文化资源研究的基本对象要从两方面进行分析：一方面是边疆多民族地区，在边疆多民族地区，红色文化的产生往往带有浓烈的民族色彩，少数民族的杰出人物，中国共产党人与少数民族同胞同吃同住同劳动，一同为了实现国家独立而奋斗；另一方面是红色文化资源，红色文化资源这一概念是将文化资源学、文化产业学等相关学科进行了交叉，从资源利用的角度对红色文化的当代价值进行剖析。从文化资源学的相关研究角度来看，红色文化资源的研究可以分为红色资源保护、红色资源利用、红色资源传承、红色资源效益等方面。整体来看，由于红色文化资源自身带有公益性、公共性等特征，在边疆多民族地区的红色资源研究往往可以推动当地的公益性文化事业、提供公共性文化服务、带动当地的文化及相关产业发展。在边疆多民族地区以红色旅游、红色教育、红色基层党建等"红色引擎"为手段，加快塑造红色文化资源观、推动红色文化资源的保护与传承、合理开发红色文化资源产生社会效益、带动红色文化产业的发展，将有利于弘扬民族精神和时代精神，铸牢中华民族共同体意识，助力边疆多民族地区脱贫致富。边疆多民族地区红色文化资源研究的基本对象不能仅仅停留在红色文化资源的定义，更要对红色文化的发展与变迁历程、层次与结构进行分析，还要对在边疆多民族地区这一空间载体下的红色文化资源开发的原则、手段、预期目标等内容进行研究。

（二）边疆多民族地区红色文化资源研究的范围边界确定

红色文化这一概念最早出现于 1965 年的一篇报道当中，文中写道"乌兰牧骑"歌舞队给人民带来了红色文化的种子，是毛泽东思想指导下形成的红色文化工作队（苏明达、梁汝毅，1965）。在 21 世纪初期，红色文化这一词语逐渐在学术界当中活跃起来，同时伴随着红色旅游的发展和红色文化体制改革的决定相继出台，红色文化的消费前景逐渐广阔，红色文化资源的开发逐渐火热，红色文化消费逐渐升温，体系化的"红色文化""红色文化资源"概念逐渐被学术界构建起来，形成了"红色文化""红色文化资源"的研究热。在一般的研究当中，许多学者认为，红色文化是包含革命文化、新民主主义文化和社会主义建设文化的；从本质内涵上来看，红色文化与上述几种文化是包含与被包含的关系；从时间跨度来看，红色文化的时间跨度上可至五四运动前夕，下可至当今社会主义新时代，乃至中华民族实现伟大复兴之后，这期间形成的优秀文化均可被称为"红色文化"，并断言此类文化是人类历史上的文化高峰（刘润为，2013）。这种看法虽然承认了红色文化的先进性，但是不免失去了红色文化本身的研究边界。

从时间跨度来看，目前学术界针对红色文化的形成时间已经有了初步的共识，大部分学者都认为红色文化的产生时间是在中国共产党成立前后，然而针对红色文化这一概念的时间下限，目前学术界内部仍有较大分歧，有一些学者认为，自中国共产党建立以来，带领中国人民在新民主主义革命时期、社会主义建设时期和改革开放时期形成的优秀文化都可被称为红色文化，但是这当中存在着前文已经叙述的，研究边界过大的问题。与此同时，持这种观点的学者大多都回避了 20 世纪六七十年代这一时间段。所以本书在时间跨度方面选择将红色文化定义为在中国共产党成立前后到中华人民共和国成立这一时期的优秀文化结晶。

从本质内涵来看，目前不同时间跨度下定义的红色文化的本质内涵也有所不同，认为红色文化是从中国共产党建立，一直延续到改革开放时期的历史产物的学者一般认为，红色文化是由革命文化、新民主主义文化和社会主义建设文化等诸多文化组成的。认为红色文化是从中国共产党建立，到中华人民共和国成立结束形成的历史产物的学者则指出，红色文化实质上是以新民主主义革命为载体的"革命文化"，红色文化这一概念只不过是在当今社会中对革命文化的一次概念置换（梁化奎，2016）。还有一部分学者认为，红色文化是基于革命文化形成的一种新型文化形态，它的内涵比革命文化更为丰富，虽然革命文化是红色文化的主体，但是红色文化的外延要比革命文化更为丰富，红色文化在当代的呈现形式和呈现内容要比革命文化更为丰富。本书认为，红色文化包括新民主主义革命时期的以革命文化为主体的众多优秀文化成果。

从地域范围来看，红色文化的形成地点遍布全中国，中国共产党带领中国人民在新民主主义革命时期不断抗争，在此过程中结合当地的地域文化和民族文化形成了红色文化。红色文化资源的分布同样丰富，不同地域的红色文化受当地特征影响，有着不同类型的表现形式。本书主要面向边疆多民族地区，在该类地区中，地域文化和民族文化对红色文化的形成具有更为深刻的影响，其特征更为明显。边疆多民族地区在本书当中分为了三大区域，分别为东北边疆多民族地区，其中包括黑龙江省、吉林省、辽宁省；西北、北部边疆多民族地区，其中包括新疆维吾尔自治区和内蒙古自治区；西南边疆多民族地区，其中包括云南省、广西壮族自治区和西藏自治区。

第二节　红色文化的特征分析

一、红色文化的主体特征研究

（一）科学性

红色资源是马克思主义中国化的产物，红色资源的先进性源于马克思主义的先进性，所以其在理论上具有科学性。红色文化得以不断传承与发展的原因在于它受到了马克思主义思想及中国化成果的指导，中国共产党利用了科学的马克思主义原理武装了自己，也发展出了红色文化。红色文化注重实际，从事实出发，遵循客观真理，将理论与实践相统一，反对封建糟粕思想，这与马克思主义唯物论、辩证法和方法论十分契合，也遵循了人类社会发展的内在本质和发展规律。中国共产党在革命的过程中十分注重将马克思主义理论和中国革命现实相结合，在探索如何与帝国主义、封建主义和官僚资本主义斗争的过程中，通过不断的实践，使得红色文化本身的发展动力能够源源不断地涌现，从而创立了毛泽东思想，这是马克思主义中国化的第一次理论飞跃，也是红色文化的重要成果。红色文化本身能够遵循马克思主义理论的方法论，将理论与实践相结合，既拓宽了红色文化的覆盖宽度，又深挖了红色文化的纵向深度。在当今全球化浪潮袭来的趋势下，诸如历史虚无主义、后现代主义等各种非马克思主义思想进入国内后，红色文化还是能够接受得住腐朽文化的入侵与挑战的，经过马克思主义的科学指导，红色文化的科学性不断显现，成为先进文化的优秀代表。

（二）民族性

红色文化作为中国特色社会主义文化的一部分，是形成于中华民族的伟大革命实践中的。中华民族的文化源远流长，在人类历史中有着重要的地位，虽然很大一部分是以小农经济、官僚政治为基础的，但是中华文化作为一种文化集合体，有着强大的内涵和生命力。红色文化在特定的历史时期内产生，隶属于中华文化，在革命过程中，爱国情怀、舍生忘死、甘于奉献等精神与中华文化中的"精忠报国""舍生取义""天下理念"遥相呼应，其精神内涵与中华文化相互一致，是对中华文化的继承与发展，如果红色文化没有带有中华文化的内涵，那么在革命时期就无法获得广大群众的认同，也无法取得民族的独立，所以说红色文化带有鲜明的民族色彩。

（三）开放性

红色文化的开放性体现在其不断吸收人类文明的优秀成果并与中国实际相结合。马克思主义思想虽然并不是中国本土产生的理论思想，但红色思想以马克思主义思想作为指导，对本民族进行分析和批判，并予以创新和发展，深刻说明了其能够不断与外在文化进行交流借鉴。西方的民主科学等优秀先进的价值观进入中国之后，对红色文化的形成起到了关键作用，党的领导人能够正确看待外来思想，予以借鉴吸收，并最后让全中国的人民认同马克思主义，不断推进马克思主义思想对红色文化的影响，将红色文化普世化，说明了红色文化的影响力不断增强。在中国进入新时代的今天，中国的红色文化也逐渐走向世界，融入世界的文明体系中，增强对外的影响力，因为马克思主义和红色文化的本质要求不能故步自封，只有在开放交流的过程中才能丰富发展。

（四）革命性

红色文化的革命性体现在多方面。中国共产党本身就是带有革命性质的政党，马克思主义也是带有革命性质的学说，中国共产党以马克思主义为指导，结合中国革命实际，与旧的社会制度进行斗争，以发展的眼光对旧的社会制度进行批判，揭露其丑恶的一面，抨击罪恶的社会弊端，以革命精神破除社会制度和思想观念上的弊端。中国共产党同其他错误理论进行了斗争，不仅对封建地主文化、资本主义文化、官僚文化等反动文化进行斗争，在当时的社会情况下也与其他不符合中国国情的理论进行斗争，积极批判错误思潮，最终将其彻底摧毁，形成的红色文化在当时的中国社会是一种全新的价值理念，通过与其他理论思想的斗争，其快速成为全国的主导文化，被全国人民所接受。红色文化伴随着革命活动产生，它并不回避自己的阶级本质是服务于工人阶级和广大群众，中国共产党代表了他们的根本利益，坚决与一切侵犯无产阶级利益的现象、制度作斗争。红色文化的形成过程反映了中国人民以革命手段谋求民族独立的伟大精神，并通过革命手段不断改造自身，中国共产党勇于自我革命，在不断地自我纠错、自我净化当中不断进步，才能够完成重建中华人民共和国的革命任务。

（五）人民性

红色文化的人民性和中国共产党以及马克思主义思想的人民性一脉相承，马克思主义认为，群众是一切物质财富和精神财富的创造者。红色文化的产生是由群众在接受中国共产党领导，进行新民主主义革命的实践过程中逐渐形成的智慧结晶，所以红色文化充分体现了中国群众的意志，反映了中国共产党作为广大群众的利益代表者，塑造出的红色文化是符合人民群众的利益诉求的。红色文化的人民性体现在传播发展依靠人民群众，没有人民群众的参与，红色文化就不会产生；没有人民群众的传播，红色文化就不会丰富；没有人民群众的实践，红色文化就不会发展。中国共产党在新民主主义革命中团结了一切可以团结的人民群众，组成了统一战线，在革命斗争当中逐渐形成了红色文化，历史的经验告诉我们，红色文化的传播要依靠人民群众。红色文化的人民性还体现在为人民服务上，毛泽东同志在延安文艺座谈会上的讲话提出，文艺作品的创作要以服务人民群众为根本立场，将红色文化与人民群众在思想上进行对接，满足人民群众的基本文化需求，促进人民群众的思想觉醒，提升人民群众的综合素质，进而推动中国革命进程的发展。

（六）创新性

红色文化的创新性体现在与时俱进上，创新性是马克思主义与时俱进活的灵魂，马克思主义从实际出发，遵循唯物主义，根据现实情况不断创新，具有强大的生命力，在创新中不断发展和丰富其内涵。在新民主主义革命过程中，我们中国的革命实际和已经成功的苏俄不同，我们走中心城市武装暴动的路子一直失败，中国的工人阶级力量也相对弱小，在这种情况中如果不及时创新，仍然教条地遵循现有经验的话，中国革命则很容易走向失败，广州起义、第五次“反围剿”的失败都深刻说明了这个问题。先进的共产党人将马克思主义与中国革命现实相结合，走农村包围城市、武装夺取政权的路子，创造出了一系列具有中国特色的马克思主义理论体系，毛泽东思想的形成就是马克思主义与中国实际相结合的第一次飞跃。红色文化在形式上也有不断创新，尤其是在传播方式上。起初宣传相关的红色文化依靠标语、演讲、动员等手段来传播思想，获取人民群众的信任与支持，伴随着革命的不断开展，人民自发地结合当地民俗，进行了多种艺术形式的创作，呈现出了表演、民歌、文学作品等多种形式的传播方式，尤其是在延安文艺座谈会之后，此情况更甚。

（七）政治性

红色文化的政治性体现在其坚定地站在无产阶级的政治立场之上，尽管经历了不同的历史时期，有着不同的社会现实，但是它一直服务于人民大众，服务于无产阶级，服务于中国共产党。中国共产党利用红色文化的宣传，深刻地推动了革命的进程，并以红色文化作为武器与官僚资本主义文化、封建主义文化等腐朽文化做坚决的斗争；在农村革命根据地中团结了有生力量，有了与蒋介石反动集团对抗的政治资本，最终建立了无产阶级专政的中华人民共和国，其宣扬的内容和原因都带有深刻的政治意义。在现阶段红色文化仍然具有鲜明的政治意义，全球化浪潮袭来的今天，文化软实力越来越成为国与国之间竞争的关键，我国社会主义文化的强弱直接关系到我国形象和综合国力。国外腐朽思想卷土重来，妄图从精神层面再次入侵我国，面对这种严峻的现实情况，我们更要明确红色文化的政治内涵，以确保红色文化正确发展，所以说，红色文化的发展离不开鲜明的政治性，只有明确红色文化的政治性才能更好推动中国继承、发扬红色文化。

（八）丰富性

红色文化的丰富性首先体现在红色文化的内容丰富上，虽然红色文化覆盖的历史时期较短，但是在大变革大动荡时期，红色文化包括的内涵极其丰富，其体现的中华民族的优秀品质与精神十分多样。在革命对象方面，既有反对封建主义势力和官僚资本主义势力的内容，又有与帝国主义、法西斯势力对抗的内容。在文化成果方面，形成了长征精神、井冈山精神、西柏坡精神等一系列优秀的红色文化成果。在红色文化分布方面，由于新民主主义革命初期，中国共产党较为弱小，受到了帝国主义和大地主大资产阶级的围剿，在不断的战略转移过程中，红色文化也在不断地传播和影响着中国人民；同时由于红色文化符合人民利益，所以只要有进步人士活动的地区，就有红色文化的影子。红色文化的丰富性其次体现在红色文化的形式丰富上，由于历史时期较近，政府有意识地保护等一系列原因，当时能够留下的一手文物较多，目前红色文化在形式上十分多样，不仅有当时的战场遗迹、生产生活工具、枪械等物质性红色文化资源，还有当时的报刊、标语、手册、重要文件等凝练了重要红色、革命精神的红色文化资源，同时还有蕴含了当时群众和中国共产党鱼水交融、相互支持情形的一系列文艺作品，包括文字著作、民歌民谣等。

（九）先进性

红色文化的先进性首先体现在其随着时代的发展而丰富，坚持从实际出发，与时俱进上。虽然经历了不同的历史时期，受到了不同势力的多方打压，且表现形式有所不同，但其依旧得到了很好的传承，红色基因一直未曾中断，反而呈现出了源源不断的生命力，这是因为中国共产党始终代表着最广大群众的根本利益，红色文化也源于大众、服务于大众，满足不同时代的不同需求，集中体现了群众不同时代的理想信念，形成了一座座精神高地。红色文化的先进性其次体现在红色文化有马克思主义思想的指导上，马克思主义思想不断被实践所检验，能够代表社会发展的方向，而红色文化正是马克思主义中国化的产物，所以红色文化的先进性是从马克思主义继承而来，具有真理性和先进性，并且伴随着不断的完善与丰富，红色文化在现代化建设中起到了至关重要的作用，在中国特色社会主义先进文化中占有核心地位。红色文化的先进性最后体现在红色文化有勇于批判、克服困难的勇气上，红色文化自产生以来，就面临着不同的敌人，对外有落后的封建主义文化、官僚资本主义文化等，它们反对马克思主义，与红色文化之间的争斗是你死我活的；对内有党内斗争和落后现象，中国共产党在革命的过程当中不可避免地出现过许多失误，既有"左"倾又有右倾，既有本本主义又有教条主义，在与这些现象斗争的过程当中，红色文化的先进性优势不断体现，最终成功带领中国人民走上了民族独立的道路。

二、红色文化资源相关概念的辨析明确

依据前文所讲，红色文化是由中国共产党领导的，以马克思主义为指导思想的，以中国传统文化为基础的，以无产阶级为实践者的，以实现民族独立和人民解放，建立人民民主专政的新中国为目标，在新民主主义革命时期通过革命实践凝练出的优秀的先进文化。但是在概念上不免会与其他文化出现交融、重合的地方，所以要进一步明确红色文化与其他文化之间的关系，以便更好地挖掘红色文化的特点及现实意义。

（一）红色文化与少数民族文化概念辨析

中华民族是由 56 个民族所组成的，由于汉族占主要部分，其他民族人数的总和不及汉族人口的 1/10，所以在一般概念上，将除汉族以外的民族统称为少数民族。中华民族在发展的过程中会有许多共性产生，但是由于受到了生产方

式、历史渊源、宗教信仰等多种因素影响，不可避免地，每个民族都会有自己的民族特色，也会产生带有自身民族特色的文化，称为少数民族文化。少数民族文化在学界当中也分为广义和狭义两种，广义的少数民族文化代表着各少数民族人民在历史发展的过程中创造出的一切文明成果，其中包括物质、精神、制度等一切内容；而狭义的少数民文化则代表着各个少数民族人民在历史发展的过程当中创造出的精神文明，更加强调心理。少数民族文化是少数民族在历史发展过程中文化特征、价值观、生产方式等要素在当代的体现，丰富了中华民族文化，体现出了中华民族文化的多样性。

在中国历史上，详细记载了各民族在不同历史时期的经济、政治、生产生活、风俗习惯、宗教信仰等内容，居住在中原地区的民族被称为华夏族，在汉代之后被称为汉族，而其他较为偏远一点被称为"羌""狄""蛮""戎"，伴随着千百年来的发展，汉族作为中华民族的主体成为中华民族多元一体的基石，而这些少数民族也是中华民族多元一体格局中的重要组成部分。不同的民族在相同的历史时期内，会因为所处的社会形态不同而形成不同的文化，有时甚至连相同的民族内部也会存在差异。尤其是在封建社会以前，在中原地区居住的华夏族较早地进入了私有制社会，形成了奴隶制度，而较为偏远地区的其他民族大多仍处于原始公社末期。整体来看，从古至今基本是汉族地区的社会发展较为发达，其他少数民族地区的社会发展较为落后，各民族的社会经济发展是不平衡的。在中华人民共和国成立之前，少数民族地区一般与汉族地区的社会制度相同，只是在社会转型的时候才会比汉族地区慢，例如在汉族进入到了奴隶制度之后少数民族地区才进入奴隶制度，在中华人民共和国成立之后西藏地区还存在农奴制，当时全国已经基本完成了社会主义制度的确立。

中华人民共和国成立之前，人数较多的少数民族有壮、回、苗、满等30多个民族，他们在人数上占了少数民族总人数的八成，这些民族所在地区的社会经济发展水平基本与汉族相当，封建地主经济是这些民族地区的主要经济模式，其中一些民族地区的民族资本主义经济也有所发展。这是因为他们大多与汉族地区相近，或者已经和汉族杂居，而剩余部分的少数民族地区则多少还存在着奴隶社会、原始社会的特征。

与汉族地区相同，少数民族地区的社会结构同样也和经济制度以及政治制度相关联。在封建社会中，少数民族地区是统一国家中的一部分，接受中央王朝的统治，一般来说，封建王朝会在内地派出流官进行管理，而在少数民族地区则委任当地的少数民族首领作为当地的管理者。自元明以来逐渐形成了一套土流结合的制度，在诸多少数民族地区采取了土司制度；到了清朝，少数民族地区政治制度则更加严密规范，在不同民族地区采取了不同的管理方式。伴随着封建地主经济的不断发展，封建王朝需要加强中央集权，逐渐削弱并最终消灭了土司制度，改为流官制度，进而加强了中央集权，也推动了各民族文化的交流与发展。少数民族文化在中华文化中是十分重要的，虽然不同民族的文化千姿百态，但是其深层次的精神内核是相同的。各个少数民族在中国历史上都作出过自己的贡献，所以仅仅将汉文化与中华文化画等号，而将少数民族文化排除在外，是将中国历史上的文化割裂开来。

与红色文化相比，首先，从覆盖时间方面来说，少数民族文化的形成具有十分悠久的历史，在不同地区的不同民族所产生的文化时间不尽相同，但是无一例外都十分悠久。由于文化的产生是需要人类进行创造而形成，不同民族的文化在其内部成员共同生产生活当中就逐渐形成了带有特色性的文化，所以说少数民族文化的产生时间都十分悠久。而与之相对应，红色文化在形成和发展的过程当中受到了少数民族文化的影响，少数民族文化作为影响红色文化的重要文化，其覆盖时间更长更久。

其次，从内部结构来说，由于中国自古以来便是"多元一体"的格局，不只在民族组成方面多元，少数民族文化也十分多元，各民族文化在中华大地上不断发展，形成了辉煌灿烂的文化，近 1 亿人口的少数民族以不同的方式生存在新疆、西藏、宁夏、广西、云南等多个地区，除去汉族的 55 个民族有着与汉族不同的文化，不同民族的文化又各有特点、丰富多彩，呈现出了百花齐放的多元特征。一方面，少数民族文化的多元性体现在种类的多元上，各个民族在语言文字、建筑、服饰审美、宗教礼仪等多方面都有着较大的差异。在语言文字方面，蒙古族、彝族、傣族等民族仍保留着蒙文、彝文、傣文等本民族文字语言；在建筑方面，侗族的鼓楼和风雨桥、蒙古族的蒙古包、傣族的干栏式建筑、藏族的布拉达宫都是十分著名的建筑；在服饰审美方面，藏族的传统藏服是长袖宽腰大襟，在有重要节日和客人来访时会献哈达，蒙古族喜爱穿长袍，系腰带，穿皮靴，戴帽子，同时在衣服上要配玛瑙翡翠等珠宝，满族喜爱穿马褂和长袍，另外满族的旗装进行改良之后产生的旗袍在全国范围内流行开来。另一方面，少数民族文化的多元性体现在同一民族内部文化的多元上，即使是同一民族，也会因为支系不同和地域不同造成较大的差异。由于我国各民族的分布呈现出大杂居、小聚居、交错居住的格局，改革开放以来人口迁移的频率和规模都在持续扩大，使得少数民族人口在全国范围内的分布更加广泛。在云贵等地，由于少数民族众多，地形较为复杂，呈现出多个民族在同一区域聚居的态势，多民族聚居形成了"一山不同族"的现象，同一民族的文化可能因为大山或大河的阻断有所不同，而不同民族的文化可能因为聚居时间过久而形成了相近的文化习俗。还有一些民族属于跨境民族，在云南、广西等地有一些民族的文化吸收了东南亚国家的文化。红色文化的产生与发展是集中在较短时间内的，虽然其形成的主体是人民，然而领导人民进行革命抗争的中国共产党的领导作用不可忽视，在不同地区的中国共产党，结合当地的不同情况领导人民进行革命斗争的过程当中，逐渐形成并发展的红色文化虽然表现形式较为多样，但是在内部结构上较为单一，并不像少数民族文化一样多元化，中国共产党和中国的各族人民一道，砥砺前行勇于反抗，在 20 余年内形成了中国的红色文化。

再次，从内容构成方面来说，少数民族文化当中一般都具有着宗教或神学的色彩。世界上基本各大宗教都被中国的少数民族所信仰，例如回族和维吾尔族信奉伊斯兰教，在日常生活当中要遵循念、礼、斋、课、朝五功，不仅要在日常进行礼拜，还有开斋节和古尔邦节等重大节日；藏族则信仰藏传佛教，佛寺在西藏地区随处可见，并且西藏的"活佛转世"制度长久地影响着西藏地区，仍有大量的藏文佛教典籍保存至今，佛教在日常生活中深刻地影响着西藏地区的经济、政治、文化等方面；满族则信奉萨满教，许多满族人民信奉萨满，相信萨满可以治病占卜，一直到解放战争结束后，东北地区仍然保留着萨满教；在我国西南地区，20 世纪初，大部分少数民族仍保留着部落社会的村社组织，地理环境的封闭、社会的边缘化地位都使得当地的少数民族寻求一种超脱于自然的力量来保证他们的安全。伴随着西方传教士的大量涌入，西南地区的诸如怒、景颇、哈尼等族有大量人开始由信奉"巫"转而信奉基督教①。同时，在中国的南方地区仍有许多民族信"巫"，在少数民族的精神文化中，"巫"这一神秘的元素长期影响着人民的生产生活，在少数民族的历史构架当中，多伴随着宗教祭祀礼仪等内容。红色文化以马克思主义为指导思想，遵循唯物主义，马克思主义坚持以人类为主体，以人类的生产和革命斗争最终实现人的共产主义，红色文化以无产阶级为实践者，以实现民族独立和人民解放，建立人民民主专政的新中国为目标，充分显示了红色文化的产生与发展是以人为主体，实现人的自由解放的特征，而非将一切过程和结果托付在神明身上；马克思主义否定一切宗教信仰，认为世间万物遵循物质自身的法则而非超自然力量的控制，认为人类历史的进步具有内在的自生规律，所以在红色文化产生和发展的过程当中，中国共产党人从中国的社会实际入手，创造了一系列具有中国特色的智慧结晶。

同时，从认同范围方面来说，少数民族文化在其民族内部往往具有全民认同性，但是各个少数民族之间对彼此的文化并不会互相完全认同。一个民族内部对于本民族文化的认同十分重要，关乎到是否可以形成一个稳定的民族共同体，在这个过程当中，宗教往往起到十分关键的作用。在全民信教的民族当中，衡量是

---

① 钱宁. 云南边疆少数民族信仰基督教的社会历史原因分析 [J]. 中南民族学院学报（哲学社会科学版），1998（3）：39 - 43.

否为本族同胞的标准往往由是否信教、是否遵守教规来决定，关于宗教信仰的差异往往会导致民族冲突。由于我国少数民族众多，各个少数民族文化形成的过程和内容不尽相同，相距较远的民族对其他民族的文化很难有认同感。红色文化有着明确的指导思想和领导力量，同时以中国传统文化作为基础，是全国范围内的无产阶级联合起来共同凝练出的先进文化，在思想上就脱离了时间和空间的限制，使得全国范围内每个民族的无产阶级者都参与到红色文化的产生与发展过程当中。它由中国共产党统一领导，遵循各民族平等的原则，不管是共产党的组织队伍当中还是全国各地受共产党领导的人民群众，都真切地参与到了丰富红色文化的过程当中，所以说红色文化是全国各族人民共同创造出的结晶，是受到各个民族的认同的文化成果。

最后，少数民族文化在传承和发展方面有着不稳定性，我国的少数民族文化的传承与发展至今为止仍然没有形成系统的体系，许多优秀的少数民族文化成果已经在历史的长河当中消失，现在仍有大量的少数民族文化没有实物遗存，没有文字记载，只有师徒之间的口耳相传，一些手工技艺也只能在实践当中慢慢传授。这种困境的出现有多方面的原因：第一，少数民族地区多是地形较为复杂的区域，地理环境相对封闭，交通相对不够便利，造成了少数民族文化的相对封闭，使得少数民族的文化只在一定范围内进行传播和传承。第二，少数民族人口的数量相对较少，在文化的传承上逐渐后继无人，一方面是因为没有文字记载，只停留在口耳相传的技艺传授上，另一方面则是因为少数民族在从原始社会到封建社会的长期时间中，信息的传播和掌控权被少数民族内的统治阶级所控制，一般的普通百姓无法接触到深层次的文化机制内部。第三，少数民族的语言文字天然地给少数民族文化传承与发展造成了困难，语言文字是文化传播的重要手段，然而少数民族的语言文字和汉语相比受众较少，伴随着社会的发展，少数民族的年轻一辈自觉学习本族语言的人越来越少，同样也导致了少数民族文化的传播乏力。第四，少数民族文化当中许多元素是在长期历史发展过程当中形成的，具有历史性，例如少数民族的歌舞表演和音乐，在生产较为落后的历史时期作为少数民族人民的娱乐方式出现，但是在市场经济不断发展的今天，科学进步的发展使得娱乐方式多样化，传统的歌舞音乐不再是少数民族人民唯一的娱乐手段，同时少数民族文化的传承过程中的经济效益没有得到很好地挖掘都导致少数民族文化传承和发展方面的困难。

红色文化在传承和发展方面具有稳定性，红色文化是中国人民在中国共产党的领导下，在革命过程中不断将马克思主义中国化大众化的文化成果，既是时代的选择，也是中国人民共同的选择，其传承和发展都有较好的稳定性，主要原因有以下几个方面：第一，在全面建设小康社会，努力实现中华民族伟大复兴的今天，红色文化在社会主义核心价值体系建设中具有十分重要的时代价值，红色文化当中蕴含的革命精神深刻地反映了中国人民的优秀精神品质，折射出了先辈们的崇高理想和民族大义，红色文化的精神内涵与社会主义核心价值体系的内涵暗合，二者一脉相承，社会主义核心价值体系是对红色文化的进一步发展与创新。第二，红色文化凝结了共产党人的思想品格，反映了共产党人的实践过程，红色文化是中国共产党作为中国人民和中华民族的先锋队的奋斗成果，在历史活动中，中国共产党人坚定自己对马克思主义的理想信念，坚持以人民为中心，依靠人民群众。在进入新时代的今天，中国共产党又继续保持初心，不断为红色文化注入新的时代内涵。第三，党和国家领导人多次强调要推动马克思主义大众化、时代化，而红色文化在马克思主义大众化、时代化的进程中有着十分重要的推动作用，红色文化的创造主体与马克思主义大众化的主客体是一致的，都要充分发挥人民大众的作用，发展红色文化的过程当中将党和人民在革命年代的场景再现，有利于让人民大众重温历史，推进马克思主义大众化，同时也能让人民更加了解在特定的历史条件下，中国共产党人如何将马克思主义中国化、带领中国人民走向革命的胜利。第四，在当今世界，国与国之间的竞争实质是文化上的竞争，实现文化自信在推动世界文明秩序重建过程中有着重要意义，文化自信是道路自信、理论自信和制度自信的基础，因为我们的道路、理论和制度其实是将马克思主义中国化后的成果，如果没有文化自信，就没有马克思主义中国化的实践，而红色文化的产生与发展正是马克思主义中国化的重要部分。所以在当今社会，红色文化的发展对树立文化自信，增强我国文化软实力有着十分重要的作用。综合以上几方面来看，红色文化的当代价值巨大，不管是从国家、党，还是从人民的角度来看，都有继承与发展的动力。

但是红色文化和少数民族文化仍然有着许多相同或相近的特点。首先，少数民族文化具有人民性，文化的形成离不开人民，人民是推动历史发展的主要力量，文化蕴含着人民对自然的理解和对生活的期盼，深刻地反映出人民的生产生活方式，当人民在生产生活中所沉淀下来的思想意识被一定数量的人民认同了之后，便成为文化，这一部分人在长期共同发展的过程当中，有了一定的心理认同之后，便成为民族，少数民族文化就是少数民族人民在长期的生产生活中逐渐形成的，被该民族认同的文化。少数民族文化同样会对少数民族人民产生影响，文化出现了之后，不同的群体由于不同的生产方式和居住环境，逐渐产生了不同的文化，当包括价值观念、精神信仰和生产方式等方面的文化体系构建完毕之后，不同民族之间的划分标志往往就由文化来决定，同一民族内部的人民被该民族的文化体系所规范，遵从该体系内部的语言文字、宗教信仰、风俗习惯等。正是因为我国幅员辽阔，地形复杂，生产方式多样，产生了如此多的民族，我们才能有这么多样的少数民族文化。红色文化同样具有人民性，人民是推动新民主主义革命阶段红色文化产生与发展的主要力量，红色文化蕴含着人民对美好生活的向往，深刻地反映出了人民的心理素质和精神品质，各族人民为了建立起社会主义制度和中华人民共和国不断奋斗，孕育出了珍贵的红色文化。

其次，少数民族文化具有丰富性，从少数民族文化的形式来看，少数民族文化分为物质形态和非物质形态，物质形态的少数民族文化包含了各个少数民族内部的物质成果，例如服饰、建筑等带有少数民族特色的物质产品，非物质形态的少数民族文化包含了各个少数民族内部的非物质文化成果，其中包括生产技艺、体育美术、文学歌舞、民俗医药等各个方面。从少数民族文化的内容来看，少数民族文化涉及各个少数民族内部生产生活的方方面面，特殊的生产工具和作物种植技术、畜牧方式、祭祀礼仪、少数民族特有的习惯法等；从少数民族文化的种类来看，我国少数民族众多，少数民族文化自然是丰富多彩，尽管一些民族伴随着历史的发展消亡或与其他民族融合了，但还有一些民族由于靠近边境，和境外民族之间有所交流发展，使得我们国家的少数民族文化种类繁多并各有特色。红色文化同样具有丰富性，从红色文化的内容上来看，中国共产党在革命的过程当中和各族人民相互配合，也产生了许多带有民族特色的，宣扬红色文化的文艺作品，少数民族利用当地的歌曲和舞蹈等多种形式，以红色文化为主题，宣传党和红军为了中国人民英勇作战的光辉事迹；从红色文化的传播渠道来看，红色文化的传播除了党和人民亲身经历之外，还有文艺作品、宣传册等多种手段。

最后，红色文化的形成离不开少数民族文化，由于我国的边疆地区多为民族地区，在经受外敌入侵的时候少数民族同胞最先蒙难。但是各族人民面对国仇家恨，紧靠中国共产党，用生命谱写出了带有少数民族文化特色的壮美篇章。少数民族人民作为少数民族文化的创造主体，在他们心中蕴含的特有的精神品质和在长久历史发展过程中形成的文化成果，在对外抗争中逐渐凝结于红色文化中，带有了政治化的色彩，形成了少数民族红色文化。少数民族红色文化带有鲜明的民族特征，尤其是在传播红色文化的过程当中，少数民族运用本民族所特有的艺术形式，创造了一批又一批优秀的红色文化成果，体现了少数民族文化的丰富性和多彩性。所以说，少数民族文化和马克思主义结合后，丰富并发展了红色文化。

（二）红色文化与地域文化概念辨析

由于中国幅员辽阔，在中国境内的各个地区经过长期的发展，逐渐演变出了带有自身地域特色的文化，称为地域文化。地域文化有着狭义和广义之分，学者们认为，狭义的地域文化是专门指从先秦时期中华大地上不同地域内部逐渐发展积累的物质与精神财富，而广义的地域文化则取消了关于时间的限制，指在中华大地上不同地域内部逐渐发展积累的物质与精神财富。虽然由于自然环境的差别，各地的文化有所不同，但是不同地域的文化之间仍然存在着中华文化的共性。地域文化在现实地域中具体产生在以陕西、山西、河北、河南、山东一带的黄河流域地区；四川、云南、贵州一带的西南地区；湖南、湖北、江西一带的长江中游地区；安徽、浙江、江苏一带的长江下游地区；黑龙江、吉林、辽宁一带的东北地区；内蒙古地区；青海、西藏一带的藏区；广东、广西一带的岭南地区等。其中在黄河流域地区逐渐产生了秦陇文化、中原文化等；在西南地区逐渐产生了巴蜀文化；在长江中游地区逐渐产生了荆楚文化和赣文化等；在长江下游地区逐渐产生了江淮文化、吴越文化等；在东北地区逐渐产生了东北文化；在内蒙古地区逐渐产生了草原文化；在藏区逐渐产生了藏文化；在岭南地区逐渐产生了岭南文化。地域文化和红色文化一样，都是一个组合性词语，一般来看，地域即为区域，是一定标准内的地理空间，而在此空间产生的一切物质与精神财富即为地域文化，换个角度进行理解，也可以解释为文化特征或者创造文化的人在空间上的分布。地域文化实质上不仅受自然环境的影响，同时也受行政区划的影响，因为行政区划是国家行政部门进行划分的产物，具有明确的界限，而自然区域是依据自然地理环境进行科学的划分，受自然规律的影响。一般而言，自然环境又限制着人的分布，造成了文化区域的分异。整体来看，文化往往受山川河流的限制，一般高山大河即为不同文化区域的边界，同时国家的行政区划会大致遵循自然环境的划分，进一步将不同区域内部的文化进行整合，使得不同区域内部的文化更加具有同一性。在此基础上进行分析，随着时间的推移，经济、科技的不断发展，高山大河已经无法阻挡人类的交流和沟通，但是就目前来看，我国还是有着十分明显特色的地域文化。这是因为，地域文化中的地域更多的是代表着一个由历史传统以及人文因素等多方面影响的区域，受千百年来人们心中自我意识的影响，形成了一种约定俗成的区域。虽然各种原因使得这种区域之间的界限逐渐模糊化，但是从文化的角度来看，这种约定俗成的区域是很难被其他因素所强行干扰的，而国家的行政区划遵循了自然规律，在一定程度上对区域文化进行了保护。所以说，地域文化不仅仅有文化性和地域性，同时又有历史性，一定区域内的地域文化是历史持续发展演变的结果，所以在认识地域文化的时候要关注其历史性，才能够正确认识地域文化的内涵。

但是与红色文化相比较，地域文化还是有着一些不同，首先，地域文化的产生很少受到政治影响，而是靠自然环境和人类生产生活的影响逐渐产生的，并不具有任何政治目的，也不代表任何阶级。而红色文化是具有政治性的，它的形成是由中国共产党领导、以马克思主义为指导思想的，坚定地站在无产阶级立场上的一种在特定历史时期产生的文化，其具体内容带有鲜明的政治色彩。

其次，地域文化的形成过程相对于红色文化来说要温和很多，是由人类在一定区域内生产生活逐渐沉淀形成的，是相对客观的，较少受到行政命令或政治因素的影响而改变。红色文化具有革命性，红色文化的产生来源于中国共产党依靠马克思主义思想的指导带领中国人民与封建主义、帝国主义、官僚资本主义等落后反动势力的不断斗争，追求以革命的手段对落后的制度、文化中的弊端进行破坏重组，形成一种新的价值理念。

最后，地域文化没有科学的思想理论进行指导，在思想理论层面上来看并不具有科学性和创新性，致使其在发展和丰富的过程中创新动力不足，另外其形成的过程中不免出现大量唯心主义的、不客观的内容。而红色文化具有创新性，红色文化的创新性主要体现在马克思主义思想的指导，从事实出发，遵循唯物主义，根据现实情况不断创新，在创新中不断发展和丰富内涵，这也是其与地域文化有着明显差异的方面。

但是，红色文化不管是从表现方式还是从内涵特征上都与地域文化有着相似或相通的点。首先，地域文化和红色文化都具有人民性。地域文化在形成的过程中的主体是人民群众，这种文化在一定区域内部不断交流重组，最终受到了该区域内部人民的心理认同。同时，随着时间的推移与社会的发展、对外交流的增多，不同地域之间的文化相互融合，会逐渐形成各地域之间文化所共有的特性，而在此过程中，人民群众作为文化的创造者和传播者，其重要意义不言而喻。红色文化也具有人民性，红色文化受马克思主义思想指导，马克思主义思想认为，一切物质和精神财富都是由人民群众创造的，红色文化的产生也是人民群众在新民主主义革命时期所凝练出的优秀先进文化，符合群众的利益诉求和社会发展规律，另外在传播途径上，红色文化也是依靠人民群众、服务于人民群众的。所以不管是红色文化还是地域文化，二者都是由人民群众创造并且由人民群众传播，最终服务于人民群众的。

其次，地域文化和红色文化都具有丰富性。地域文化不管是在内容上、形式上还是分布地域上都十分丰富，在内容上贯穿了当地人民的一切生产生活，包括饮食习惯、方言文化、建筑风格、民间信仰等多方面均有所不同，例如我国的八大菜系就说明了不同地域之间的饮食口味大不相同。在交通运输不发达的历史时期，方言正是相同地域之间彼此认同的最显著方式，逐渐形成了北方方言、吴方言、赣方言、湘方言、闽方言、粤方言、客家方言七大方言区。建筑风格方面也形成了各具特色的格局，西北地区产生了窑洞，福建地区出现了土楼，安徽地区有徽派建筑，每个地方都因为自身的地理环境以及人文环境产生了独特的建筑风格；民间信仰方面，由于北方容易遭蝗灾，而传说刘猛将军治蝗，所以北方地区对刘猛将军信奉较多，而在福建地区，由于人民大多都以出海为生，便逐渐形成了妈祖文化。地域文化在内容上十分丰富，在形式上也有多种表现形式，例如文学作品、文艺活动、节日庆典等；在分布方面，由于我国幅员辽阔，各种地形的独特性造成了在不同地区生活的人类所处的自然环境大不相同，所以逐渐形成了多样化的地域文化。红色文化同样具有丰富性，红色文化的丰富性不仅体现在内容的丰富上，还体现在形式和分布地域的丰富上，红色文化的内容包含了与封建主义势力、官僚资本主义、帝国主义等多方对抗的内容，形成了井冈山精神、西柏坡精神等多种红色文化精神成果，红色文化的形式包含了战场遗迹、生产生活工具等物质性文化资源，也有革命过程中凝练出的优秀品质的非物质性文化资源，还有关于共产党人和不同地域人民同舟共济相互扶持的文学作品，红色文化的分布地域也十分丰富，中国共产党人的奋斗精神洒在了中华大地的每一寸土地上，受红色文化影响的地区自然也十分丰富，在不同地区逐渐形成了有当地特色的红色文化。

最后，地域文化和红色文化都具有开放性。伴随着经济科技的快速发展，自然环境不再能够阻止人们的交流沟通，各地之间的文化开始互相碰撞，虽然每个地域之间的文化主体没有发生大的变化，但是逐渐会出现一些共性的元素；同时，由于我国邻国众多，在边疆地区自然会出现一些与其他国家之间的交流或者是移民，并且由于我国近代以来大量的外来文化进入，在某种程度上来说也影响到了中国的地域文化。例如上海，作为国际化的大都市，以开放包容闻名于世，但是上海的本地人较少，外来人口基本占到了八成左右，同时上海在城市发展的过程中，深受国外文化影响，所以至今，上海的本地文化才能够如此璀璨。红色文化同样具有开放性，红色文化的开放性体现在对国外先进学说的借鉴与学习上，红色文化的产生是由马克思主义思想指导的，而马克思主义思想并非中国本土思想，所以说红色文化的开放性是与生俱来的，再加上马克思主义强调自我批判和自我革新，伴随着马克思主义的不断发展与完善，红色文化也逐渐吸纳了众多优秀文化，进而丰富了自身的内涵，红色文化的开放性还体现在对国内传统文化的吸收与借鉴上，尤其是在精神内涵上，吸收了众多的优秀中华文化。

纵览红色文化和地域文化之间的共性与差异，研究发现，二者其实相互交融，红色文化在某种程度上是地域文化的延伸发展，但是又由于其有一定的特性是地域文化所没有的，因此在某种程度上红色文化也丰富了地域文化。

（三）红色文化与中华传统文化概念辨析

中华传统文化与中华文化的区别在于"传统"二字，这二字是从现代人的角度出发去看的，所谓传统即为世代相传，有着悠久历史传承的文化、思想、艺术、制度等内容，也就是说，是与现代相区别的。对中华传统文化的概念，目前学界尚没有统一的定义，一部分学者认为，中华传统文化是从中华大地上的文明起源开始一直到现在的，包括了封建社会文化、近代文化和现代文化。有的学者站在文化融合的角度上对中华传统文化的概念进行了分析，认为世界各地起源的文明，只要传入中国，都可以将其纳入中华传统文化的范畴当中。本文则认为，中华传统文化的定义应该是中华大地在进入现代历史之前，尤其是在春秋战国以来，以儒道文化作为指导思想的，各民族在长期历史发展过程中互相认同的文化，是一种稳定的心理认同、价值观念和思维方式。

中华文化是世界上最古老的文明之一，历史上的四大古国，即古巴比伦、古埃及、古印度和中国，只有中华文明延续至今，所以说中华文化具有悠久的历史和强大的生命力。中华文化内涵极广，按时间区分，包括早期文化、史前文化、古代文化、近代文化、现代文化等；按种类区分，包括长江文化、黄河文化等内陆文化以及妈祖文化、舟船文化等海洋文化。中华文化起源于华夏文明，从夏朝时期开始算，至今已有四千余年，一般认为，华夏文明以黄河文明与长江文明为主，所以说中华文化自产生以来就是多种文明汇聚在一起的结果。

伴随着近代考古水平的不断提升和发掘区域的不断扩展，逐渐发现了裴李岗文化和贾湖文化，表示约七千年到一万年以前，中原地区就已经有了原始农业、饲养业和手工业，并且有一定规模的渔业，出土的归家契刻符号是目前发现的最早的有关于文字起源的史料。当然，在中原地区的文明不断发展的同时，我国疆域内还有其他不同的文化，年代较久的还有河姆渡文化、天门石家河文化、巫山大溪文化等长江中下游等地的文化，另外三星堆的古蜀文明也十分重要。在黄河流域出现了在上游地区的马家窑文化，中游地区的仰韶文化、龙山文化，下游地区的大汶口文化都是十分具有代表性的文化；东北地区出现了红山文化、赵家沟文化等，南方地区出现了石峡文化，所以说我国的文化从时间角度上来看是十分悠久的。随着社会生产力的不断发展和历史文明的不断演化，中华传统文化的内容被不断丰富，从简单的生产生活，逐渐涉及衣食住行、风俗习惯、宗教信仰、礼仪制度、文学艺术等方方面面，并且中华文化超脱了时间和社会制度的限制，深深刻在每一个中华儿女基因中，代表着中华儿女的思想品质和心理意识，有着独特的国家特色。

中华文化哲学与西方不同，由于中华文化起源于华夏文明，华夏文明又以黄河文明与长江文明为主，综合来看，中华文化是以大河文明、农耕文明为基础的。由于自然可以轻易地决定农耕文明的生死，在原始时期，人们为了耕种与生存，对于自然是十分敬畏和崇拜的。在经历了洪灾、旱灾、蝗灾等自然灾害后仍然在这片土地上耕种、生活，并且所有人团结起来一起面对自然灾害以保证农业生产。初始情况是在一个家庭之中的人为了生存而互相帮助，随着家庭成员的不断增多和家庭个数的增多，逐渐形成了"族"，在这种关系中是以血缘为纽带的，逐渐形成了以伦理道德为核心的一套家族式的社会关系。随着家族的不断增多，逐渐形成一种和谐互助的心理认同，所以说中华文化的和谐互助是原始生产方式所决定的。随着社会生产力的不断进步与发展，个人与个人之间、家族与家族之间都会因分配方式等原因出现矛盾，需要权威进行调和，在家庭当中权威即父亲，在家族当中权威即族长，在国家当中权威即君主。当国家产生之后，社会逐渐演变成了集权和专制的社会，以伦理道德来治理整个国家，法律只是作为伦理道德的补充，用来惩治那些不遵循伦理道德的人，所以说，中华文化自形成以来就是一种温和的文化，带有和谐互助、自强不息、艰苦奋斗等精神底蕴。

红色文化与中华传统文化存在诸多差异。首先，从覆盖时间方面来说，中华传统文化立足于传统二字，注重于中国现代以前，有着悠久历史传统，且较为稳定。红色文化是近代以来由中国共产党领导的优秀先进文化。红色文化是在中华传统文化基础上的创新与发展的，中华传统文化作为红色文化的文化基础，其覆盖的时间更长更久。

其次，从制度方面来说，中国古代的中央集权制度，完全由皇帝一人独断，指挥全国的军、财、政，始终代表着地主阶级的利益，对人民不断压榨，人民的利益完全受到君主个人素质与个人思想的左右，封建主义社会末期的闭关锁国政策直接导致了中国与世界发展脱节，而红色文化是由中国共产党领导的，代表最广大群众根本利益的文化，在新民主主义革命中，中国共产党人进行了多次土地改革以保证农民们的利益，同时对封建地主阶级进行了革命，另外中国共产党人在革命时期采取了民主集中制，比传统文化中的君主独断更加科学。

再次，从思想观念方面来说，中华传统文化中包含"唯上唯书"的错误观念。在中国古代历史当中，学派思想之争一直不断，不管是春秋战国时期的百家争鸣，还是汉武帝时期的罢黜百家独尊儒术，抑或是宋代程朱理学的兴起，都是如此。即便是自汉代以来大部分王朝都采用儒家思想作为正统思想，但是古代王朝的正统思想一直是在变化发展之中的，不管是"内儒外法"的董仲舒，还是"三纲五常"的程朱理学，都是从儒家经典出发。汉代的今古文经之争正是古代官场、人民唯上唯书的佐证，哪一方所支持的经书受到官方认证，哪一派就在政治上获得了主动。另外中国历来讲究"学而优则仕"，在古代重农抑商的大环境下，读书致仕是众多年轻人出人头地的主要方法，而取仕的内容标准自隋唐以《五经正义》作为标准，不允许自由发挥开始，宋代《四书章句集注》在当时也成为钦定的教科书，当作了科举的标准读本，一直到明清时期的考试范式也被固定下来，史称"八股取士"。这种束缚个人思想的做法遏制了个人的创造力，只是有利于禁锢人民思想，便于统治阶级统治，同时科举考试的内容一直是关于儒家经典的解读，长期如此就造成了整个社会的唯上思想和唯书思想，而对社会的发展造成极大的阻碍作用。红色文化是以马克思主义为指导思想的先进文化，遵循唯物主义，要求从实际出发，实事求是，主张的是"唯实"，在红色文化的形成过程中，中国共产党也曾犯过教条主义和本本主义的错误，这实质上也是"唯上唯书"思想。在革命过程中，王明教条主义一度在党内占了上风，强调革命根据地的保守思想，在革命方向上坚持城市工人暴动，混淆民主革命与社会主义革命，在党内对不同意其主张的同志进行打击，这就是对苏俄革命经验的教条延续，并没有根据中国革命的实际情况对马列主义进行调整，最终造成了第五次"反围剿"的失利；并且在撤退过程当中实行搬家式的撤退，致使红军和中国共产党员的数量大大削减。在随后的遵义会议中，毛泽东在党内肃清了王明"左"倾教条主义思想，并且重新以马克思主义为指导思想，结合中国革命实际情况，完成了中国共产党从幼稚到成熟的过渡，教条主义的肃清和实事求是运用马克思主义基本原理的做法在危亡时刻挽救了党和红军、挽救了人民和革命。另外在延安时期，在党内开展了整风运动，在全党整顿学风、党风、文风，从各个方面纠正主观主义、宗派主义、教条主义等落后思想，破除了共产国际在党内神圣化的教条主义，使党内重新确立了实事求是的辩证唯物主义思想，提升了党的团结程度和战斗力，所以说不管是在红色文化形成的源头，还是在红色文化发展的过程中，"唯书唯上"思想始终是被隔绝在红色文化之外的。

最后，从人权方面来说，中华传统文化中存在着关于地位、性别压迫的落后思想。由于中华传统文化当中伦理道德是最普遍的约束手段，刑罚不过是伦理道德的补充，所以在漫长的历史中，伦理道德对历代中华民族人民的影响是巨大的，儒家文化作为中国伦理道德中的重要思想，"三纲五常"一直为中国历史上的各个王朝所沿袭，为社会的伦理道德、政治制度起到了重要的教化和维护的作用。"三纲五常"中的"三纲""五常"最早起源于董仲舒的《春秋繁露》中，"纲"即为纲领，在此处为表率，所谓"三纲"即为君为臣纲、父为子纲、夫为妻纲，这种思想实质上造成了对人性的压迫，愚忠、愚孝思想使得臣子、儿女的个人思想和品格受到了极大的压迫。另外在男女地位之间也有着较大的差距，自进入父系社会之后，男女之间便呈现出男尊女卑的态势，一方面反映出了当时社会中的男子地位，另一方面也显示出了古代男女生产力的差异。不管是在夫妻关系当中还是在繁衍后代方面，男性的地位都是远远高于女性的，在生育方面，男孩诞生被称为"弄璋之喜"，而女孩出生则为"弄瓦之喜"，"璋""瓦"之间，地位差异明显；在家庭方面，女性地位全面低于男性，只有男人有将女人赶回娘家的权力，同时女性要遵从"三从四德"，"三从"即未嫁从父、出嫁从夫、夫死从子，完全将女性的一生分阶段给了男人支配。红色文化是以马克思主义为指导思想的先进文化，马克思主义人权观基本内容包括了自由、平等、民主、人权，中国共产党代表着最广大人民群众的根本利益，在新民主主义革命过程当中逐渐形成了军民一家亲的鱼水之情，各地苏维埃政权的建立都宣布了一切权力属于人民，同时在中国共产党领导的革命队伍逐渐建立起了一支官兵平等的新型部队。三湾改编宣布在军队内实行民主主义，建立了新型的官兵关系，减少了封建主义思想中的上级惩罚下级的情况，上下平等的新型关系有效地团结了党和士兵，也加强了党和士兵之间的联系。马克思主义女性解放理论是马克思主义理论体系中的重要部分，恩格斯曾经提出，建立在私有制基础上的男权社会中，最原始的形态是女性沦为了丈夫的奴隶和私有财产，社会不断发展演变出了男女不平等的思想，男性作为统治者是资产阶级，女性作为被统治者是无产阶级，在法律、政治、经济等多方面，女性受到了男性的压迫统治，所以男女不平等的实质是一种阶级压迫。中国共产党人在新民主主义革命实践过程中十分注重妇女运动，并且根据不同革命阶段的现实情况对妇女运动提出了不同的要求，早在新民主主义革命早期，毛泽东在《湖南农民运动考察报告》中就提出了女性受政权、族权、神权、男权四种权力的支配，对中国女性受到的压迫进行了深度剖析，并将妇女解放与阶级斗争进行了有机结合。在延安时期，大量的女性学生奔赴延安，通过学习、革命等多种手段支持新民主主义革命，革命时期涌现出了诸如刘胡兰、江姐、赵一曼这样的不畏强权、保家卫国的女性革命战士。

　　但是红色文化和中华传统文化仍然有着许多相同或相近的特点。首先，中华传统文化具有丰富性，从中华传统文化的形成过程来看，中华传统文化包括了中华大地上从古至今的文化成果，其中既有以孔孟为代表的儒学，又有以老庄为代表的道学，同时还有各个地域内部自然形成的地域文化；从中华传统文化的形式来看，中华传统文化也分为物质形态和非物质形态，物质形态包括一系列在中华大地上的历史中遗留下来的物品，其中包括古代城池、工艺品、发明、画卷等一系列看得见、摸得着的文化成果，非物质形态则包括著名思想家留下的重要思想，例如孔子、老子留下的儒、道文化，也包括历法、武术、茶道、医学、数学、建筑、书法、音乐、戏曲、菜系等多种形式的内容；从中华传统文化的内容来看，中华传统文化的内容包括中华大地上的人民一切生产生活的智慧结晶，在农业生产方面包括农业生产工具的发明、农学生产指导书籍、二十四节气，在教育方面包括教育制度的完善、教育书籍的编撰、教育工具的发明，在日常生活方面包括不同菜系的演变、琴棋书画等艺术的发明、道德礼制的规范等；从中华传统文化的范围来看，中华大地自古以来便幅员辽阔，虽然在历史发展的过程当中疆域有增有减，但是中华传统文化强大的生命力不断地影响着周围东亚地区甚至世界，我们周围的邻国韩国、日本等国家都深受中华文化的影响，所以在某种程度上说，中华传统文化的影响范围已经脱离了国家的国土面积。红色文化也同样具有丰富性，从红色文化的形成过程来看，红色文化包括新民主主义革命时期以革命文化为主体的众多优秀文化成果，既有反对大地主大资产阶级的优秀革命文化，又有反对外来侵略势力的反帝国主义的优秀革命文化；从红色文化的形式来看，红色文化分为物质形态和非物质形态，物质形态包括一系列在新民主主义革命时期遗留下来的物品，如战斗遗址、战斗枪械、生产生活工具、伟人故居、会议旧址等一系列看得见、摸得着的文化成果，非物质形态则包括在新民主主义革命时期中伴随着革命进程的不断推进，中国共产党人在革命中不断凝练出的优秀品质精神，如井冈山精神、红船精神、长征精神等；从红色文化的内容来看，不仅有井冈山精神、长征精神、红船精神等一系列共产党人领导中国人民为国家独立和民族解放而形成的优秀精神品质，还有在革命过程中，歌颂新民主主义革命事业的文学作品，如与地方文化结合的山歌、舞蹈等民俗作品，或以革命事业、革命战士为主题的文学、戏剧作品；从红色文化的范围来看，红色文化的覆盖范围极广，只要有共产党人和马克思主义出现的地方，都会有对反动思想和反动阶级进行的革命运动，各族人民在共产党人的领导下形成了全国范围内的红色浪潮，不管是在自然环境极其恶劣的山区，还是在极其边远的边疆地区，都留下了共产党人和人民群众为革命献身的精神。

其次，中华传统文化具有开放性，中国传统文化有着"兼容并蓄，博采众长"的特点，从古至今吸纳了众多优秀文化。从指导思想上来看，中华传统文化是以儒家思想作为主要指导思想的，从古至今的历代王朝大多是以儒家思想作为官方的正统思想，儒家思想当中的一些内容也深深地影响到了每一位中华儿女。但是儒家思想自春秋时期出现以来，发展的过程当中也吸纳了众多其他思想。儒、法两家思想在战国时期就开始了互相吸收借鉴，各学派在齐国的稷下学宫辩论，在此过程中各派思想也有了相互了解与借鉴，最终《管子》问世，此书以黄老思想为主体，兼收法儒两学派思想。战国后期的儒学大师荀子对于儒学与其他学说的融合有着巨大的作用，由于荀子做过稷下学宫的祭酒，了解百家学说，对变法过的秦国赞誉有加，自然就对法家思想有所认同，他将法、儒两家思想融合，提出了"礼法并用"，同时认为人生来性恶，应当用礼法予以约束，荀子对儒学有所创新，推动了新儒学的形成。到汉代时期，儒家思想逐渐走向政治舞台，并进一步与其他思想融合，最后到武帝时期罢黜百家独尊儒术，儒法两家学说充分结合形成了新儒学。其中的代表人物就是董仲舒，新儒学吸纳了法家思想中的中央集权、阴阳学派的天人合一等诸多思想，最终成为官方正统思想。新儒学并不是单纯的儒家思想，它吸收了百家之长，"内儒外法"的治国理念也在中华文化中有着重要意义，一直到现代社会，以德治国和依法治国相结合也是重要的社会治理手段。从发展历程来看，中华传统文化起源于黄河文明和长江文明，主体民族为华夏族，单纯的地域文化的组合和单纯民族是不可能形成丰富多彩的中华文化的。从创造文化的群众来看，起初中华大地上中原地区较早开化形成文明的人叫作华夏族，为了与其他偏远地区未开化的人相区别，"华夷之辨"被提了出来，但是伴随着春秋战国时代的战争、民族融合之后，一直到汉朝，一个全新的民族——汉族出现了，在随后几次大规模的民族融合过程中，汉族与其他民族之间进一步相互影响，相互融合，最终成为中华大地上的主要民族。但是在中华大地上仍然分布着大量的除汉族以外的民族，被统称为"少数民族"。在中华大地上，不同的民族共同发展，尤其在盛唐时期，唐文化不仅受到了各民族文化的影响与丰富，还与一些国外文化相互影响，例如宗教方面，起源于印度的佛教和起源于阿拉伯半岛的伊斯兰教，传入中国之后都与中国的本土文化和谐共生，并逐渐形成了带有中国特色的佛教、伊斯兰教，所以说中华传统文化本身就是开放的文化，不仅对内吸收了各民族的文化，对外还借鉴了世界上的优秀文化。红色文化也同样具有开放性，从红色文化的形成过程来看，红色文化虽然是在由中国共产党人带领中华人民进行新民主主义革命的过程中形成的，但是革命过程中也不断吸收借鉴了国际上的优秀文化和思想。从指导思想上来看，红色文化是以马克思主义作为指导思想的，马克思主义于1848年诞生于西欧，随后传入苏俄，列宁进一步发展了马克思主义指导俄国十月革命，形成了马列主义。十月革命一声炮响给中国送来了马克思主义，当时正值新文化运动，中国的先进知识分子开始在中国宣传马克思主义，在全国各地组建了共产主义小组，并且在1921年组成了中国共产党，随后中国共产党领导中国革命，在革命过程中逐渐形成了红色文化。红色文化的指导思想马克思主义对于中国本身就是外来思想，另外它在诞生之时就借鉴了人类的优秀文化，又是从西欧传播到苏俄再传播到中国的，在传播过程中又不断丰富发展，在中国传播的过程中也由中国共产党人和中国人民不断丰富发展，吸收了众多优秀文化思想，不愧为人类优秀文化遗产的产物。从发展历程来看，马克思主义强调唯物主义，要求具体问题具体分析，那么在中华大地上的现实问题如果想要以马克思主义来解决，就必然要利用好马克思主义开放性的特点，结合现有的先进思想。所以红色文化虽然是以马克思主义作为指导思想的，但是在形成和发展的过程中同样也与中国的本土文化有了融合。如果说马克思主义是红色文化的"梁"，那么中华传统文化就是红色文化的"基"，只有马克思主义与中华传统文化相互融合，才能逐渐建构起红色文化的高楼；而如果马克思主义没有开放性，不能接受其他文化，那么在中华大地上就会出现"水土不服"的问题。从开放的维度来说，红色文化不仅在指导思想方面借鉴了其他优秀文化成果，而且在精神上继承了中华民族的传统文化中的优秀精神品质。在革命过程当中，一些在苏俄十月革命中的战略战术在中国革命中出现了失灵的情况，以毛泽东为首的中国共产党人从中国的革命现实出发，吸收了中国古代的优秀战略思想，同时也借鉴了世界上优秀的、成功的战略思想，创造性地提出了一系列具有中国特色的战略思想。

再次，中华传统文化具有人民性，儒家文化历来重视人民，"以民为本""民贵君轻"等思想一直影响着中国的历史。从中华传统文化的创作主体来看，中华传统文化以农耕文明为基础，在形成的过程中必然要进行合作，才能战胜自然环境进行生产生活，所以说人的重要性早早就被强调了出来，所谓"人定胜天"即为人们在改造自然过程中的真实写照。伴随着生产力的不断发展，集权式的国家兴起之后，历朝历代都认识到人民的重要性，尤其是在古代农耕社会中，大量的文化产生以及科学发明都是生产生活中的经验总结，而人民正是其创作主体。文化的形成与传播大部分情况下并不直接受到封建王朝权力的影响，而是遵循社会的发展规律，由群众在漫长的历史发展过程中将经验智慧不断凝练形成。从中华传统文化的服务对象来看，中华传统文化的内容既有农耕社会背景下生产生活的经验总结，也有规范社会秩序的礼制、思想等，但是其服务的主体依旧是人民，生产工具的革新、时令气候的记载等文化进一步推动了后世的农业生产，绘画、戏曲等文艺作品使得人民的审美情趣不断提升，综合素质进一步提高。而治世思想大多也都是从人民出发，规范社会秩序，以创建"大同"社会，说到底，中华传统文化中处处都显露出了以民为本的思想。整体来看，红色文化的产生是基于中华传统文化进一步发展的一种文化形式，千百年来，中国人民深受中华传统文化的影响和熏陶，思维方式、价值观、世界观的塑造相对稳定，在特殊的历史背景下，以科学的马克思主义作为指导思想，对中华传统文化进行了进一步的丰富和发展。在革命过程中的长征精神正与中华传统文化中的自强不息相重合，红船精神正与中华传统文化中的敢为人先、天下理念遥相呼应，从红色文化的创作主体来看，红色文化是由中国共产党领导中国人民在新民主主义革命中逐渐形成的优秀文化成果，它以马克思主义作为指导思想，马克思主义认为群众是一切物质财富和精神财富的创造者，所以说红色文化的创作正是由群众完成的，是体现了群众的意志的，是符合群众的利益的。在红色文化的传播过程中，是以群众作为传播的主体的，群众在认同红色文化的精神内涵之后，自发地进行口口相传或刊物宣传，抑或是以自身的品德塑造感染更多的群众，在此过程中又不断丰富红色文化，所以说群众不仅仅创造了红色文化，更传播了红色文化。从红色文化的服务对象来看，红色文化的产生影响了中国革命的进程，它以优秀的精神力量带动中华儿女在新民主主义革命事业中奋勇向前，文艺作品的创作从为人民服务的原则出发，满足群众的基本文化需求，将思想性和文艺作品有机结合，促进群众的思想觉醒，提升群众的综合素质，进而推动中国革命进程的发展。

最后，中华传统文化拥有强大的生命力，从指导思想来看，中华传统文化主要以儒道思想为主要思想，至今仍有许多观点没有过时，与马克思主义有着暗合的地方，进而不断推动自身的革命与进步，即所谓"推陈出新"。儒家文化从春秋战国时期就与其他文化有所融合，吸纳其他思想的优秀之处，在长期的发展过程中形成了一系列规范人与人之间关系的社会产物——伦理道德，儒家文化向来强调亲情，"父母在，不远游"深刻说明了"孝"这一概念对古代的中国人民有着十分重要的意义，通常用来评价一个人的基本道德水平。在汉代选官的制度中，"孝"也被看作十分重要的衡量标准。同时儒家思想还强调对社会上的老年人和幼年人予以尊重与保护，强调在不同关系之间的处事规范，"父子有亲，君臣有义，夫妻有别，长幼有序，朋友有信"这一套处理人际关系的准则至今还影响着中华儿女。儒家思想还形成了规范统治者与人民之间关系的思想——仁政、德治，由于儒家文化兴起于春秋战国时期，当时各国之间纷争不断，人民生活也并不安稳，为了推动社会的和谐，孔子认为在治理国家的时候要利用道德而非武力，用武力和杀戮只能解决一时的问题，但当国家的武力不足以镇压国内百姓的时候，国家又会混乱，所以需要用一套人民都认同的道德规范来治理国家，才能促使国家长期稳定。儒家思想中的核心"仁"不只体现于人与人之间的关系，更体现于统治者与被统治者之间的关系。国家的统治者只有将自己的权力约束起来，用"仁"来感化人民，实行"仁政"才能让百姓信服，同时不能将自己看得太重，要做到"民为贵，君为轻"。这种民本思想正与马克思主义相一致，肯定了群众的重要作用。所以在中华大地上，虽然王朝更迭，但是这一套治国理念得到了大部分朝代统治者的认同。儒家思想形成了个人品格修养的不断提升的产物——家国情怀，以儒家文化为核心的中华传统文化特别讲究自身品格的修养，看重名声和气节，虽然有某些观点在现在看来有些过于古板，但是整体来看这种将提升自身和回报社会相连接的价值观念对中华传统文化的长期流传有着重要意义。儒家文化强调不断自我反省，以达到人格的圆满，即"君子"，同时还要将修身、齐家、治国、平天下结合起来，将个人和社会紧紧连接在一起，强调个人的社会责任感，"精忠报国""为国捐躯""鞠躬尽瘁"等成语和故事都深刻反映出了这种家国情怀、无私奉献的精神深深影响着中华儿女，也正是因为将个人的价值实现和社会紧紧连接在一起，我们国家在蒙受国难的时候仍然能够团结一心、坚强乐观、自强不息地保证国家的完整和文化的传承。从发展过程来看，从春秋战国时期以来，虽然中华大地上历经战乱，也有少数民族在中华大地上建立过政权，但是中华文化一直未曾中断。这一方面是因为中华大地上民族团结和统一是主旋律，中华文化中一直将统一作为终极目标，人们一致认为天下的土地和人民都应当由"天子"来管辖，所以虽然中华大地上经历过割据和战乱，这些政权的君主还是将"一统天下"作为自己的理想抱负；同时人民虽然经历了战乱，但是也希望出现统一的政权使得国家安定和谐。伴随着儒家思想不断发展，"大一统"思想的提出更是为中华文化不受中断提供了思想保障，尤其是当少数民族在中原地区建立政权的时候，他们更多的是向中华文化学习，而非将中华文化抹杀。这一方面是因为中原地区有着大量的汉民族，顺势而为接受中华文化有利于其统治，而另外一方面更能凸显出来中华文化的优越性和先进性。当受到其他国家入侵的时候，人民为了保持中华文化的延续自然会进行抗争，这种文化的认同是世界少有的。世界四大古文明发展到今天，只有中华文明得以延续，固然是因为认同中华文化的人群基数较大，而更多的是中华文化的优越性使得其生命力不断被挖掘，生生不息，源远流长。红色文化也同样具有强大的生命力，从指导思想来看，马克思主义作为红色文化的指导思想，马克思主义从工人运动出发，深刻总结了一系列人类优秀的思想成果，将人类社会的发展规律正确地揭露了出来，坚定地站在了无产阶级一方，对资本主义进行了无情的批判，与资产阶级进行了根本的割裂，构建起一个全新的无产阶级思想体系。该理论体系完整而又严密，将理论与实践高度统一，以理论指导工人运动实践，同时又由工人运动不断完善理论，不断进行自我革命丰富和发展自我，彰显出强大的内生动力。将真理性和开放性高度统一，站在现有文明的基础之上，进一步对自然界和人类社会的发展规律进行了探讨，其中的科学社会主义深刻地揭示了资本主义社会终究会灭亡进而进入社会主义社会，最终实现共产主义的真理。与此同时，马克思主义又伴随着时代的发展不断挖掘新的发展动力，坚持抓住时代特征，不断推动马克思主义的时代化是马克思主义的内在要求。将世界性和民族性高度统一，虽然马克思主义对世界工人运动进行了普遍的指导，有着一般性价值，能够正确观察和分析世界，但是具体问题具体分析是马克思主义活的灵魂，在中国的革命过程中，中国共产党人对教条主义进行了批判，在坚持马克思主义的基础上做到具体问题具体分析，才能避免教条主义给革命事业带来的危害。同样，在世界工人运动之中，全球各地的无产阶级也将各国的实际情况与马克思主义相结合，给予马克思主义更强大的生命力。从发展过程来看，红色文化作为在特定历史条件下形成的一种优秀文化成果，其形成之初就是由中华民族和中国无产阶级的先锋队——中国共产党所领导的，虽然当时中国共产党的力量十分弱小，但是能在短短24年内由50余名党员发展到数百万名党员，也能深刻地显示出中国共产党领导的革命事业是民心所向，是符合历史潮流的，是具有强大生命力和发展前途的。究其原因，正是因为中国共产党带领中国人民进行的新民主主义革命、最终建立的工人阶级领导的，以工农联盟为基础的社会主义国家是符合中国国情的，是符合中国历史发展规律的，是符合中国广大群众根本利益的。红色文化依靠中国共产党统一战线和群众路线，充分发挥了其基于中华传统文化，有利于群众认同的优势。伴随着中国特色社会主义事业的不断发展，红色文化作为中国特色社会主义文化的重要组成部分，会进一步发挥其重要作用，更好地推动文化自信的树立和文化认同。

所以，红色文化和中华传统文化之间更多的是发展与被发展的关系，在新的历史条件背景下，红色文化以中华传统文化为基础，利用先进的马克思主义为指导思想，进一步发展和丰富了中华传统文化。

第三节　红色文化资源基本类型分析

一、红色文化资源的基本属性

红色文化资源具有主题属性、学科属性、产业属性和文化遗产属性四种属性，认识好红色文化资源的各种属性有利于对红色文化的类别进行划分。

（一）主题属性

主题又称主旨、要旨、主要内容、中心内容或中心思想等，指的是一组具有共性事物的总称。自然界和人类社会的一切事物，都可以采用主题概念或范畴进行分析和归纳。主题可以对红色文化资源进行逻辑描述，它既是事物的属性特征，又是事物的区分依据。红色文化资源作为一种资源，其可利用的属性十分明显，资源可以划分为经济资源、文化资源、军事资源、自然资源等，而红色文化资源则属于文化资源当中的一种，文化资源中除了红色文化资源，还包含民族文化资源、地域文化资源、宗教文化资源等。红色文化资源这一概念就是根据主题划分而来，所以它具有主题属性。

（二）学科属性

学科即为知识的集合，一定的知识形成了一定规模的体系即称为学科，学科具有静态和动态两种认知。从静态方面来看，学科是人类知识的静态体系；从动态方面来看，学科可以指导人类的生产生活。红色文化资源涉及包括历史学、政治学、社会学、民族学、文学、艺术学等所有人文学科和社会学科当中的知识，利用自然科学知识体系同样可以对红色文化资源进行研究，例如电子计算机技术，所以也赋予了红色文化资源自然学科属性特征。红色文化资源既包括显性的红色文化资源，又包括隐形的红色文化资源，这就使得红色文化资源的形态具有多样性。

（三）产业属性

产业是相同性质的经济活动。红色文化资源的开发和利用不仅有社会效益，更有一定的经济效益。其开发方式具有多样性的特点，利用多种形式对红色文化进行开发，可以将公益性和营利性相统一。同时红色文化资源还具有消耗性和可再生性的统一，作为一种资源，红色文化资源在开发的过程中会被不断消耗，但是作为一种文化资源，其非物质性又决定了其取之不尽用之不竭，可以进行反复的开发与利用，这就使得红色文化资源的产业发展具有多样性，既涉及实物的图书、报刊、音像制品，又涉及非实物的文艺表演和旅游开发。

（四）文化遗产属性

遗产指的是前代人留给后代并被后代所继承的财产。红色文化作为我国优秀的先进文化代表，在加强民族认同和国家意识方面具有不可替代的重要作用。文化遗产分为物质遗产和非物质遗产，红色文化资源也同样具有物质性资源和非物质性资源。红色文化资源承载了中国共产党带领群众抵御外来侵略，推翻反动统治，建立新中国的重要历史记忆，在我国谋求民族复兴，实现共产主义事业道路上发挥了重要的记忆价值。红色文化资源作为党和国家的宝贵文化财富，有利于帮助群众牢记历史，珍惜当下。

二、红色文化资源的分类标准或原则

事物的划分大致可以分为与其他外部事物之间的划分和自身内部划分两种层面。前者重点研究本质，对于分类对象的具体形态关注不多，后者主要研究具体形态，通过不同的形态特征以及内涵本质进行划分。在第一个层面当中说明该种事物是具有一致性的，这种一致性即为分类对象的本质特征，正是由于相同的本质特征，才能够让其汇聚为同类事物并可以与其他事物进行区分。而人类社会中对同一事物再次进行划分的关键即为不同属性特征和具体表现形态之间的差异。红色文化资源是近代以来由中国共产党领导的优秀的先进文化，其基本特征已经十分明显，但是在具体表现形态之间仍然具有多样性，即物质类红色文化资源形态、信息类红色文化资源、象征类红色文化资源。现阶段学界相关研究基本停留在整体特征的分析上，主要是对内在本质特征进行研究，但是从应用的角度来看，需要对红色文化资源的具体形态进行划分与明晰，才能更好推动红色文化资源的利用与创新发展。红色文化资源内涵丰富、形态多样，这就决定了红色资源的属性特征和表现形态也丰富多样。所以，需要对红色文化资源的分类标准进行明晰，利用科学客观的原则对红色文化资源的类型进行划分，才能更好地推进下一步的研究。

（一）以目标为导向的原则

使用目的不同，分类标准自然也不尽相同，以人类学为例，人类学分为体质人类学、影视人类学、考古人类学、社会人类学等学科，这对本学科内的研究者具有特别重要的帮助作用，能够更好地让研究者了解到不同分类之内的学科前沿动态，但是以实际操作和解决问题的人员的视角来看，这种分类似乎并没有太大的帮助，反而因为划分过细，在探寻相关知识的时候会一头雾水。所以需要从解决问题的目的出发，将相关内容回归到对应的应用领域当中，才能有效地帮助相关人员解决现实问题。所以红色文化资源的分类同样要秉承以目标为前提的分类标准。

（二）以主题分类为主兼顾学科分类的原则

应用研究和开发利用都是围绕主题进行的，红色文化资源的分类应以主题分类为主。主题是对事物中心内容的揭示。以主题分类为主兼顾学科分类的原则，是直接从红色文化资源的分类要有利于应用研究和开发利用派生出来的原则。前文已经论述红色文化资源属于文化资源的一种，所以对其研究进而应用都应当从文化资源方面进行考量，从主题出发进行分类的优点是相关主题的内容都可以积聚到一定范围内，与人类日常思维的相似度较高。然而主题分类仍有一定的不足，在严谨性和系统性上有一定的欠缺，在类目之间的隶属关系反映不足，所以需要利用学科分类来弥补这些缺点，坚持以主题分类为主兼顾学科分类的原则。

（三）以年代远近排序的原则

分类不仅表现为类目的确定，而且表现为类目的排序。由于主题之间的层次和等级很复杂，类目之间的隶属关系也不够清晰，单纯按类名字顺序的排序方法显然不能反映和揭示事物的内在联系。由于红色文化的产生与发展具有十分明显的时间顺序，所以以年代远近进行排序是一种可取的排序方式。例如，红色旧址属于红色文化的产生载体，在革命期间真真切切在此发生过革命事件，所以与红色歌舞相比，红色旧址应当排序更为靠前。红色歌舞是当时的群众为了歌颂共产党人的革命精神而进行创作的艺术作品，与红色创作相比时间更为靠前，所以排序也应当更为靠前。

（四）分类必须遵循逻辑规则的原则

分类作为依据事物的属性特征和表现形态，将事物分为若干种类的逻辑行为，必然要以相关的逻辑规则作为自己必须遵循的基本原则。相关逻辑规则大致分为三点：一是划分要统一标准，此标准可以是事物的某一个属性特征，也可以是某一组属性特征。二是划分的各子项之和必须等于母项。即为单个目录下的子项之和应当等于母项，否则会出现解释不充分或不同母项之间子项重叠的问题。三是划分出来的各子项之间不存在交叉现象。

三、红色文化资源的具体分类

（一）物质类红色文化资源

这一类资源主要分为红色旧址、红色器物、红色建筑三部分。

红色旧址指的是以革命遗址形式存在的红色文化资源，在空间上不可移动，属于我国不可移动文物，根据张泰城参考不可移动文物类名类目的研究，本书将红色旧址类红色文化资源分为民居宅第、旅店客栈、坪台场地、祠堂寺庙、学校书院、医院诊所、商贸店铺、道路桥梁、井泉渠堰、农田设施、工业建筑及设施、军事建筑及设施12个子类。

我国无产阶级实践者在实现民族独立和人民解放过程中，重大事件中和重要历史人物活动中会留下各类物件，我们可以把这些用品称为红色器物。这些用具通常具有可移动性，会被作为实物陈列展品展放在红色文化博物馆等相关纪念馆中，其性质特点与可移动文物极其相似。可移动文物在分类时遵循"一物一类"原则，即一件文物只能归为一个种类，当文物同时符合两个种类的特征时，则以其内容为主来归类。参照之前确立过的不可移动文物分类，此次普查将可移动历史文物分成了35个具体类别，本书参考这35个具体类别也将红色器物细分为学习用品、办公用具、印信图章、旗帜牌匾、证件徽章、货币票证、邮票邮品、服装被褥、家用器具、耕作农具、器材工具、通信器材、武器装备13大类。

红色建筑是红色文化建筑物的简称，在实现民族独立的革命实践中，战士们为了人民解放抛头颅洒热血，不少无产阶级战士因此牺牲，因此修建各类建筑以铭记代代无产阶级战士的付出。在践行马克思主义指导思想时，中国共产党人在各地为建设人民民主专政的新中国而描绘蓝图时，凝聚着共产党智慧、包含着对共产党人敬仰、反映出马克思主义中国化胜利的建筑都是红色文化建筑物。人类历史发展的长河离不开各式各样的建筑物，红色文化建筑物的历史也是红色文化历史发展在建筑物上的投射。建筑物既具有实用性同时又具备观赏性，既能长期屹立不倒，同时又可能遭到破坏。根据纪念建筑地的功用和选址地两个特性，我们可以将红色建筑分成 8 大类：博物馆、纪念堂馆、烈士陵园、碑亭台柱、牌坊塔祠、园林景观、纪念广场、纪念雕塑。

（二）信息类红色文化资源

这一类资源主要分为红色文献、红色研究、红色创作、红色文艺四部分。

红色文献主要指在新民主主义时期共产党领导下为了将马克思主义与中国实践相结合而以信息形态存在的文字材料或影像资料，这些资源包括无产阶级为实现民族独立和人民解放，为建设社会主义中国形成的所有书面文字及影音材料。文献最关键的是其本身承载的知识和内容，所有文献材料是人类对世界认识以物质为表现形式的凝练，而人类所有知识目前主要可以通过学科来进行分类，分成相对独立的知识体系。随着人类知识的不断拓展，科学技术的更新发展，记录和反映知识的载体不断丰富，因此文献按照其载体形式的不同又可分为纸质图书、音频资料、图像资料、视频资料、微缩胶卷、电子文档等。红色文献因其内容涉及社会发展的各方各面，从学科上进行划分会相对松散。而由于红色文化是长期孕育发展的成果，不同历史时期具有不同时代烙印和在载体上的差异。本书将红色文献分为 17 个子项：纲领规章、宣言公报、决议决定、指示命令、记录纪要、法规条例、布告通告、标语、信函、电报、报告、总结、著作、报纸期刊、讲稿笔记、统计数据、音影图像。

红色研究主要指围绕红色文化及相关红色文化资源而展开的、揭示其内部规律和本质联系的科学研究活动。在经历长时间的革命实践，以及和优秀中外思想不断碰撞、重组，凝练出优秀的红色文化，揭示了中国革命的成功经验和共产党人治国的智慧，受到越来越多人的关注以及学者们的研究。因为红色文化涵盖了社会发展的方方面面，内涵丰富，所以从事红色研究的学者们可以从不同的学术视角、利用多样的研究方法对红色文化进行分析。以研究对象来分类，红色文化研究更多侧重人文社会科学领域的研究，其中既有理论研究，又有应用研究，还有实证研究。根据研究成果最终形成的形式，本书主要将红色研究分为 12 个子项：科研论文、学术著作、对策建议、咨询报告、调研报告、文献综述、教学设计、展陈大纲、规划方案、实验报告、软件开发、科技专利。

围绕红色文化而展开的艺术创作，称为红色创作。红色艺术创作家们运用一定的创作方法，对红色文化进行观察、分析并选择性加工，从红色文化和红色文化资源中提取素材，形成新的艺术作品。不同艺术家根据不同的红色文化资源形成形式各异的艺术创作，从艺术创作的体裁来分类，可以将红色创作分为17个子项：诗词韵文、小说、报告文学、散文杂著、故事传说、绘画作品、书法篆刻、雕塑、摄影艺术、音乐、歌曲、舞蹈舞剧、戏剧文学、戏剧戏曲、影视文学、影视作品、动画动漫。

红色文艺是红色文学艺术的简称，主要指人们在新民主主义革命时期所创作的文学艺术作品。语言、动作表演、各类造型是文学艺术创作的主要表现形式，这些作品也会随着表现、表演次数的增加以及时间的推移或是表演者传播者的改变而进行新的加工与创造。例如一首红色抗战歌谣，在创作初期，特别是当时信息技术发展有限的情况下，主要是依靠口口相传而广为人知，在传播的过程中，就会因为地区的不同或传播者的改变而衍生出不同的版本。红色故事、红色歌谣和红色打油诗等就极具口头民间文学特点，会随着传播而发生一定的改变与衍生。本书从创作的时间节点上严格区分"红色创作"与"红色文艺"，"红色文艺"更强调的是新民主主义革命时期创作的有关艺术作品，"红色创作"则更多侧重于根据包含"红色文艺"在内的红色文化资源而创作出来的艺术作品。本文依据文学艺术常见的以体裁来划分的办法，将红色文艺划分为15个子项：诗词韵文、小说、报告文学、散文杂著、歌谣唱词、故事传说、绘画、宣传漫画、书法篆刻、雕塑、摄影、音乐、歌曲、舞蹈、戏剧戏曲。

（三）象征性红色文化资源

这一类资源主要分为红色人物、红色事件、红色精神三部分。

红色人物是指为实现中华民族伟大复兴而作出过突出贡献的共产党人，包括在新民主主义革命时期，为反帝国主义、反封建主义和官僚资本主义作出过突出贡献的伟大英雄。红色人物通常因其自身作出的突出贡献而具有较高的社会威望，或者是担任某个重要职务工作完成出色而被广泛认可，也有在重大历史事件中发挥了重要作用而受到尊敬，使得他们名留青史。对于人物类型的数据库，目前学界主要有三种不同的分类排列方式：第一种根据组织架构，机构系统级别进行分类；第二种按红色人物的职位高低进行排列；第三种按红色人物姓氏的笔画数排列。本书则依照志书编撰的常规，按姓氏笔画数来对红色人物进行排序。按姓氏笔画数排列好顺序后，再以附录形式记载其在组织架构中的具体位置和人物的职位变迁情况。

红色事件主要指中国共产党领导中国人民在新民主主义革命时期开展的对历史有重大变革的事件。历史是在一个个事件中被推动向前发展的，从历史与事件之间的辩证关系看，可以将事件分成本源事件和记录事件。客观历史中实际发生过的事件称为本源事件，而通过语言等符号将本源事件记录下来使得其通过一定载体表现则称为记录事件。每一个红色事件的发生都要依靠一定的人物、地点、物品等实物对象，这些具体的红色人物、红色建筑、红色器物通常是和红色事件融合在一起的，不能完全脱离开，所以在一般的红色文化资源研究中，红色事件可以不必单独成支。然而如果需要对红色文化资源进行分门别类，红色事件作为单独的一个类型被划分出来就十分必要，使得红色文化资源中其他类别，如红色器物、红色建筑等实物具有历史事件载体。根据事件的内容及其发生范围的属性来分，红色事件可分为 12 个子项：党的建设、政权政务、经济财贸、群众运动、文化、教育、体育、卫生、统战工作、理论创新、军事斗争、国际共运。附录部分按照红色事件在时间上的先后进行排序列举，形成红色事件大事记，以方便纵向检索和阅读。

中国共产党在新民主主义革命时期所形成的意识形态的总和称为红色精神。中国共产党在领导中国人民实现民族独立和人民解放的新民主主义时期，积极挖掘和学习优秀中外思想并结合时代需求与实际情况，不断推进具有中国特色的马克思主义并使之大众化。在中国共产党崇高理想和使命下，共产党人以自己的先进行为为模范，树立起新的先进的社会意识形态。新民主主义革命的胜利，是中国共产党结合实际，将马克思主义中国化并以此为武器进行社会改革的必然结果。在争夺革命胜利的过程中，也让群众看到了共产党人为人民服务的基本宗旨和工人阶级先锋队的表率，从而受到群众的广泛认同和喜爱。在此过程中作为意识形态总和的红色精神，可以分为 8 个子项：思想理论、精神信仰、理想信念、观念观点、伦理道德、意志品格、情感情操、价值观。

第三章　边疆多民族地区红色文化 资源保护与传承现状分析

第一节　边疆多民族地区红色文化资源 保护与传承现存问题分析

一、边疆多民族地区红色文化资源保护与传承现存问题的整体特征

（一）边疆多民族地区红色文化资源调查方面存在的问题

本课题组在整理文献和实地调研的过程当中分析发现，调查工作中，存在以下几种问题：

第一，调查深度不足，主要体现在对于当地的红色文化资源挖掘程度不够，内涵研究不足。红色文化资源挖掘方面不能做到深度发掘，往往只停留在资源的浅层探寻上，在红色人物、红色事迹和红色物品等红色文化资源的挖掘工作上仍有较大进步空间。对于红色文化的内涵研究有所欠缺，在资源界定方面存在着模糊的区域。在新时代背景下的红色文化当代内涵上认识不足，不能很好地激发出红色文化资源的生命力。

第二，调查范围不广，主要体现在对于当地红色文化资源挖掘范围不足，调查内容过于简单。多数地区存在"家底不清"的现象，不同地域红色文化资源的调查还存在交叉重复的现象，例如红色人物的归属地不同区域之间互相争夺。调查的内容多限于遗址遗迹、红色文物等物质文化，而红色人物和红色事迹等精神文化调查较为欠缺，不少地区存在内容不清、逻辑混乱、信息空缺等问题。

第三，调查形式较少，主要体现在对于当地红色文化资源的研究不够深入，

形式较为单一。红色文化资源的物质文化资源方面多采取文物遗址普查方式，精神文化资源方面多采取红色人物信息采集方式，一般是线下调研，调查效率较为低下；红色文化资源研究多集中于当地党史研究室，人力物力相对欠缺，一些人物事迹证伪难度较大。

（二）边疆多民族地区红色文化资源保护方面存在的问题

本课题组在整理文献和实地调研的过程当中分析发现，保护工作当中整体存在以下几种问题：

第一，保护形式单一，主要体现在对于当地红色文化资源保护手段相对简单，保护工作往往流于形式。虽然有一些较为典型的红色文化资源被列为红色文化教育基地，但大多数地区的红色文化保护工作多开发为纪念场馆、遗迹遗址，并没有真正强有力的措施因地制宜地对红色文化资源进行保护。同时相关部门在保护工作当中往往从全局出发，将大量的资金投入遗迹遗址和纪念场馆的保护建设中，但是在细节工作方面较为忽视，相关遗迹遗址的实际保护工作较差，铜像、石碑等红色文化资源容易遭受到自然和人为的破坏。

第二，保护观念落后，主要体现在对于当地红色文化资源保护缺乏联动，宣传不够到位，保护意义不明确。红色文化资源的保护多为单一地区内部保护，无法形成大规模的地区保护同盟，容易造成部门之间的权责不清，条块切割、多头管理的现象屡见不鲜，这就造成了当地红色文化资源整合困难，管理秩序混乱，保护工作逐渐流于形式，大量红色文化资源因社会、自然原因遭到破坏。相关部门对红色文化资源的保护意义不够明确，对红色文化资源的社会作用认知不够清晰，大量基层干部在保护工作中缺乏科学指导，往往认为红色文化资源的保护工作是其工作负担。红色文化资源的保护群众参与较少，当地政府对红色文化资源的保护意义宣传不到位，一些群众对红色文化资源的认知不够，往往为了眼前的蝇头小利破坏掉当地的红色文化资源；还有一些群众虽然对当地的红色文化资源保护拥有较大的热情，但是受限于与政府之间的沟通较少，相关合作机制没有及时建立，造成了保护工作由政府"一肩挑"的局面。

第三，保护程度不足，主要体现在相关人员缺乏、资金不足，管理工作不到位、相关机制不健全。红色文化资源的专业保护人员极其缺乏，大量纪念馆的保护人员多为不懂相关知识的社会人员，工作内容仅仅是保护相关场馆的安全与秩序；解说员大多也是文职人员，专业技能相对欠缺；管理人员具有一定的管理能力和经验，但是针对红色文化资源的保护工作水平相对较低；理论研究人员有一些是民间学者，真正科班出身的高水平人才十分欠缺。保护工作的资金也十分短缺，红色文化资源保护和开发利用工作未纳入当地经济社会发展总体规划，相关红色文化资源的陈展设备老化严重，用于保护维修的财政拨款与实际所需资金之间的矛盾十分尖锐。在城镇化进程中，旧城改造使得大片区域拆迁，这一过程使得一些红色遗址受到了损害。为了服务于城市建设，具有价值的故居遗址只能消失在城镇化的浪潮中，在乡村中，由于当地群众不懂得相关宗祠、民居的红色文化价值，在日常生活中无意保护，造成了乡村的红色文化资源破坏。在红色文化资源的保护中，当地的法律法规本应是保护工作的最后一道防线，但是大部分地区出台的条款法规当中多为指导性建议，针对性不强，产生了保护机制难以依法建立的局面。

（三）边疆多民族地区红色文化资源传承方面存在的问题

本课题组在整理文献和实地调研的过程当中分析发现，传承工作当中整体存在以下几种问题：

第一，传承目的模糊，主要体现在当地红色文化资源在经济、政治、生态、文化、教育、社会等方面的作用不够明晰。当地相关机构对于红色文化资源的社会价值认识不足，对发展传承红色文化资源的目的不够明确，与当地经济社会发展结合不够，没能很好地发挥出其政治内涵，在社会文化构建方面仍有欠缺，在教育方面的潜力仍需挖掘，与当地生态环境保护之间的关系未能厘清，提升公民社会责任感和认知力方面有待加强。

第二，传承机制欠缺，主要体现在当地未能构建起完整的红色文化资源传承机制，和相关保护工作结合不到位。在当地社会发展规划中，红色文化的保护与传承一般来说不被纳入计划中，单个部门无法担负起重担，需要多部门协同合作，然而各个部门之间权责不清却又各自独立，缺少将各个部门的资源有机整合的协调机制，使得保护传承效率低下，保护传承效果较差。相关传承活动较少，当地群众对红色文化的认知多来自被动，而非自发保护传承。

第三，传承创新乏力，主要体现在当地未能利用多样化手段对红色文化资源进行传承。传统的学习方式无法满足当今社会的需求，红色文化资源的传承一样需要与时俱进，然而在调研的过程中，大部分地区的传承形式十分匮乏，学校中的红色文化教育也仅限于课本中，无法很好与现代科技相结合。教育传承方面仅限于学校内部，红色文化学习活动的社会性组织较少。受限于红色文化资源挖掘不够，只能单纯地将现有红色文化资源罗列，甚至与不相干的社会资源放在一起，破坏了红色文化的传承氛围。红色文化资源与社会资源整合度不足，未能真正传承红色文化的精神内核，与红色文化相关的自然风光和民俗文化又结合较少，忽视了资源之间的联合开发。

二、边疆多民族地区红色文化资源保护与传承现存问题的具体表现与分析

（一）西南边疆多民族地区红色文化资源保护与传承存在的问题

1. 西南边疆多民族地区红色文化资源保护与传承的模式、路径的核心症结

在西南边疆多民族地区的红色文化资源保护与传承模式中，通过调研，课题组发现了一系列问题，这些问题深度制约着当地红色文化资源保护与传承进程的推进，当中最突出的问题即为科技化水平不足。

第一，在红色产业发展的过程中科技化不足，集中体现在红色旅游产业当中。西南民族地区的红色文化资源由于其特定的历史环境和历史事件，所处的位置都较为偏僻，甚至有一些在深山老林之中，集中开发的难度很大，许多红色文化资源被闲置，甚至被遗忘，没能发挥出红色文化资源应有的文化价值和社会价值。同时在红色文化资源的开发和利用过程中，相关文化产品的开发十分不足，创意匮乏，科技含量低；景区内部同质化严重，展现方式较为落后，红色景区整体文化氛围营造不够，很难让人身临其境地感受。在当今社会，生活节奏不断加快，这就要求红色文化资源的开发部门充分挖掘不同地方的独特内涵，利用现代科学技术不断创新红色旅游模式，挖掘红色旅游项目，将红色文化资源、历史文化资源、生态文化资源、民俗文化资源与科学技术充分结合起来，利用声、光、电等科学技术给游客带来新体验，在经济、教育、文化等维度更好地发挥红色文化资源的作用。

第二，在学校教育中的科技化水平不足。在基础教育中，对学生的思想政治教育主要是在课堂内部，但是一般情况下教学内容都集中于课本教材中，课本教材中红色文化的相关内容不足导致了教学内容中对红色文化教育的缺失，也导致了思想政治教育的实效性不足。在大学课程中，虽然学生有多方渠道对自己的思想政治水平进行提升，但是教师在教授的过程中引导性不足，相关内容延伸不够，缺乏对大学生价值观念的培养。另外，在大学内部的红色主题活动更多是为了完成教学任务，没能够真正挖掘大学生的兴趣点，大学生的参与也只是为了自己能够顺利毕业，红色文化入眼入脑入心的效果微乎其微。不管是在基础教育还是在高等教育的过程中，相关教学方式都是十分传统的，没能够将科技成果与教学方式相融合，传播、展示方式过于陈旧，增加了校园教育中红色文化教育的难度。

第三，在红色文化资源的保护工作中科技化水平不足。大部分地区的红色文

化资源旅游开发模式没有和传统的旅游模式区分开来，这就导致在旅游开发的过程中会不同程度地对红色文化资源造成破坏，红色文化资源一旦破坏，后期的维修和保护成本将会大大增加，但经济效益无法获得增长，当地政府和企业再想聚焦红色文化资源的开发难度就会提升，某种程度上来讲就会导致其他红色文化资源开发进程的滞后。另外，已经开发的红色文化即使进行了保护，也只是传统的围挡和粉饰，科技化保护技术水平不足甚至会导致对红色文化资源的二次破坏。

第四，在红色文化资源的宣传过程中科技化水平不足。红色文化资源的宣传大多聚集在相关节日和纪念日中，宣传方式也多为宣传海报和横幅标语，宣传效果十分有限，很少能够利用显示屏、相关视频以及网络推动等手段进行宣传。同时在校园当中红色文化氛围构建也十分不足。伴随着网络的不断发展，年轻人获取信息的渠道更偏向于手机和电脑，但是高校中红色文化的宣传忽视了推送的精准性和创新性，在学校当中的宣传效果往往较差。在社会宣传中，红色文化宣传很少与热门 APP 或热门网站进行合作宣传，新型的企业也没有在红色文化宣传方面作出贡献，然而正是这些热门 APP 和新型企业更能够改变年轻人的生活方式和思维习惯，只有通过这样润物细无声的方式才能够推动红色文化的有效化宣传。

2. 西南边疆多民族地区红色文化资源保护与传承的突出问题分析

第一，文物保护不够，文化挖掘不足，内涵不深。面对红色旅游巨大的市场需求，国家每年拨付专项经费与文物保护实际需求的费用之间存在较大差距，使得文物保护力度不够，再加上部分景区注重硬件设施的"高大上"，重硬件轻软件、盲目攀比、贪大求洋、不接地气、未批先建等问题仍然存在，导致一些红色遗迹得不到应有保护甚至受到破坏，文物规范保护管理有待加强。同时，一些红色旅游资源文化内涵开发深度不够，文化思想内涵挖掘不足，旅游产品形式单一，同质化现象不少，参与性、体验感不强，教育功能有待增强。一些景区仍停留在泛泛展示革命历史遗迹，缺乏深层次内涵的挖掘和丰富展示。讲解庸俗化、娱乐化、套路化的情况仍然存在，严重违背了红色文化的严肃性、政治性、严谨性。文化缺位是发展红色旅游的大忌，是对红色旅游资源的严重浪费。

第二，科技化水平不足，红色旅游业态单一，带动能力不强。近年来，红色旅游融合发展有很大进展，但与其他旅游产品和业态深度融合仍不够。现阶段，以红色文化资源与秀美的自然山水风光共同开发的"红绿结合"为主的融合发展模式，仍集中在参观学习和缅怀阶段。红色文化资源产品业态的针对性、时代性不足，业态多元化、方式科技化、体验创新化有待提高。红色文化资源缺乏与区域资源条件和历史、民俗文化有效深度融合，尚未形成区域整体优势。红色文化资源与文化产业、农业、工业、林业、水利、体育、教育、中医药、科技等产业在广度、深度上的融合不够，导致了红色旅游业态单一、产业链条短、产业化发展速度缓慢，资源大、产业小现象突出。红色文化资源与文化事业、区域经济、社会教育的融合发展存在短板，未能充分释放带动区域经济发展潜力。

第三，区域合作尚未形成规模效应。一些地方的红色旅游资源统筹规划不科学，建设水平较低，区域合作深度不够，联动不足，具有较强吸引力和竞争力的区域性红色旅游目的地和精品线路仍较少。从各地红色文化旅游发展情况看，形成规模化发展的主要集中在红色资源丰富的地区，但是在乡镇和省域交界地带，许多红色文化资源尚未得到有效开发利用，景区景点尚未加入热点精品旅游线路中，配套设施不完善，缺乏深入合作的长效机制，对区域发展整体带动力不足。

第四，碎片化的知识传递模式导致对红色文化认识不全面。在当今时代，虽然人类的知识总量快速提升，人类获取知识的方式也更加容易，但是快节奏的生活让人们更容易接受碎片化的知识，导致人们对事物的认识容易不全面甚至有偏差，进而导致人们思考问题的方式有所变化，难以筛选有效化的信息。而红色文化的内涵与价值需要进行系统的学习和理解，认识和传承红色文化更是要建立在对红色文化完全理解的基础上才能够实现，当今时代碎片化的知识结构十分不利于人们认识到红色文化的本质，只能够认识到一些较为肤浅的片段，对红色文化认识的片面和粗浅认识将难以实现对红色文化深层次的贯通。

（二）西北、北部边疆多民族地区红色文化资源保护与传承存在的问题

1. 西北、北部边疆多民族地区红色文化资源保护与传承的模式、路径的核心症结

在西北、北部边疆多民族地区的红色文化资源保护与传承模式中，通过调研，课题组发现了一系列问题，这些问题深度制约着当地红色文化资源保护与传承进程的推进，其中最突出的问题即为红色文化资源的社会宣传不到位、红色内涵仍需挖掘。

第一，红色文化资源的教育和引导作用仍然不足。伴随着全球一体化的进程不断推进，世界文化的交流不断增多，我国的文化安全问题逐渐凸显，如果不加以分辨就盲目学习外来文化，中国很容易遭受到外来低俗文化的入侵。一方面，大众接受文化的渠道有局限性，分辨信息的能力也十分有限；另一方面，各级政府也将工作中心放到经济建设中，对以红色文化为代表的社会主义文化建设重视程度较低，从政府到个人都缺乏牢牢掌握无产阶级文化领导权的意识。这就使得红色文化资源的教育功能在外来文化面前被逐渐削弱。

第二，红色文化资源与当地的社会环境结合不够。地域差异是红色旅游景区得天独厚的优势，它是自然因素与人文因素的综合体现。身处不同地域环境的红色旅游纪念品，必然会受到当地自然因素与人文因素的影响，产品中必然需融入当地独特的地域文化，展现出不同地域文化特色。然而通过调查发现，目前西北、北部边疆多民族地区红色旅游纪念品产品普遍缺乏地域特色，产品从开发、设计、加工、销售等方面较少与当地的地域文化资源相融合，这就造成市场上在售产品在地域性、纪念性都无法满足游客的需求。因此，只有通过深入当地地域文化中去寻找、挖掘和提炼标志性文化元素，才能开发创作出独具文化内涵的文创产品。只有承载地域文化，传播地域文化的红色旅游纪念品才能赢得游客的认可，才能激发游客的购买欲望、才能勾起购买者对美好旅游的回忆。

第三，国内外反动势力影响下的基层宣传工作仍需完善。在西北、北部边疆多民族地区，历史虚无主义仍存在，这种思想反对中国共产党的领导，否定中国特色社会主义道路，与马克思主义基本理论所背离，这就导致历史虚无主义与红色文化天然对立，对红色文化的学习与传播起到了负面作用。一方面，历史虚无主义通过抹黑历史人物，歪曲历史事件等方式解构红色文化；另一方面，历史虚无主义对红色文化认同场域进行了破坏，这种思潮往往在党和国家的重大节日和纪念活动中利用断章取义、扭曲事实等手段，通过网络进行传播反面思想，破坏了红色文化的严肃性。在这种背景下，社区、学校等基层宣传工作仍然任重而道远。

第四，民族英雄人物与红色人物在民众之间的认同感不同，相互之间的关系没有厘清。在西北、北部边疆多民族地区，有部分群众对民族英雄人物和红色人物之间的关系不甚明晰，更有甚者将少数民族革命英雄与红色文化剥离开来，大肆宣扬革命英雄是为本民族作贡献而非在中国共产党的领导下，为谋求国家独立和民族复兴作斗争，这种地方民族主义思潮的抬头对红色文化的保护与传承有极为不利的影响，从根源上将民族英雄与党和人民相隔离，人为地制造民族隔阂，对红色文化资源的保护与传承造成了巨大的负面影响。

2. 西北、北部边疆多民族地区红色文化资源保护与传承的突出问题分析

现阶段西北、北部边疆多民族地区红色文化资源保护与传承工作中社会宣传问题突出的主要原因是红色文化资源的教育作用仍有待开发。红色文化资源的教育性没有得到良好发挥，真正的教育价值没有得到充分体现。

第一，红色文化的认同感仍然有待提升。只有对文化产生认同才能够进行保护与传承，红色文化对亲历者来说意义非凡，毕竟他们就是这种文化的创造者，可以利用这种情感让其接受这种良好作风和文化内涵。但是对于当今的年轻人来说，并没有亲身经历红色文化产生的过程，并且受到当今社会落后文化的影响，往往觉

得红色文化已经失去了其产生和发展的空间、时间基础，其价值只留在历史的过往当中，对当今社会没有价值，无法真正理解红色文化的精神内涵，更谈不上对红色文化资源进行保护与传承，所以亟需提升年轻一代对红色文化的认同感。

第二，红色文化内化效果不佳，内化是指个体接受文化内涵并将其作为自身的行为准则。一种文化只有能够内化，教育的结果才会良好。通过调研我们发现，西北、北部边疆多民族地区存在学习和内化脱离的问题，大家可能对红色人物和红色事迹有所了解，但是其精神内涵和道德品质在现在看来过于崇高，让受教育者难以接受，自然就会对红色文化产生怀疑，学习的兴趣愈发减弱，更谈不上红色文化的内化了。

第三，红色文化传播效果一般。红色文化资源的保护与传承离不开对红色文化的传播，只有加强对红色文化的传播，才能够让红色文化占领西北、北部边疆多民族地区人民的思想高地。但是就目前来看，红色文化的传播没有占到优势，反而受非主流思想传播的影响，处于劣势地位。在传播过程当中，传播的理念较为陈旧。传播理念是指文化传播的过程中所遵循的基本规律，这是实现思想传播的内在保证。在我国西北、北部边疆多民族地区的红色文化传播工作当中，往往采取灌输式的传播方式，无法让群众感受到红色文化的内涵与魅力，很难与社会现实相结合，进而对红色文化实现认同。刻板地传授、机械地交流，往往适得其反，使当地群众出现排斥心理，进而对红色文化在西北、北部边疆多民族地区的传播产生负面作用。同时，在传播过程中传播的主体较少，在西北、北部边疆多民族地区的党员干部是在基层传播红色文化与马克思主义理论的主要力量，少数民族干部对当地的具体情况了解较为清晰，但是对马克思主义理论学习相对较弱；年轻的党员干部理论实力较强，但是他们的专业背景不同，社会阅历较浅，传播水平较低。还有，在传播过程中内容较为模糊，在红色文化的研究当中，西北、北部边疆多民族地区对红色文化的理论解释相对不足，红色文化是以马克思主义为指导的文化结晶，然而马克思经典原著较为深奥难懂，很难在传播过程中讲透其精髓，一些地方为了完成任务对相关内容随意解读，导致了相关内容传播的偏差，脱离了正确的主题。最后，传播的方式较为单一，在西北、北部边疆多民族地区，大部分少数民族都拥有自己的语言和文字，然而红色文化的调查、保护与传承工作大多以国家通用语言为主体，文字和语言成为红色文化传播的一大阻碍，传播效果大打折扣。传播的质量同样不够，目前受经济条件和基础设施建设的影响，西北、北部边疆多民族地区的传播方式相对落后，基本停留在电视报刊等方式上，甚至还有一些地区只能用口号、板报等方式进行宣传，很难让群众入脑入心。在社会快速发展的今天，人们的生活方式越来越便捷化，网络的使用很大程度上影响着人们的生活方式，传播方式亟须现代化。

（三）东北边疆多民族地区红色文化资源保护与传承存在的问题

1. 东北边疆多民族地区红色文化资源保护与传承的模式、路径的核心症结

在东北边疆多民族地区的红色文化资源保护与传承模式中，通过调研，课题组发现了一系列问题，这些问题深度制约着当地红色文化资源保护与传承进程的推进，当中最突出的问题即为红色文化资源的市场化不足，经济效益认同不到位。

第一，相关红色文化资源保护传承体系机制仍待完善。以尚志市为例，当地的红色文化资源由于其分散性等特征导致了不同地区的红色文化资源受到不同部门管理，然而现在尚志市内还没有能够形成较为系统的、能够协调各部门的体制机制，红色文化资源主管部门的不同导致当地的红色文化资源保护与传承没有统一性。只有保护好红色文化资源才能在此基础上对红色文化资源进行进一步的开发与继承，在政治方面和教育方面发挥红色文化资源的积极作用。另外在保护方面，尚志市的红色历史挖掘工作仍需深化，当地的红色文化资源保护工作有较大改进空间，现阶段尚志市的革命遗址只有赵一曼牺牲地等地得到了相关保护，并且开发程度较为落后，尚志市目前还未开始革命遗址名录编撰工作；同时伴随着时间的推移，红色文化的经历者越来越少，就会导致红色遗址和红色资料的流失，这也从一方面显示出了尚志市的红色文化研究较为欠缺。

第二，当地市场化意识不足，更多的是政绩意识。红色文化产业虽然在东北边疆多民族地区有所发展，但是整体来看还是较为不足，品牌效益较为欠缺。红色文化产业的发展需要以市场为基准，以获取经济效益和社会效益为目标，将红色文化资源转化为红色文化商品或红色文化服务。但是就现在来看，东北边疆多民族地区的红色文化资源较为分散且偏远，当地政府的市场化意识不足，红色文化资源的开发工作更多是为了完成政治任务，这就造成了"有投入没产出，有开发没品牌"的情况。整体来看，东北边疆多民族地区的红色文化产业发展较为落后，红色文化产品当中缺少红色文化精神内核，产品设计较为陈旧，缺少竞争力。

第三，没有形成大规模的红色产业集聚、红色旅游线路。相较于西南边疆多民族地区已经有了区域协同开发的红色旅游思路，东北边疆多民族地区的红色文化资源管理工作较为复杂，相关协调统筹机制没有建立，在解决产品同质性等问题上没有找到适合当地特色的出路，这就导致当地的红色文化资源没能够形成产业集聚，相关地域性特色难以凸显，同时，红色旅游规模仍需扩大，抗风险能力不足使得投资方更为谨慎。

第四，资源开发利用的宣传不到位，当地的开发热情不高，与外地联合研习不够。红色文化的传播主体是多样化的，其中包括政府、企业、民众多方，但是现阶段红色文化的传播主要力量来源于政府，其他传播主体的传播能力较弱，传播意愿有限。另外，东北边疆多民族地区的红色文化宣传内容不明晰，由于红色文化资源分布的离散性，红色文化资源的宣传内容难以协调，也更加难以与国内外其他地区进行联合研习。最后，红色文化的宣传方式较为落后，在信息化社会快速发展的今天，东北边疆多民族地区的宣传方式仍然以报刊、电视等方式为主，新媒体技术运用不够导致在年轻一代人的心中，红色文化资源的教育作用没能发挥出关键作用。

2. 东北边疆多民族地区红色文化资源保护与传承的突出问题分析

第一，体制机制不健全，市场机制发挥不充分。东北边疆多民族地区红色旅游景区分属宣传、文物、民政等不同部门管辖，涉及部门多、协调难度大，缺乏统一性和整体性，也缺乏强有力的管理机制，制约了红色旅游综合教育功能的充分发挥。教育目标与经济目标、教育手段和游乐手段、顾客被动接受与主动参与等不协调问题依然存在。目前，红色旅游经典景区和许多重要场馆免费开放，产生了较好的社会效益，但仍需要研究完善激励和市场参与机制。

第二，基础设施薄弱，投入总体不足，市场化进程缓慢。许多红色旅游重点地区集"老、少、边、山、穷"特点于一体，经济社会发展基础薄弱，尽管交通条件改善了但仍不够通达，同时，地方投入基础设施建设的资金极为有限，吸引外部投资的环境也较差，导致景区公厕、停车场、游客接待中心及水电、通信等基础设施滞后，旅游接待能力不足，配套服务功能不强，"食、宿、行、游、购、娱"产业链未能有效拉长，综合效益还不高。总体上，红色旅游商品种类少、特色不鲜明，开发设计和生产销售都滞后，旅游商品收入占比偏低，产业水平停留在游览观光初级阶段。红色旅游相对滞后的基础设施和服务配套体系，造成游客预期视野与现实感观间的巨大心理落差，不利于客源稳步提升，阻碍长期向好发展。

第三，政府市场化意识不到位，财政支撑不足。东北边疆多民族地区的红色文化资源大部分在较为偏僻的山区中，这就需要政府牵头对红色资源进行开发和保护，虽然目前当地的红色故事和红色事迹能够在百姓当中口口相传，但是即使是当地人，对于红色遗址等红色文化资源的保护与传承意愿也不高，足见当地的红色文化资源开发工作还有很长的路要走，更不要提市场化，吸引外来游客参观学习了。另外，不管是资源的开发宣传，还是人才的培养引进，当地的财政支撑都稍有不足，调研的过程中有政府人员提出，曾经申请过抖音等平台对当地的红色文化进行宣传，但最后碍于财政和人才多方面因素，计划大多搁浅。

第四，当地政府和社会对红色文化资源的市场化意愿不强，热情度不高。这是因为当地迷失的主体难以承担对红色文化的传承。在现代化的社会中，社会主体所能接受的信息量大幅度增加，但是这些信息的碎片化特性导致社会主体难以获得充实感。在快节奏的生活当中，社会主体对信息的反思和理解能力不断下降，最终被信息的洪流所淹没，对世界真相和知识的索取逐渐失去了兴趣。而红色文化在东北边疆多民族地区的传播方式有限，缺少能够让人身临其境的感觉，其教育意义大打折扣，碎片化的传播方式使得红色文化的传播内容缺少了逻辑性，这就导致红色文化在与其他社会文化传播竞争中有着天然的劣势。

第二节　边疆多民族地区红色文化资源保护与传承的基本特征情况分析

一、边疆多民族地区红色文化资源保护与传承的相同特征情况分析

（一）积极方面

首先，政府和社会各界对红色文化资源的保护与传承问题关注不断提高。红色文化资源历时几十年的洗礼，很多民众、不法分子有意或者无意破坏了红色文化遗产，这就使得一些重要的历史文物、见证革命历史的建筑、革命战争形成的遗址受到了毁灭性打击，大量红色文化历史资源的原生态历史感、沧桑感黯然失色。近年来，国家和边疆多民族地区的相关部门在红色资源开发过程中，已经开始注重系统的规划和科学的管理。不同地区红色文化资源的现状得到充分调查，政府牵头，同时邀请文化学者和专家对当地红色文化资源展开一系列的调研，从而对红色文化资源的保护进行科学规划，不仅合理地开发利用红色文化遗迹和文物，而且还使得这些宝贵的资源得到了高度的重视和相应的保护，实现了开发、保护和传承建设三者的和谐统一。

其次，各级有关部门在校园和社会教育过程中，开始注重对学生或者社会人士中的红色文化教育和思想传承。站在新的历史起点上，中央紧密结合新形势、新任务，出台了一系列红色文化教育和思想传承政策，这些重要的举措对加强和改进当代学生红色文化教育、将革命传统教育在社会人士中进一步深化，进行了重要部署。早在 2012 年，党的十八报告中，就对社会主义核心价值观的发扬提出了全新的要求，并且提出："广泛开展理想信念教育，把广大人民团结凝聚在

中国特色社会主义伟大旗帜之下。大力弘扬民族精神和时代精神，深入开展爱国主义、集体主义、社会主义教育，丰富人民精神世界，增强人民精神力量。"不仅如此，随着经济社会实现了跨越式发展，党和政府更加清晰地认识到，红色旅游和红色文化产品可以有力地巩固和扩大中国共产党执政的思想基础、群众基础、文化基础，在意识形态和统战方面发挥重要的作用，是一项囊括了少年儿童、青年大学生、全国各族人民的建设中国特色社会主义、坚定共同理想信念的伟大政治工程，也是弘扬和传承民族精神、加强思想道德建设、把握时代精神的历史性工程，更是推动革命老区、边疆地区经济社会发展的民心工程，是贯彻落实科学发展观、推广红色文化传承和教育、宣扬社会主义先进思想的重要思想引擎。正是由于这个原因，《2016—2020 年全国红色旅游发展规划纲要》（下文简称《纲要》）应运而生，《纲要》极大地促进了红色旅游产业和产品的普及和发展，使这种新型的红色文化教育形式加快普及。不仅如此，我国的教育主管部门也在逐步重视红色文化资源与人才培养之间的联系，认识到在人才培养过程中，红色文化资源起到了至关重要的作用。中央出台了与加强红色文化资源宣传、传承相关的一系列政策措施，包括加强政策领导，推动工作机制的运作，使红色文化的宣传工作水平与效果都得到了进一步提升。除此之外，红色文化资源的开发和产业发展在改革开放后不断推陈出新，红色文化的发展凸显出更多活力，书写出红色文化新的发展篇章，红色文化市场空前繁荣，呈现出新的发展形态，进一步推动了以红色文化为主题的多种文学艺术的创作、发展与繁荣，这些新兴的产业极大地推进了新时期的青年学生、社会大众的红色文化教育。红色文化教育的重要形式之一，就是文学作品的出现，以红色题材、革命历史题材小说的发展为例，在长篇小说的创作中，在与新的历史起点进行连接后，它们呈现出多种表达手段和新的叙事类型，电视荧幕也出现了更多形式的红色印记，比如红色影视剧的热播，说明红色文化影视已成为备受瞩目的一种文化现象，红色文化的传扬与和社会大众的接受程度已经引起了社会广泛的反响，红色文化影响力不可小觑。

最后，红色文化正在逐步适应社会民众的接受程度，民众对于红色文化的接受程度高。一方面，红色文化资源产品是一种提供精神文化享受的产品，是建设社会主义核心价值观的重要手段，有利于巩固全国各民族人民奋斗的共同思想道德基础，具有特色鲜明的资源优势和普世文化价值，已经成为中华民族宝贵的道德财富和思想财富，同时更是共产党在经历新民主主义革命历程中的宝贵思想财富。而今，红色文化资源的开发与利用形式和实现方式日益丰富多彩。红色文化本身就是民族文化在演化变化过程中，逐步形成的历史性优秀思想。它在新文化运动之后萌芽产生，在随后的新民主主义革命中不断成熟发展。它不仅包含深刻的内涵、形式多样，更是我国现阶段培育社会主义核心价值观、进行校园教育和社会教育的重要文化资源，弘扬红色文化，可以将红色文化的软实力牢牢地与国家和民族的生命力、凝聚力融合在一起。由此可见，红色文化资源是将各地区、各民族团结起来的重要力量，也是实现中华民族伟大复兴的坚强精神依靠。它体现出我国革命先辈实现国家统一的崇高信念，是那个旧社会进步人士为实现民族复兴体现出的坚定信念，更是老一辈无产阶级革命家的爱国情操。不仅如此，红色文化资源还是边疆多民族地区人民在革命工作中产生的、与全国人民共同的情感支柱。另一方面，近年来，边疆多民族地区各地各部门已经开始统筹安排专业人员对红色文化资源展开系统的调查，注重科学分类和有效开发，运用了很多新的方法和高科技手段，已经探索出了多种开发方式和实现方式，同时也开始结合群众更易接受的艺术形式和表达方式重塑和还原红色文化。例如，综合运用绘画、歌舞、影视、网络等方式，还原了红色文化原貌，更是宣传不同地区红色文化的重要方式。除多样化的形式外，边疆多民族地区的许多部门开始运用日益丰富的手段开发红色资源，利用红色资源的生动性，加强与群众的互动，还原红色文化情景，给观众带来了体验式的游览，结合身临其境的方式，真正让红色旅游资源在游客和大众的思想中更加鲜明，充分调动群众参与进来、自发传承的积极性。经过红色思想的熏陶，人们更加自觉自愿接受红色文化，在观众的参与中，红色文化资源和红色文化遗产与民众增强互动，红色教育功能也在这样的过程中得到实现。

（二）消极方面

首先，资金严重不足，红色资源开发不平衡不充分，个别地区欠缺足够开发的能力。也就是说，边疆多民族地区红色文化的传承发展，很大程度上受限于不同地区经济发展的水平。一方面，政府、社会资本和国有企业对红色文化资源的开发资金过于不平衡不充分，例如在红色文化资源的修复和保护方面，各部门投入的资金明显多寡不均，在这样的状况下，修复不同的红色文化资源所取得的教育水平和传承的效果也就必然不尽相同，边疆多民族地区不同省市的文化投资和融资能力与东部地区不可同日而语。边疆多民族地区的文化单位基本是国有事业单位，各级财政文化产业和文旅产业的投入经费常常不能满足需要。另一方面，边疆多民族地区往往处于经济社会相对落后的地区，很多红色文化资源处于边远山区之中，这就造成了文化产业和价值向外面输出更加困难。尽管边疆多民族地区近年不断加快建设，公共交通和基础设施建设得到很大程度的发展，但是由于常年欠发达的经济社会发展，历史上固有形成的观念并没有得到很好的扭转，因此，当地民众更加注重短期内见效更快的产业，而对文化事业特别是红色文化资源的投入常年不足，加之边疆多民族地区文化投资和社会建设的能力不足，区位劣势十分明显，这些原因都使得大部分边疆多民族地区吸引外部投资的能力极差。

其次，专业人才欠缺，很难开拓思维，红色文化开发和红色资源利用的相关人才短缺现象突出。现阶段，边疆多民族地区的红色文化资源开发已取得了一定程度的成效，红色文化市场正在不断扩大，然而，随着红色遗产开发和红色文化产业的壮大，相关产业的从业人员、管理人才难以满足这样一种新型文化产业、旅游产业的需要，因此大部分地区急需对红色文化产业人才队伍进行扩大和优化。专业人才欠缺具体表现在以下几个方面：

第一，缺乏高层次的管理人才，即红色产业相关部门的行政管理人才、红色文化企业的管理专业人才、红色文化开发管理人才不足。当前来看，红色文化保护与开发管理人才的学历水平较低、文化素质不足和业务素质能力较差的现象十分突出，特别中高层次的专业人才更是凤毛麟角。不仅如此，高层次的决策者往往没有树立全局观和长远观，常常不能深入地开发红色文化资源的深厚内涵，这也就决定了边疆多民族地区难以用长远的、全面的眼光控制好当地红色文化的特色和文化资源开发的方向，具体表现为红色文化的开发水平低且不完善、红色产品的创造个性化不足、无法揭示其蕴含的文化底蕴。因此，红色文化的高层次人才、产品开发人才和决策者水平的不足，严重限制了边疆多民族地区红色文化资源的开发、文化产业的壮大以及红色内涵的发掘，是红色文化资源的科学合理开发利用的反作用力。

第二，红色文化产业催生出的红色旅游产业是红色文化开发的重要组成部分，而红色旅游专业导游数量少、素质低，严重影响红色旅游业的发展。由于红色旅游资源是红色文化资源的重要组成部分，包含着厚重的历史文化内涵，是展示革命历史事件、还原革命历史风貌的重要场所，不仅如此，红色旅游还兼具爱国主义教育的使命，因此，在红色文化资源的利用中，红色旅游景区的导游需要更充分的历史文化常识来进行讲解，倘若红色旅游产品的导游没有熟知和掌握红色旅游资源的科学内涵和历史常识，仅仅做到背诵导游词的应付，则很难满足游客对于历史文化知识的需求，更加难以实现红色旅游产品爱国主义教育的效果。红色旅游产品是对参与观众进行革命传统教育和爱国主义的重要场所，这就要求相关从业的导游不仅仅是带领游客获取革命知识和历史文化，更要实现让游客受到革命传统和爱国主义的洗礼。因此从事红色文化产品解说的导游应当熟悉多种多样的德育方法，要掌握如何在让游客增加历史知识、获得革命熏陶的同时，能够加深对革命传统的接纳，这是红色旅游需要解决的问题，也就是说红色旅游景区必须有一支专业强、实力硬的导游队伍。

第三，服务人员不足，服务能力较差。红色文化产业的高素质服务人员严重匮乏。在边疆多民族地区，红色文化产品的服务人员通常都是本地人组成的，学历层次往往较低，且多数没有受过正规的培训和红色历史教育。长期以来，红色文化产品的大部分服务人员学历层次难以达到大学甚至高中，因此，红色产业服务人员不能掌握红色文化资源的深层次内涵，更是难以更好地为参观者、参与者服务。大量的服务人员不能掌握文化产业服务的基本能力，为消费者提供专业化服务的能力很差。红色文化产业开发往往忽视了对服务人员的培训，红色文化产业的服务人员无论是业务水平、知识水平还是服务意识都长期难以获得提高。综合来看，绝大部分的红色文化产品都缺乏高层次服务人才。

再次，红色文化的相关规划滞后，与城市文化发展的规划结合能力弱。一方面，边疆多民族地区红色文化资源保护的利用体制和开发机制难以与社会发展的要求相适应，执法的覆盖面和有效奖惩的机制需要提升。需要特别说明的是，非物质的红色文化遗产也是边疆多民族地区文化遗产的重要组成部分，但是在多个省级行政区的非物质文化保护条例中，并没有提及当地非物质红色文化的保护措施，使得这一领域出现了政策真空，很多地区没有将本地的非物质红色文化遗产列入省级非物质文化遗产保护目录之内，不仅体现出当地政府对红色文化认识的不充分，还体现出对文化产业的不理解。此外，对于很多破坏红色文物和一些乱用、曲解红色经典的现状往往缺少惩罚措施，对亵渎红色人物的行为也是束手无策，比如对英雄人物的恶搞和电视上反复出现的国产"抗日神剧"，政府的相关部门很少对这一现象进行整改，这一现象出现的原因就是政府监管不力、执法不严、对红色文化资源的规划滞后。另一方面，边疆多民族地区红色文化产业规划与地区综合产业发展要求不适应，使得红色文化市场化发展不足，对红色文化的市场反馈信号接收不及时，在红色文化资源的利用中往往调整不及时，这一现象尤其集中在红色旅游。由于红色旅游市场出现时间短，发展不完善，基础较差，竞争力不强，相比其他的红色文化产品，如红色电影、红色小说等，更是难以与广大群众的物质文化需要相匹配。此外，现代化城镇建设、现代工农业生产、现代化工程建设往往缺乏整体规划，红色文化遗产常常成为牺牲品，遭到严重破坏。例如：在旧城改造、拆迁中，革命旧址遭到损坏，有时其周边原生环境遭到破坏，显得格格不入，造成不协调。很多红色文化遗址在社会主义建设、扩建新城运动、改革开放工业和社会建设运动以后，被大量摧毁或拆迁，仅仅小部分被完整地保留下来。

最后，边疆多民族地区对基层党建引领的红色活动往往没有得到足够的重视。红色文化是社会主义先进文化的重要内容，也是开展基层党建工作的重要文化资源。对边疆多民族地区而言，引领红色文化发展，基层党组织还需要在以下几个方面做深入工作：第一，红色经济开发方面仍存在短板。基层党组织肩负引领红色文化发展、推动红色文化资源开发的重要任务，基层党组织对发展优劣势的认识上仍存在偏差，目前仍存在发展思路不清、红色文化认知不足、发展渠道不宽等问题。在下一步的相关工作中，仍应将继续增强红色文化保护与开发能力视为基层党建引领红色文化发展工作创新的重要任务。第二，维护多民族地区社会和谐能力不足。维护社会和谐稳定是基层党组织的主要任务之一。目前，边疆多民族地区在经济实现快速增长的同时，依然存在着一些不稳定因素，在一些民族宗教地区，由其红色文化的发展基础薄弱、民族群众封闭落后等因素，这些地区的发展受到了限制，要实现红色文化教育、宣传的合理发展，就需要探索民族宗教地区红色文化保护的宣传和发展机制。基层党组织仍需不断探索这些问题的解决方法。第三，边疆多民族地区由于历史和地理等原因，可能出现民族情况复杂、经济发展相对落后、地理位置不利等现象，与其他地区相比更容易受到"三股势力"（即暴力恐怖势力、民族分裂势力、宗教极端势力）的影响。"三股势力"宣扬狭隘的、极端的民族主义，制造民族矛盾，挑起民族仇恨和民族对立，对边疆地区少数民族人民对中华文化和国家认同造成了巨大的破坏力，更使得红色文化在某些多民族地区的宣传举步维艰。第四，推动红色文化事业发展能力的不足。虽然边疆多民族地区基层党组织在社会事业发展方面取得了良好成绩，但也存在一些问题。如：红色文化的调查研究、保护措施和财政计划虽已有序进行，但基层党组织在政策宣传、政策落实方面还未达到预期效果，工作推进情况并不乐观、难度较大。所以，将红色文化融入基层党建工作中，以红色文化指导基层党组织的思想建设、制度建设、作风建设，不断提升基层党组织的凝聚力和战斗力的需要日渐迫切。

二、边疆多民族地区红色文化资源保护与传承的相异特征情况分析

（一）东北边疆多民族地区

一方面，财政和人才支撑不足。在红色文化遗产的保护、开发、利用和继承过程中，充足的资金是一切顺利运转根本保障。而在边疆多民族地区，大量具有重要意义的革命遗址、红色文化遗留分布在距离市区遥远的偏远山区，这些遗址的保护和维修都需要大量的资金支持。目前，整个东北边疆多民族地区尚未设立专门资金，针对红色资源进行保护和开发。红色文化资源的开发是基层财政难以负担的，成为开发红色文化的重要基础瓶颈。不仅如此，红色文化建设过程中，

可用之才相当缺乏。一是因为东北边疆多民族地区红色文化研究力量十分薄弱，少有针对东北边疆多民族地区历史及红色文化建设开展的学术活动，红色课题和研究成果都没有引起足够重视。二是因为数字化、信息化技术不断变化，红色文化遗产的保护更需要专业性人才，文物保护的技术性人才相对匮乏。

另一方面，应付检查心理普遍，尚未使红色文化资源保护传承发展体系呈现良性循环，缺乏对红色文化资源的良好开发和合理利用。东北边疆多民族地区红色文化旅游不充分，资源整合能力很差，旅游项目呈现极度趋同的趋势。没有将地方红色资源与民族红色文化的大局相结合，也没有打破原有的行政隶属关系，无法整合许多省市共享的旅游资源，具有很强的独立性和区域保护主义。

（二）西南边疆多民族地区

第一，红色文化资源内涵挖掘不充分，在西南边疆多民族地区红色文化资源的开发与利用中，认识观念还较为薄弱，还需要进一步提升。红色文化资源的内涵没有得到充分挖掘。在西南边疆多民族地区红色文化相关资源的开发利用工作进程中，存在对红色文化资源的认识存在明显不足、秉持观念有待进一步完善等问题。一些干部、群众，特别是领导干部在以经济建设为中心的指导下，并未对新形势下爱国主义教育和革命传统教育的重要性产生深刻认识，对开发和保护红色文化资源的工作热情也没有达到应有高度。一些地方缺乏对爱国主义教育基地建设的相应规划，资金投入力度较小。一些革命历史文物的保护力度与红色文化资源的宣传力度均存在较大提升空间。此外，工作开展并未使红色文化的内涵与消费者的现实生活产生直接关联。

第二，红色文化资源丰富但保护力度不足。大量红色文化遗址遭到较大程度的损毁，同时缺乏相应的保护举措。在这一地区，大量革命遗址年久失修，损毁严重，在现有条件下，原貌恢复几乎成为不可能，甚至很多红军旧址因为各种原因被拆毁。红色文化遗址是新民主主义革命这一艰难历程的见证，必须得到足够的重视和保护，但由于当地政策的历史局限性，它们并没有得到应有的重视、保护和修缮，大量遗址在市场经济建设中被拆除，体现出当地政府在市场化进程中的急功近利。不仅如此，当地红色旅游出现了与现实情况不符的荒诞场景，在对红色文化资源的开发利用与再创造的过程中，当地红色文化产品受到市场经济趋利风潮的影响，并没有将产品深入红色文化资源的内在含义中，甚至人为曲解、捏造事实，盲目赋予新含义，将红色文化庸俗化。忽视了红色文化资源的精神内涵，也就失去了红色文化的教育意义，很大程度上使得红色文化资源宝贵内涵遭到浪费与破坏。

第三，文化资源开发与科技结合不足。红色文化资源的开发潜力没能深入开发，只能够开发红色文化旅游，少见其他形式。受到中华民族传统教育模式的影响，红色文化资源的开发仅仅突出了宣传教育的功能，十分僵硬，仿佛为了教育而教育，游客的心理需求完全没有受到重视，更未考虑到消费者的想法，景区普遍存在着基础设施单一、游客参与性不强、没有与时俱进等问题。因此，将声、光、电技术与展览相结合，可以大幅度提高消费者的观感，给人以沉浸式的体验。

第四，在具有丰富的红色文化资源的地区，相互之间联动性较弱。区域旅游合作是跨区域的共同行动，由于制度化建设缺乏，而且需要涉及的政策和机构层面较多，区域间的利益牵扯和责任分割也十分复杂，所以大量的区域合作就只能停留在口头协议和意识沟通上。

（三）西北、北部边疆多民族地区

第一，政府规划不足，整体旅游资源中，红色物质文化遗产作为重要的文化资源在西北地区所占比重很小，西北、北部边疆多民族地区的红色文化开发水平和开发能力相当欠缺，红色文化的带动效应很小，难以做到引领。以红色旅游的相关产业为例，这一地区的旅游产品还停留在一种选择性的旅游产品上，相比其他爆款旅游和大众性旅游产品，红色旅游开发的力度和思想宣传深度，都仍然处于一种刚起步的水平，大量革命旧址，如红色人物纪念地、红色文化景点竟然还未对游人开放，由于幅员辽阔，很多景点交通不便，红色旅游线路不成熟。下沉到县乡一级，基层领导层面并没有足够重视，很多地方领导没有转换工作思路，仅仅将目光放在开发投资见效快的风景游上，有时会积极开发农家乐等项目，成效慢、周期长的红色文化资源往往就会被忽视，内涵的挖掘和利用更是无从谈起。

第二，红色文化资源内涵挖掘不充分。西北、北部边疆多民族地区红色文化资源的挖掘和利用，大部分都并没有经过缜密的设计和分析，导致产品的创新力欠缺，这个现象主要是因为内涵挖掘不充分。时至今日，这一地区大量被开发的红色文化资源产品完全没有适应市场的要求和顾客的需求，没能满足广大消费者"体验经济"的需要。与此同时，产品的单一降低了这些红色文化衍生品的吸引力，这类产品往往对顾客的吸引力不大，消费者根本不会在此类产品前逗留，这就不利于红色文化资源的产业链条的拓展、进而影响红色文化资源的内涵挖掘，具体表现在以下几个方面：

首先，红色文化遗产的元素未能得到充分发掘。红色文化产品在设计时往往更注重产品本身，而对红色文化中深层次的元素挖缺只是浅尝辄止，没有将红色文化元素充分研究透彻，完整地展示出来，更无法实现和红色文化产品的无缝连接。西北边疆地区是我国的一个红色文化资源聚集地区，拥有大量红色文化遗产，但是当地政府在设计红色文化产品之时，没能用心思对这些文化资源进行深度挖缺和整合，并结合起来开发系列产品。

其次，产品开发中，消费者的体验感往往被忽视。正如前文所言，很多边疆多民族地区红色文化的产品发展稚嫩，市场化体系还处于初级阶段，这样产生的红色文化产品是脱节的，往往是片面的、不生动、不活跃的，因为它没有做到与消费者进行交流，消费者并没有成为这些文化产品的沟通者而只是旁观者。此外，文化产品静态式的商品陈列方式，降低了对游客的吸引力，甚至有些产品在生产之初，就是过时的产品。因此，如何推陈出新，淘汰与市场脱节的红色文化产品，如何综合运用声、光、电等现代科技手段来改造和升级落后的红色文化产品更是迫在眉睫。

最后，相关文化资源融合发展欠缺。当地政府在红色文化资源的开发和文化产品的创新过程中，想法不够丰富，其实可以与其他文化或者旅游资源开展融合，共同发展。红色文化的产品设计往往没有将眼光脱离红色旅游、红色文创产品这两个方面，当地的特色文化、优美的都市风貌、天然的生态旅游、精彩的民俗特色往往没有进行融合发展，没能展现自身特色文化产品的多层次和红色文化的多元化内涵。红色文化产品在设计过程中，可以与精品红色文创产品进行融合，可以与周边红色旅游景区融合发展，可以与大品牌联名融合发展。

第三，与当地宗教、民族文化结合不到位，民众接受程度普遍较低。改革开放以来，边疆多民族地区经济社会的持续发展、群众生活水平的提高，为这些地区的文化发展提供了坚实的物质基础。近年来，边疆多民族地区的经济状况取得了长足发展与巨大改善，社会发展卓有成效，无论工业还是农业，发展都成绩卓然，但与中东部地区进行横向比较，差距则显而易见。发展具有民族和地域特色的文化产业是丰富民族地区文化产品与服务供给的重要手段，更加有利于激发少数民族群众消费能力与文化创造自觉，进而满足少数民族群众日益增长的文化需求，更是民族地区合理开发与利用丰富多样的自然与文化资源的必要手段，进而推动少数民族地区团结和睦、少数民族文化创新发展。正是红色文化产品发展基础薄弱、红色文化产业起步较晚、红色文化产业相关从业人员专业化程度和规模较低，成为制约我国少数民族红色文化产业的规模的重要原因。红色文化资源的开发并未与民族地区经济发展与社会进步形成紧密联结，甚至出现脱节。在民族文化与红色文化相融合的过程中，融合手段和方法过于单一，或者只讲求文化效益、社会效益，忽视了经济效益。过去，红色文化交流活动的总体计划尚未得到大规模推广和实施，因此总体优势尚未显现。西北、北部边疆多民族地区的管理体系呈现出碎片化的趋势。不同民族文化与红色文化之间的交流通常是依据不同的政治部门、不同的行政区域或不同的民族独立进行的，没有全面的目标计划。红色文化的主题很明确，但主导整个文化的交流主题常常被忽略。由于上述原因，西北、北部边疆多民族地区的民族文化和红色文化交流资源尚未整合。因此，红色文化的发展不仅造成了宝贵的红色资源的浪费，而且也没有将这些文化融合而产生预期的效果。民间文化和红色文化的传播通常根据行政执法以官方的民族文化和红色文化的形式进行。这不是自然的动态交互。有关政府行政部门没有正确的政策指导，甚至没有理会这种情况，从而大大降低了民族文化与红色文化之间交流的质量和效率，并增加了其在西北边境多民族地区融合的难度。

第四，市场化程度低，政府工程作用于社会效益的效果不清晰。各地政府红色文化资源保护和开发方面投入难见成效，实现有效开发利用的难度巨大。只有投入大量的资金支持，红色文化资源的保护和利用工作才能得以有效开展，不仅如此，只有开发建设完成且符合市场导向，才能产生效益。在前期工作中，大量的资金投入、历史研究、专业研究等都是必不可少的条件，且工作中需要充足资金投入和大量人力用于走访当事人、深入档案资料馆、全面深入搜集资料，核实遗址相关信息，在专业研究的过程中需要在每个现场逐一测量获取数量庞大的图片资料和残存遗留物。此外，资金支持也被用于前期的开发和保护工作中。

第四章　边疆多民族地区红色文化资源保护与传承机制研究

第一节　边疆多民族地区红色文化资源保护与传承的内部影响因素分析

一、边疆多民族地区红色文化资源保护与传承的内部影响因素的多维度分析

（一）边疆多民族地区红色文化资源保护与传承的基础条件

第一，思想基础。中华民族五千年流传下来的优秀传统文化。红色文化并非天生源起于中华大地，而是经过五千年来中华传统文化的继承和发展，才形成了具有顽强生命力的文化体系。中华文明经过五千年发展，形成了以爱国主义为核心的民族精神，此外，随着中国进入近现代，中华民族还形成了极富创新性的时代精神，民族精神的传统性和时代性相辅相成，二者共同形成了中华民族和中华文化的创新性和民族基因。红色文化是民族精神的产物，也是中华民族时代精神的体现，是中华优秀传统文化在新民主主义时期的新发展、新继承。在中国共产党领导下的革命时期，共产党人和广大群众共同造就了"爱国爱民、坚定信念的精神，不怕牺牲、无私奉献的精神，万众一心、不畏强暴、抵抗侵略追求和平的精神"等优秀的精神品质。这样的优良精神品格与中国优秀传统文化中"苟利国家生死以，岂因祸福避趋之""四海之内皆兄弟也，君子何患乎无兄弟也？"以及"天行健，君子以自强不息"等传统文化和精神美德不谋而合。

第二，理论基础。中国的红色文化是马克思主义中国化、近代中国社会背景、中华文化相结合的产物。换句话说，红色文化是马克思主义在与中国实际相

结合的过程中产生的。红色文化十分重视群众的主体地位，马克思主义唯物史观也与这一观点相重合，两种文化都将群众放在历史发展的动力、社会进步的决定性力量的位置，后者更是进一步发展，提出要全心全意为人民服务。关于共产主义的崇高理想，马克思主义历史观得到了很好的说明：它推崇集体主义的价值观，认为"只有在集体中才可能有个人自由"。由此可见，马克思主义认为，个人对社会或集体的价值，才是一个人最重要的意义，个人利益与集体利益的统一是实现个人价值的最重要途径。红色文化提倡"毫不利己，专门利人""个人服从集体""大公无私"的价值观。

第三，阶级基础。在《德意志意识形态》一书中，马克思明确指出，社会意识属于社会的上层建筑，所以文化在阶级社会中是有阶级性的。中国的红色文化以无产阶级为实践者，代表的是以工人阶级为主导、包括农民阶级和先进知识分子等在内的广大群众的意志，为最广大人民服务的文化。俄国的十月革命给广大的工人阶级、中国人民带来了黎明，工人和农民阶级所蕴含的力量展现出来。1919 年，新文化运动这一革命运动由陈独秀、李大钊等人发起，促进了中国人民，特别是知识青年的觉醒，从这一刻开始，中国工人阶级开始登上历史舞台并逐渐引领历史发展。中国的工人阶级不断成熟和壮大，并在社会革命中愈发活跃，是红色文化产生的阶级基础。

第四，实践基础。红色文化的形成，是中国人民在中国共产党领导新民主主义革命的实践中逐渐形成的。在马克思主义的范畴内，社会存在决定社会意识，所以社会实践决定了所有文化的形成和发展。红色文化作为先进的社会文化，来源于社会实践，这种社会实践，就是特定历史时期，中国群众在中国共产党领导下所进行的革命的伟大实践。1919 年以来，新民主主义革命如火如荼地进行，在这样的历史条件下，革命实践是中国红色文化产生和发展的最本质的实践基础。也可以说，在中国共产党的领导下，广大群众实践的过程中，结合马克思主义，红色文化才得以出现和发展。红色文化的内涵是多方面的，中国共产党的领导精神、群众的普世意义、新民主主义革命时代精神都体现在其中。中国红色文化发生和发展的历史，同样也是中国人民进行新民主主义革命的历史。在这样优秀的精神指引下，中国人民曾经取得了新民主主义革命的伟大胜利，当下，中国广大群众推进中华民族伟大复兴的强大精神动力之一便是红色文化。

（二）边疆多民族地区红色文化资源保护与传承的内在挑战

第一，红色文化资源认识不足。长期以来，各地区、各部门甚至是普通民众对红色文化资源的价值认识不足，导致在城市建设与经济发展过程中红色文化资源被破坏的现象时有发生，对于红色文化资源价值认识推广程度与预期不符的原因主要有以下几个方面：

首先，思想认识不高。由于边疆多民族地区地处边远地区，经济比较落后，群众观念有些陈旧，对红色文化资源的价值认识不足，没有认识到红色文化拥有的经济价值、教育价值、历史价值，没有意识到红色文化资源可以转化为现实生产力，对红色文化资源的价值认识不高。

其次，认识过于片面。目前边疆多民族地区政府更倾向于关注某个红色旅游景点或红色旅游线路的保护和开发，但对红色文化资源的整体认识和研究的工作开展情况不容乐观，基本处于探索阶段，忽视了非物质文化资源内在的精神价值追求，这就导致无法承载红色文化资源的内核，即文化内涵和革命精神。

最后，保护意识不足。特别是随着城市经济的发展，边疆多民族地区城市建设取得了巨大的成就，但在这样快速发展的过程当中，忽视了对红色文化资源的保护，忽视了统筹红色文化资源与现代城市假设、城市基础设施建设的关系。地方政府财政收入有限，没有足够重视对红色文化资源进行保护，红色文化资源的保护性资金投入也往往不够充足，使得红色文化资源保护严重滞后。此外，相关部门对破坏红色文化资源的行为没有制定相应的惩罚措施，导致当地居民红色文化保护意识较差，从而发生了许多起破坏行为，导致当地人破坏红色文化资源行为时有发生。

第二，红色文化资源保护的不完善。随着国家对经济的重视和各边疆多民族地区改革开放成果的不断涌现，边疆多民族地区城市的经济水平得到了巨大改善，城市建设稳步推进，然而，聚集在城市中的红色文化资源屡屡被城市建设所破坏，归根到底，可以总结为边疆多民族地区政府对红色文化资源的重视不够，保护力度不足，具体表现在以下几个方面：

首先，城市建设规划时，忽视了对红色文化资源的保护。边疆多民族地区的红色文化资源包含了大量都市聚集的文化资源，但是随着现代化建设和城市建设的快速推进，许多城市的面貌发生了根本性的改变。边疆多民族地区的许多城市在城市建设中，不重视规划红色文化，导致遗产严重损坏，蒙受巨大损失，使得红色文化资源的保护与城市的迅速建设之间产生不可调和的矛盾。而上述问题之所以出现，就在于红色文化资源原生环境保护无法与现代化城镇建设相协调，也可以说，边疆多民族地区的市政管理部门没有将红色文化资源的保护纳入城市建设总体规划。

其次，保护机制不健全。边疆多民族地区的城市管理部门忽视了对破坏红色文化资源的行为采取完善的相应处罚措施，当地人随意地破坏红色文化资源，这些行为没有违法成本，使得破坏者肆无忌惮。当地政府制定的保护机制不健全，保护红色文化资源的法律、法规体系不健全，红色文化资源的调查研究不完整，其中有些红色文化资源的资料甚至是空白的。

再次，居民没有参与到红色资源保护中。在历史文化资源保护的过程中，当地人民是最为重要的参与者和实践者。如果当地居民对红色文化资源保护的参与性低，没有身体力行地自发保护红色资源，同样也会影响边疆多民族地区红色文化资源的保护水平。居民并没有从政府和社会对红色文化资源的价值、资源的保护重要性的宣传中深刻认识到红色文化资源保护的重要性，参与性较低，导致意识较差。

最后，资金投入不足。许多红色文化资源在过去很长一段时间里都处在保护不足、修缮不力的状态，红色文物或非物质文化遗产在难以留存的情况下更难言弘扬和传承。边疆多民族地区的很多地方政府没有将红色文化资源保护资金纳入到当地政府财政预算中，其实，红色文化资源的资金筹措，也不可以单纯仰仗政府的财政投入，引导社会资本进入红色文化资源的保护也应得到充分的重视。

第三，忽视了相关资源整合。由于历史原因，边疆多民族地区的红色文化资源分布往往比较分散，因此红色文化资源天然整合困难，保护、开发和传承力度也不足，其具体表现在以下几个方面：

首先，决策政出多门。一个完整的红色文化资源或者红色非物质文化遗产有时会因为行政管理部门的差别，而被人为地区分开来，使得一个完整的红色文化资源被分割成多个部分。"多龙治水"局面的产生和存在，不利于合理而高效地整合某一特定区域内的红色文化资源，对最大限度发掘红色文化资源的优质内涵产生了消极影响，对妥善规划红色文化资源与当地的文化传统的关系以及红色旅游跨越式发展都十分不利。

其次，追求部门利益。部分红色文化管理部门过分强调局部利益，因为责任和利益的划分，区域文化整合开发合作无法开展。个别地区甚至为了本区域内的局部利益，拒绝与周边地区交流合作，死死守着一些红色文化资源"寸步不让"，让本来完整的红色文化资源割裂开来，被人为地破坏，红色文化的形象呈现出点状分布的特点。各行政区域往往只顾及发展本地的红色经济，而忽视与其他行政地区的合作，阻碍了生产要素在红色文化资源里的合理配置，引起了劣性竞争，造成大量的矛盾，如利益冲突、抢夺客源等。由此可见，管理体制的死板、经营的混乱，成为制约红色文化产业大跨步发展的重要因素。

最后，陷入思维定式，没有大局观、发展观。边疆多民族地区在对红色文化资源进行保护、开发和利用的过程中，总是认为红色文化资源就等同于发展红色旅游，形成了固定思维，然而，这种思维与文化资源开发和旅游理念的趋势南辕北辙。随着现代旅游业的发展，融合旅游的理念已经广泛进入游客心中，这意味着旅游资源不仅是红色旅游资源的单一项目，可以融合生态、历史文化、自然地质地貌、民俗等多种形式旅游资源，仅仅以红色文化来吸引游客，开发旅游业，就会让红色文化资源开发出来的产品单一枯燥，没有新意，大大降低了红色文化对游客的吸引力。

第四，红色文化市场和产品的宣传相对滞后。近年来，国家对红色文化的发展越来越重视，利用红色文化产品对社会进行教育已经成为国家机关和企事业单位进行爱国主义教育和革命传统教育的重要方式。红色旅游景区的游客逐年增长，红色产品也越来越多，但市场的竞争无时无刻不在变化且日益激烈，红色文化的消费者需求也在不断变化之中，红色文化产品被动的营销模式必须做出改变。红色文化产品市场营销相对滞后体现在以下几个方面：

首先，政府相关部门的资金投入不足。从宏观上来看，各级政府相关部门对红色文化产品的营销往往没有引起足够的重视，因此这方面的财政投入也不够，更有甚者，一些边疆多民族地区的区县对红色文化产品营销投入几乎为零，个别地方还存在挪用红色文化专项基金的现象。另外，也没有吸引社会公益资源、民间资本、旅游相关企业共同参与红色文化产品的营销。

其次，宣传手段滞后。许多红色文化产品还停留在通过广播、电视宣传和广告的方法上，有的甚至还在使用人工宣传的旧方法，忽视了运用新媒体为文化产品营销的手段。进入21世纪以来，信息技术的发展日新月异，使得网络充斥每个现代人的生活，在改变了人民认知水平的同时，也时刻改变着群众的需求，灵活并且善于运用网络、聊天软件、微博、短视频等新媒体对红色文化产品进行营销成为当务之急。不仅如此，许多红色文化题材的影视作品宣扬了红色文化，相关部门却忽视了这一重要途径，几乎没有见到运用红色电影宣传的手段来推介红色文化产品的例子。

最后，没有品牌优势。红色文化产品营销成果不显著的另一个重要原因，就是各具特色的红色文化产品没有形成明显的红色产品品牌，忽视了对红色文化产品的创新，没有找到适合自身产品的特色营销方式，忽视了红色文化产品组合营销和特色营销手段的运用。目前，边疆多民族地区红色文化产品很少形成具有世界或者全国知名度的红色文化产品，除了少量红色景区的旅游路线以外，大部分红色文化与旅游产品并未达到预期的知名度与推广度，这就使得发掘红色文化资源自身内涵相关工作迫在眉睫。只有各个地区加快树立多个较高知名度或区域特色的红色文化品牌，才能扩大该区域红色文化的影响力。同时，要充分研究内地红色文化产品和旅游区，如江西南昌、陕西延安、河北西柏坡、山东枣庄、贵州遵义等地区，已经具有了很高的全国知名度，要避免与它们的形象相重合，坚持树立具有地区特色的品牌优势，强化品牌化营销战略。

第五，红色文化遗产区域合作力度较小。随着文化产业市场化程度的不断提高，文化产品之间的竞争愈演愈烈，进一步加强红色产品之间的合作和区域化发展成为特别重要组成部分，然而红色文化遗产的开发在区域合作方面力度不强，具体表现在以下几个方面：

首先，相关制度尚不完善，缺少有力的制度化建设，没有可操作性而言。区域红色文化开发合作，是红色文化跨区域、跨省份的共同行动，需要大量各层次的协作，区域间的利益牵扯、责任的分割也十分复杂，所以想要建立区域旅游合作机构，必须要制定一些操作性强、切实可行的方案，这一点在红色文化发展的过程中显得尤为关键，否则合作就只能停留在口头上。

其次，区域协作深度不够。想要开展区域旅游合作，就要坚持旅游要素的合理配置，确保各种资源要素自由流通，这是因为红色文化资源具有不可移动性的特点，但一个区域内的扶持资金、从业人员、企业等要素可以充分流动，可以运用市场竞争的公平性进行开发。目前，红色旅游的合作更多体现了市场营销的内容，红色文化形象推广方面也有一定发展，而在旅游其他要素的合作还有待加强。

最后，地方保护主义导致过分强调局部利益。很多地区过分强调局部利益，贪图蝇头小利，区域旅游合作难以实现。

第六，红色文化资源的内涵在传播和教育方面的问题尚待解决。从宏观角度来看，目前边疆多民族地区的红色文化资源开发和利用欣欣向荣，体现出参与者数量大、发展活力旺盛的趋势，同时也存在文化传播和革命历史教育方式过于单一的问题。从传播的方法看，充满了自上而下的说教，这仍然是边疆多民族地区红色文化传播方式中最主流的传播方法，其结果可想而知。具体体现在以下几个方面：

首先，一些地区出现了"反文化"现象。在边疆多民族地区红色文化的传播过程中，有很多个人和企业并没有从传播红色文化的立场出发，他们为了获取一己私利，扩大经济利益，用传播各地红色文化作赚钱的金字招牌，并以此掩盖自己追求物质、背离红色文化的不良做法。更有甚者，一些企业或者个人为了追求经济利益，对红色文化进行曲解，红色文化的意义被恶意改造甚至抹黑，红色文化价值观不断淡化，只是简单、片面地从传播红色文化中获取收益。红色文化中蕴含着自强不息的奋斗精神、爱国主义情怀的革命信仰，一些企业和个人以商业化的方式，对这些宝贵的文化内涵拆解、利用，扭曲了保护红色文化遗产的意义，达到追求经济的目的，歪曲了当地人民对红色文化的认识。

其次，红色文化的宣传途径落后。现有的红色文化传播途径单调、方式陈旧，这就使得其难以融入群众生活中，拓展和创新红色文化的传播途径已经迫在眉睫。目前，边疆地区群众了解红色文化的方式主要是通过红色电影、红色歌曲等传统途径，而诸如红色网站、红色公众号等新媒体发展不充分。然而，网络新媒体已经成为一种最新最便捷的传播方式，成为边疆多民族地区群众了解红色文化最为方便快捷的方式。由此可见，仅凭现有的传播途径，难以收到成效，会使得红色文化的传承滞后，这是红色文化与群众生活脱节的重要表现。然而，很多边疆多民族地区目前还未建立任何一个地区的红色文化资源的综合性、完整性的红色文化官方宣传网站。虽然很多专门性红色网站已经建立，但是数量也很少，而且这些专门性的红色网站普遍存在着信息更新落后、观众互动少、关注度低、网站内容枯燥、缺乏乐趣等问题。而其他宣传方式，诸如关于不同地区红色文化的微电影、红色文化小游戏等新型宣传方式则几乎没有出现，虽然有些地方较大的纪念场所已经建立了自己的微博或者微信、QQ 交流群，但这仍然是一个小众的组织，广大人民群众对它们的关注度一直很低，交流群或者微博活跃度低，仅有的少量成员也非常不固定。

最后，受众的教育成果较差。可以说，受众在任何一种文化传播过程中，都处于最为重要的位置，因为他们是所有文化传播的最终归宿，受众接受文化的程度决定了一次或一个阶段文化传播的效果，红色文化传播的最终目的也不外乎使受众接受程度提高。然而，通过调查可知，尽管边疆多民族地区的不少群众能认识到这些优质的红色文化所蕴含的意义和价值，但是也只处于"听说过，但不是很了解"的阶段，造成这个结果的原因是多方面的，不仅是上述的多个原因导致的，另外一个很重要的因素是没有实现红色文化与学校教育的完美融合，边疆多民族的教育部门普遍对校园红色文化教育重视不足，建立一套从小学、初中、高中到大学的红色文化教育体系已经迫在眉睫。

（三）边疆多民族地区红色文化资源保护与传承的外在隐患

第一，多元文化的冲击。随着经济社会的不断发展，改革开放的不断深化，我国呈现出了多种价值取向的文化相互交织和相互渗透的复杂局面，逐渐形成多元的文化。多元文化的存在，给红色文化的传播和传承、红色资源的保护带来了巨大的挑战。首先，多元文化中的非主流的文化削弱了社会大众对红色文化的认同感。尤其是近年来西方新自由主义思想袭来，对青少年的成长影响甚重，它通过经济交流和日常沟通等方式，潜移默化地降低了青少年对红色文化的认可度。加之红色文化产生的时代环境是在新民主主义革命时期，与当今经济社会大发展的环境有着巨大的差别，人们对红色文化的认可度不断降低，红色文化在多元文化中更容易被忽视。其次，非主流文化一定程度降低了红色文化的凝聚力。凝聚力的缺失降低了社会的内聚力，难以引导人民进行社会主义建设、号召群众凝心聚力进行社会改革。

第二，社会错误思潮的误导。当前，我国的社会思想形态领域中，存在多重明显歪曲的理念和错误的社会思潮。今天，互联网快速发展，错误思想的传播悄无声息，同时还有很强的迷惑性。而这些扭曲的社会思潮的传播给边疆多民族地区红色文化资源的挖掘与运用带来了巨大的挑战。一方面，这些社会思潮不断快速地占领互联网各个角落，侵占了红色文化的传播空间；另一方面，错误的社会思潮往往通过攻击主流文化和传统认知，严重威胁了红色文化的根基。

第三，自然环境因素。边疆多民族地区自然环境往往比较复杂，这些地区的红色文化资源主要分布在交通闭塞、自然环境恶劣的"老少边穷"地区，这固然使得这些地区的红色文化资源保持着较好的自然生态环境，历史文化建筑或者遗存的整体环境获得了完整的保留。然而这样的自然环境产生的弊端也十分明显，那就是普查和保护难度较大。边疆多民族地区的红色文化遗址、红色文物、人物纪念馆和博物馆等由于位置偏远，在面临文物普查和保护的问题时，往往使当地主管部门鞭长莫及，普查和保护力度不足，尤其是面对拆迁或者搬离等情况时，很多建筑往往因为年久失修，已经很难加以保护和利用了；而且有些地区的民众所受的教育不足，很多红色文化资源所在地的群众还没有对红色文化资源保护形成牢固的意识，当地相关部门也很难及时获得红色文化资源的信息，加上一些地区管理体制和权责不明确，使得许多边远地区的红色文化资源毁损严重。

（四）边疆多民族地区红色文化资源保护与传承的政策环境

中国特色社会主义文化制度建设大力倡导红色文化，这为红色文化的发展和传承提供了制度前提，保障相关机制的有效运行。

《中华人民共和国文物保护法》已然成为现有法律体系中针对红色文化遗产保护工作最重要的法律，2008 年，颁布的《关于加强革命文物工作的若干意见》（以下简称《意见》）是直接对红色文化遗产保护的法规。边疆多民族地区各级行政单位在《意见》的指导下，逐渐对辖区内的红色文化遗产进行普查，根据其珍贵程度，这些地区大部分的红色文物进入了文物保护名单中，各级政府进行了相对应的保护措施。

各级文物保护法律、法规都只能解决红色文化物质遗产的法律保护问题，而红色文化非物质遗产则未有涉及；虽有 2011 年 6 月 1 日实行的《中华人民共和国非物质文化遗产保护法》指导大部分非物质文化遗产的保护工作，但由于非物质红色文化遗产存在传承主体不明确、传承范围超越地域限制等特点，如果只依靠此法，非物质红色文化遗产的法律保护工作推进难度与效果都难达到预期目标。

根据相关法律法规，地方政府享有对文物保护、非物质文化遗产保护的部分行政立法权，因此，政府的权力范畴涉及规划编制委托方、规划评审，指定编制规划的科研机构。如根据《全国重点文物保护单位保护规划编制审批管理办法》规定，全国重点文物保护单位保护规划由所在地县级以上人民政府编制，由省级文物行政部门会同建设规划等部门组织评审。立法机关在红色文化遗产和非物质红色文化遗产明显缺位；很多民间资本为了追求利益最大化，妄图通过利用文化遗产，弄虚作假，讨好政府以求制定对自己有利的规划，获得物质利益；而根据相关法律法规，政府决定科研机构委托和评审，然而此过程中科研机构只以顾问身份参与其中，并未发挥真正作用；社区的参与程度更是微乎其微，遑论与其他机构进行沟通，甚至在具体实施中最后可能会与其他保护者相冲突。

而边疆多民族地区更为复杂，各省市不同的红色文化遗产和非物质红色文化遗产由于主管单位的不同，存在多头管理的现象，难以统一，如革命烈士陵园、遗址公园、博物馆分别归属于民政局、园林局与文物局，文物局只能起到监管作用。与此同时，由于红色文化遗产和非物质红色文化遗产的保护资金来源的复杂性，难以确认专项拨款是否完全用于红色文化遗产的开发保护，更有甚者以出卖物质红色文化遗产来获取经济利益。

由于政府投入的人力物力不可能对红色文化保护工作的各个方面都提供相应支持，在未曾涉及或投入相对较少的领域红色文化遗产的破坏情况不容乐观。

（五）边疆多民族地区红色文化资源保护与传承的开放发展程度

红色文化交流作为文化交流的一个重要分支，经过十余年的发展，红色文化遗产开始在国内、国际上形成一定的影响力，表现在以下方面：

第一，与红色文化遗产相关的红色人物和历史事件正在逐渐被国际社会接纳。红色文化遗产汇聚了近百年来优秀的中国共产党员、革命英烈和国际友人，比如毛泽东、邓小平、周恩来等。他们在国际上有着很高的声望、独特的人格魅力，吸引着一大批国外友人来中国参加红色文化的活动，参观学习红色文化遗产；此外，与红色文化遗产相关的文化事件国际知名度也在扩大影响力，比如与反法西斯战争相关的"东北抗日联军""中国远征军"等事件在国际上产生不小反响和共鸣，红军长征也在国外引起了巨大的轰动和强烈的反响。

第二，中外红色文化交流活动日益频繁。边疆地区都是与邻国接壤的地区，因此有着与周边邻国文化交流的区位优势。中国国家旅游局曾经先后与韩国、蒙古国、俄罗斯、越南等国开展过多种红色旅游和红色文化交流活动，共同开发红色文化资源。不仅如此，各边疆多民族地区还自发举办各种活动，推动红色文化旅游国际交流，积极创建红色文化产品品牌，取得巨大反响。

第三，边疆多民族地区文化与内地中国传统文化的交流。汉族与各少数民族也是相互依存的，汉族与少数民族相依，少数民族与汉族相连，各少数民族之间也都相互依存，中国内地红色文化和少数民族地区的红色文化也是如此。而且，随着各民族相互融合、共同繁荣，彼此间的文化依赖性进一步加强，文化共性增多进一步使得边疆多民族地区红色文化与内地中华传统文化高度融合成为可能。其实，中华民族形成的历史已经证明了这点。中华传统文化是一种吸收了多种外来文化、多元并存的文化，尽管内部存在多种差别，发展水平不尽相同，但都拥有共同的价值观，具备了高度融合的基本点。在经济社会快速发展的今天，国内文化的多样性，也是多种文化的融合。虽然边疆多民族地区所处地域、宗教信仰、生活习惯、传统节日甚至民族风俗天差地别，但作为中华民族大家庭的一员，边疆多民族地区的红色文化成为以爱国主义为核心的民族精神内核和以改革创新为核心的时代精神内涵。可以在中华同质文化的内部融合当中有意识地加以引导和培育核心价值观。中国古代的优秀传统文化不胜枚举，广泛存在于现代社会公众的一言一行中，这是中华传统文化和红色文化的强大生命力的典型表现方式。当然，正因如此，才使中国传统文化在具有包容性固本属性，同时也保持着民族地区红色文化独特优势。

二、边疆多民族地区红色文化资源保护与传承的内在驱动及内在影响因素体系构建

（一）边疆多民族地区红色文化资源保护与传承的内在驱动及制约因素分析

边疆多民族地区红色文化资源保护与传承的内在驱动表现在多个方面，具体表现如下。

首先，红色文化具有政治性和阶级性，是伴生的两面，血肉相连，密不可分。因此，红色文化内容的阶级性是由红色文化参与主体的阶级性所决定的。红色文化诞生于新民主主义革命时期，是一种新的无产阶级革命阶级文化，它是以当时中国新兴的无产阶级作为主要承载者，创造的一种无产阶级文化，其蕴含的红色文化的核心价值理念，是由无产阶级的性质决定的，这意味着红色文化只能是无产阶级的阶级文化。无产阶级带领广大群众在社会革命实践活动中形成的红色文化，集中体现了无产阶级的心理、阶级思想、阶级观点以及阶级诉求，具有鲜明的无产阶级特性。历史的特殊性，决定了红色文化具有彻底的革命性。这种革命性不仅仅在新民主主义革命时期赋予了中国人民斗争的勇气，更让红色文化具备了"扬弃"的内涵。

其次，马克思主义中国化的理论成果，是红色文化能够在中国生根发芽苗壮

成长的理论渊源。中国共产党自成立之日起，就是运用马克思主义的科学理论体系即无产阶级革命的科学理论体系武装起来的先进政党。中国共产党经过新民主主义革命的洗礼，将马克思主义的基本原理同中国的国情相结合，大力推进了马克思主义中国化，与时代相结合的时代化和让人民更接受的大众化，使红色文化自诞生之时就产生了创新性，马克思主义与中国的革命实际相结合，就是革命理论与实践的统一。红色文化是中国共产党领导人民群众在新民主主义革命斗争的实践中形成、发展和壮大起来的。红色文化所具有鲜明实践性的特点使得红色文化生命力顽强坚韧，也为红色文化指引中国革命发展指明了方向，为中国的革命工作提供了实践的保障。红色文化在实践生根发芽，茁壮成长于中国共产党带领广大群众在新民主主义革命热火朝天的历史实践之中。可以说，红色文化是伴随着中国共产党人和广大群众革命创业不断发展而来的。红色文化之所以能够不断推陈出新，在漫长的历史发展中不断彰显旺盛的生命力，其原因就在于红色文化深深扎根于中国共产党领导广大群众所进行的伟大的革命实践当中，并将培育出来的红色文化的理论成果和实践成果放到以后的革命实践中不断检验、不断反思、不断丰富。

最后，红色文化同时继承了中华优秀传统文化和马克思主义的精神内涵。红色文化是在中华民族优秀传统文化的基础上诞生的，是借鉴和吸收了外来先进文化后重新整合创新的产物，是民族性和创新性的内在统一。红色文化诞生于新民主主义革命的历史时期，自形成开始，中华民族传统文化的批判性就使其大胆地吸收了马克思主义，这是当时世界上最为先进的科学理论成果，而且还同世界上其他民族的社会主义文化——苏联红色文化建立了联系，创造性地实现了民族性与创新性的有机融合，创造性地实现了对中华民族传统文化的革命性改造和对世界外来文化的有机统一，在不断丰富、不断发展和不断完善中，红色文化的内容也在不断完善。民族性是红色文化的基础所在，创造性是红色文化生机勃勃、活力满满的动力。红色文化植根于中华民族优秀的传统文化之中，并对中华传统文化中的文化传统和文化精神进行强化和吸收，大大提高了广大群众心中中华民族传统文化的影响，使得红色文化具有较强的文化凝聚力和文化号召力。同样，红色文化还继续始终保持包容的品格，继续融入世界先进文化，不断弥补自身的缺陷，对外的影响力也逐步增强。

制约因素显而易见，边疆多民族地区是少数民族聚集区，文化多样，十分复杂，多种多样的文化碰撞使得人们手足无措，让当地人们难以辨别是非，一定程度上削弱了红色文化的影响力，冲击了社会主义的主流价值观，有可能导致文化主体话语权的丧失，也增加了红色文化在民族地区的宣传难度。

不同民族在各民族文化差异导致的认知能力、价值观念的差别的前提下，对于同样的道德内容可能有不同的理解。边疆多民族地区经济发展水平较为落后、思想交流受限不畅通的现状，使得很多民族地区群众的道德意识和认知能力水平相对淳朴且保留了原始色彩。在社会主义和谐社会建设中，这种道德意识产生了明显误解必将会产生消极作用。例如，团结互助、集体主义，这一意识在少数民族面对艰难的发展形势时期发挥了明显的积极影响被广泛采用，但如果没有合理认识，有可能使得各民族之间的思想文化冲突和民族信仰发生不必要的冲突，势必会对构建"平等、团结、互助、和谐"的民族关系产生不利影响。因此，只有及时更新、整合本民族中原有的道德意识，使之与和谐社会的理念相符合，才能最大程度降低文化多样性对道德意识带来的消极作用。

红色文化受众的群体也有限，尤其是很多尚存民族问题的地区，红色文化教育仅局限于本地党员和在校师生，并未延伸到广大农牧民群体，如新疆、西藏等地，农牧民数量十分庞大。

很多边疆民族地区的现代化程度受地域条件影响，目前的发展水平比较低，当地群众的生活生产方式仍旧比较传统保守，思想也较为简单淳朴，更容易被外来势力或其他不良思想所侵蚀。实施改革开放政策后，边疆民族地区开放程度不断深化，与外界接触越来越多，文化多样性的干扰对其影响也随之增强。边疆民族地区群众的价值观、道德观念的认知与判断，必定会受到文化冲击的影响与干扰，边疆多民族地区的社会主流价值观必定会在此过程中受到冲击。这种价值观的变化容易对社会实践产生深刻影响，使人们产生拜金主义与享乐主义，最终导致边疆多民族地区人民的人生观和价值观受到扭曲。

（二）边疆多民族地区红色文化资源保护与传承的内部影响因素多维度体系及分析

边疆多民族地区红色文化资源承载着边疆地区人民进行民主解放的革命史、追求自由的斗争史、威武雄壮的英雄史以及可歌可泣的奋斗史，是人民在长期的无产阶级革命过程中形成的宝贵物质财富与精神财富，具有很强的教育意义和鲜明的地方特色。其内部影响因素主要集中表现在以下两大方面。

第一，地域文化的影响。俗话说，一方水土养一方人。地理环境对一个地区文化的形成和发展具有不可磨灭的影响。18世纪，孟德斯鸠提出，地理环境，如气候、土壤等，决定一个民族的性格、风俗道德等心理状态。马克思主义认为，人类社会早期，在原始社会的条件下，地理环境对社会生产力的最初形成，对人类社会文化具有重要的影响。根据以上结论，边疆多民族地区这种特殊的地域环境，也是当地红色文化资源的形成和发展的重要影响力量，因而不同的边疆多民族地区演化出了各具特色、丰富多彩的红色文化资源。

第二，社会背景的影响。文化内部各个要素之间相互影响、相互作用会对文化产生重大影响。文化本身是一个有机的系统，边疆多民族地区的内部有历史传统的影响，有政策法规的差异、有风俗习惯的不同，且宗教信仰各具特色，思想运动历程丰富多样，科学技术和教育水平不等，它们都是影响少数民族不同文化的重要推动力，文化表现形式多样性由此体现了出来。然而，从山河破碎的新民主主义战争年代，到新中国成立后社会主义建设时期，再到改革开放后的大力推动市场经济变革，百年间，中国的社会背景经历了翻天覆地的变化，每个中国人的生活方式和思维方式都发生了巨大的变化。中华人民共和国成立初到 20 世纪80 年代，彼时的社会群众，困难和幸福大多都是能够亲身体会到的，红色文化的教育背景并没有改变，可以更好地让社会大众无障碍地获得教育。改革开放以来，社会经济的腾飞使我们的生活水平和社会背景都发生了翻天覆地的变化。社会经济大踏步发展，人们的心理需求和价值观也在不断悄然变化着，如今的青少年和过去社会主义建设时期的相比截然不同，每天接触的都是光鲜亮丽的社会，对于先辈曾经的创业艰难自然难以想象和体会到。社会生活的巨大变化，会对社会思想产生难以扭转的强大力量，或多或少都会让现代社会的人们，尤其是儿童、少年和青年，对于几十年前的革命英雄事迹产生陌生感和对革命历史背景产生距离感，这是红色文化难以发扬的又一现实困境。

第二节　边疆多民族地区红色文化资源保护与传承的外部影响因素分析

一、边疆多民族地区红色文化资源保护与传承受到的外部影响因素分析

我国经济社会不断发展，边疆多民族地区的红色文化资源的保护与传承成效显著，革命遗迹、遗址与文物都得到了保护和发展，无论是革命文化传承下来的物质文化，还是以革命文化、革命故事等为代表的非物质文化，都得到了一定程度的重视，红色文化产业出现了雏形。但是，由于边疆多民族地区经济社会发展的不充分，红色文化资源的保护与发展还存在进一步的扩大，精神内涵有待发掘，精神教育价值更是难以实现，经济利益的带动能力不足等实际问题，影响了边疆多民族地区和中国红色文化软实力的提升，具体表现如下：

第一，边疆多民族地区大部分处在欠开发、欠发达的状态下，导致边疆民族

地区经济文化落后，地方政府的财力严重不足；第二，基础设施简陋，文化机构不健全，红色文化服务体系薄弱；第三，生产生活方式的变革、民族地区经济与社会发展、当地政府对红色文化资源重视不够三者之间的冲突，当地政府多定位不准，保护不力，红色文化资源的原生环境逐步破坏；第四，红色文化产品难以普及和服务能力严重不足，尤其是红色文化通过报刊、网络、图书、影视等传媒、艺术和影视作品难以普及，造成一些少数民族群众难以接触到红色文化；第五，红色文化产业起步较晚，红色文化资源开发滞后，没有真正形成红色文化产业，对区域经济的贡献率低；第六，当地教育相关部门忽视了与校园教育的结合，没有做到红色文化进校园，学生难以接受；第七，宣传方式创新程度不足，对红色文化内涵和红色文化资源的宣传手段滞后。

（一）边疆多民族地区红色文化资源保护与传承的外部机遇因素分析

整体来看，我国对文化遗产保护经费主要依赖于政府财政拨款，资金来源相对单一，且边疆多民族地区区域间收入分配不均，因此文化保护的支出参差不齐，其中大部分地区财力很难充分保障，虽然给红色文化资源的开发带来了挑战，但也对社会资本、红色企业、社会组织参与边疆多民族地区红色文化资源保护与传承带来了机遇。

在这样的参与度下，可采取创新资金投入的机制和手段：一是鼓励、引导、吸收社会资金、私人资本参与到红色文化遗产传承保护中来，建立健全一整套社会资金捐赠及红色遗产捐赠的奖励机制，吸引社会各界积极参与，全社会共同筹集文化遗产保护方案；二是利用我国彩票事业的壮大契机，虽然彩票的资金来源充足且广泛，但少有彩票公益金与红色文化遗产保护相结合相联系。因此，可以逐步发行相关产业的彩票，或者从国家彩票公益金中将部分资金用于红色文化的开发保护利用，扩大红色文化遗产保护的资金来源和基础。

此外，近年来，社会组织也逐渐参与到红色文化产业中，为保护开发红色文化资源，合理利用红色文化遗产提供了一种新的发展模式。政府部门统筹协调与社会组织的相互协作，可以建立起互相补充、互相促进的机制。然而，政府与社会组织合作的机制很难在短期内形成，需要经历一个渐进的、曲折发展过程。文化遗产保护社会组织需要一些热心、专业的人士发起，在政府的支持下成立并得到政府的认可后获得资金扶持，进而吸引越来越多的民众参与到社会组织中，才能最终实现政府与社会组织的和谐统一。

我国现在已经出现了很多文化遗产保护、文化资源研究的学术组织，它们大多是由政府部门主导设立的文化研究机构和遗产保护协会。随着机构改革的要求逐步落实，文化遗产保护、文化资源研究的学术组织基本实现了与政府管部门的脱钩，但这仅仅是形式上的，仍然具有财政依赖性和运行机制上的行政特征，社会公众很难参与其中。此外还存在一些民间团体，它们虽然对文化遗产保护有极高的热忱，但这些组织往往资金不充足、社会地位低下，面临着各种压力，可以采取的措施少，力不从心。

政府部门需要在这样的环境背景下，积极地转变思想，提供引导和扶持的重要抓手，并且激励、支持红色文化的开发工作以及民间的革命遗产保护团体不断发展。社会机构和团体是保护红色文化遗产的一部分重要力量，要努力形成政府主导的文化资源开发和保护、社会各界人士及团体广泛参与、广大民众积极支持的红色文化发展机制。不仅如此，政府应当理顺参与机制、拓宽社会各界参与进来的方式，尝试建设文化遗产保护志愿者队伍，营造有利于队伍发展的政策环境和舆论导向，吸引越来越多的专业人士，积极参与到红色文化遗产保护和继承的行列中，为保护文化遗产提供更有力的人才和智力保障。

（二）边疆多民族地区红色文化资源保护与传承的外部冲击因素分析

第一，外国多元文化、自由思潮文化的对中华文化和红色文化的侵蚀。改革开放以后，中国踊跃投身于经济全球化，外来资本汇入的同时，也促进了多元文化输入，不同文化之间有交流与融合，也有冲突和矛盾。特别是在网络发展日新月异的时代背景下，多元文化伴随着现代信息技术的普及传播，快速席卷全球，蔓延开来。对中国而言，吸收西方文化的过程中，中国人民出现困惑的情绪，产生文化认同的焦虑。不仅如此，西方国家通过互联网、电影电视等各种新兴的传播方式和渠道的输出本国文化意识形态，对我们的日常生活不断蚕食渗透，他们的生活方式和价值观念得到了更多认可。如今中国青年逐渐追捧洋节日，热衷必胜客、麦当劳、吉野家等外国饮食习惯，对外国大片所展现出的自由、浮夸的钟爱也是受西方文化影响的重要体现。

第二，市场经济让社会风气更加浮躁，趋利主义在社会上蔓延。改革开放40年来，中国经济迅速腾飞，与国际接轨，我国的经济水平取得了经济上的跨越式发展。社会主义市场经济充斥大量独立经济主体，他们往往追求利益，实现经济利益的意识浓厚，单纯地追求金钱，把最终目标确定在追求最大的经济利益上，这种高效率的市场经济固然可以促进社会经济大踏步发展，但也会引发群众和经济主体对利益的盲目追求，其结果就是经济主体出现唯利是图、见利忘义甚至触犯法律的现象，"一切向钱看、钱包向厚赚"的思想逐渐蔓延，使得人们越来越追求金钱而忽视精神，经济确实获得了发展，却造成了个人信仰的缺失。

第三，社会生活的改变。改革开放前，人们的物质生活相对贫乏，文化生活形式更不如现今丰富，如今的中国青年思想自由、言论自由，有些人盲目崇拜西方社会传达的自由主义和自我主义精神，如果群众不能正确地接受红色文化，对历史上国家出现过的问题和当时的解决方法缺乏正确的认识，就会产生理想信念、思想观念的动摇，价值观念不断西化，对传统的社会道德、基本伦理产生怀疑，久而久之，这样的现象不断扩大，原有的中华民族社会认同基础被动摇，社会大众迷茫无助，中华民族就会产生认同危机。

第四，边疆地区情况复杂，边疆多民族地区的群众容易受外国势力或者别有用心者的影响。近年来，历史虚无主义言论甚嚣尘上，边疆多民族地区有大量别有用心的历史虚无主义者致力于搬弄是非，搅乱历史史实，颠倒黑白，制造思想混乱，就是为了瓦解中华民族的团结性和广大群众对党的信任和支持，动摇社会共识。历史虚无主义的认识丧失了党的理想信念，没有站在人民立场，抹黑侮辱革命先烈，攻击和丑化中国革命的领袖人物，有些甚至公然利用报刊、网络等平台传播这些错误观点。改革开放以来，历史虚无主义的内核随着民主社会的思潮、普世价值的推广等，通过歪曲共识，扭曲历史，博取眼球，大肆舆论煽动群众的思想共识，破坏了红色文化的传播的土壤。

二、边疆多民族地区红色文化资源保护与传承的外部影响因素的多维度分析

（一）边疆多民族地区红色文化资源保护与传承受到政策支撑的影响分析

文化遗产保护立法在我国采用的是地方立法和国家立法结合的方式，目前我国已基本建成了体现中国特色的文化遗产保护法律和制度体系。

我国已经颁布了《中华人民共和国文物保护法》以及《中华人民共和国非物质文化遗产保护法》，以此对我国文物进行更好地保护，此外还颁布《关于加强革命文物工作的若干意见》来指导了红色文化遗产的保护工作，另外 2018 年，国家中共中央办公厅、国务院办公厅印发《关于实施革命文物保护利用工程（2018—2022 年）的意见》，对各地区的红色文化资源保护提供了意见。可以说，从国家层面规范了红色文化的保护原则。

不仅在国家层面有红色文化保护法，我国还有一些市陆续出台了有关红色文化的地方保护条例，此举为红色文化保护提供了标志性的立法样本，奠定了重要的基础，完成了前期的探索。边疆多民族地区的红色文化资源也是如此，从政策法规这方面来说，不同地区根据自身情况，制定了多项法律法规：2018 年 6 月，云南省保山市人大常委会召开了关于《保山市龙陵松山战役旧址保护条例（草案)》的论证会，以纪念中华民族抵御外来侵略、浴血奋战的光荣历史，并且弘

扬了伟大的民族精神和英勇无畏的抗战精神，披露了日本法西斯的恶行；广西也于 2018 年印发了《关于实施广西革命文物保护利用工程（2019—2022 年）的意见》；吉林为了加强红色文化规划引导，编制了《吉林省革命文物保护利用规划纲要》《吉林省东北抗联文物保护专项规划》，各地根据自身资源情况编制革命文物保护规划或工作计划；黑龙江省也修订完善了各项规章制度，黑龙江省颁布的《黑龙江省文物管理条例》《黑龙江省文化调查勘探管理规定》，为黑龙江省红色文化建设提供了保障，使红色文化建设达到更高水平，新疆维吾尔自治区在红色文化保护方面也颁布了多项法规，如《新疆红色旅游发展规划修改稿（2006—2010）》《爱国主义教育实施纲要》《2016—2020 年全国红色旅游发展规划纲要》《新疆维吾尔自治区爱国主义教育基地建设管理办法》等。通过以上各边疆多民族地区政府的行为，我们可以看出，尽管大部分地区的法律法规建设并不完善，但是这些地方的红色文化保护条例做到了因地制宜、因势利导，维护了红色文化的保护传承，引导了各地红色文化资源的发展。

（二）边疆多民族地区红色文化资源保护与传承受到财政投入的影响分析

2013 年以来，中央财政共安排相关资金约 656 亿元，用于文化遗产保护和开发，80% 的经费被用于国家重点文物保护单位的维修、保护和开发，中央级的文物博物馆免费对民众开放所耗经费、非遗产传承等工作也占有较大的比重。我国普遍存在文化遗产保护责任"重心偏低"的现象，文化遗产的保护开发给了省以下单位，特别是基层一些单位非常大的负担，我国边疆多种民族区域等欠发达地区的文化遗产保护工作一直不足。地区间的资金投入相差悬殊，北京、浙江这些经济发达地区每年投入非物质文化遗产保护的资金大约在几千万元，甚至上亿元，但是有的贫困地区只有几百万元的保护资金。由于尚未建立起多种渠道的资金投入模式，在财政经费支撑严重不足的情况下，文化遗产保护的成效也不容乐观，很难取得大的进步。

不仅如此，我国在对红色文化遗产的保护和管理层面，因为新政区划的制约，一直以来都存在部门分割、执法重合、职能交叉与职权分配不明确等问题，文化遗产保护的责任不能细致划分。红色文化遗产在国家文物局的管理范围之中，自然遗产则分属于环保部等多部门分别管理，例如"风景名胜区""历史名城"这类历史建筑由住房和城乡建设部管辖。管理体制的混乱，常常就会使不同部门因价值取向的差异而发生保护标准的冲突和利益的争夺，对红色文化遗产造成了客观上的破坏，甚至会导致保护政策难以协调与筹集资金不顺利等一系列问题。一些地方文物管理机构性质各不相同，有的是事业单位性质，有的是行政单位性质，之间缺少沟通和交流；在财政保障方式上，因为文化遗产的差异，有实施全额拨款的单位，也有差额拨款的单位，职能和性质较为模糊。尤其是很多地方政府出于维护当地利益的目的，把红色文化资源当作创收来源，只重视文化的开发和利用，不重视遗产的保护。并且，我国对文化遗产保护实行的是属地管理政策，文物主要管理部门的"人、财、物"权都在地方。在文物保护单位或是非物质文化遗产受到某种程度损失时，地方文物主管部门经常会被各种行政因素干扰影响，文化遗产保护工作想要独立进行难度不小。

在市场开发和红色文化资源利用方面，红色文化资源资金来源和方式得到扩大，资金效率不断提高。边疆多民族地区的政府为提高财政资金利用率，红色文化资源的资金投入方式不再拘泥于某一种，而是采取多种方式，如政府性基金、补助、专项资金、奖励等多种吸收方式。尽管如此，保护红色文化遗产、开发红色文化和发展红色文物事业的费用落实依旧是较大的问题。但是随着我国综合国力迅速提高，各级各部门财政增强了对文化文物事业的重视，投入有所增加。但是由于历史欠账太多，红色文化遗产破坏程度大，红色文化事业的投入占财政支出的比重还是微不足道，也就是说，边疆多民族地区的红色文化资源事业开展依然受制于资金的匮乏。相比于社会建设其他事业费用占财政支出的比重不断增长，近些年文化遗产保护利用占财政支出的比重相比就更低了，文化事业发展与其他社会事业发展差距不断拉大。

基层红色文化机构人员配备不足，会不利于基层文化事业发挥作用。以乡镇综合文化站为例，在 2011 年，全国乡镇综合文化站共有 34139 个，从业人员数量是 78148 人，平均每站 2.3 个人。其中，专职人员共有 44366 人，平均每站 1.3 个人。全国范围内依旧有 13896 个乡镇综合文化站没有一个专职人员，这个比例占乡镇文化站总数的 40.7%。专职人员的缺乏，会对红色文化遗产事业开展产生不利影响，使得红色文化遗产的前期投入没能取得实效，因为对红色文化资源的合理保护还需要相应的专职人员以及配套的管理设备支持，这样财政投入才能更好地发挥作用。

社会资金对红色文化产业的投入渠道不顺畅，不能直达要害。与其他国家的社会团体积极参加红色文化事业发展的情况不同，我国的红色文化事业很少能得到社会资金。导致这种局面的原因有很多。其中一个原因是国家和广大人民缺乏对文化文物事业支持的了解，红色文化资源难以引起全社会对其资金投入的兴趣，结果是文化部门和文物管理部门与社会筹集资金的道路渐行渐远。不仅如此，政府还缺少对社会资金投入红色文化事业的资金鼓励和政策支持。我国的税收法律政策，包含有相关与捐赠公益性红色文化事业的优待措施，但是这些鼓励措施难以引起社会的兴趣，我们可以借鉴外国的税收政策，来弥补我国在政策方面的缺失。因为对企业来说，政府对红色文化事业捐助的税收优待，是经济刺激和荣誉褒奖的双重奖励，如果政府没有在政策规定方面给予他们丰厚的优待，根本上就是没有给予红色文化事业以足够的重视和尊重，无法起到积极的社会示范作用。不仅如此，由于当前我国公益组织建设的滞后，公益慈善组织的数量很少，且大多面临着公信力不足、资金流转、体制制约等问题，少有慈善组织能够获得充足资金，新的公益慈善组织由于以上政策问题难以顺利落地，导致公益慈善组织建设困难重重，发展也面临许多问题。这一现状减少了社会资金和红色文化事业的联系，红色文化产业和事业缺少活力，因此，重建并大力发展我国的社会公益组织事业，是政府亟须尽快解决的问题。

保护经费常年不足。属于政府部门管理的红色历史文物和遗产之中，还有很多红色文物事业方面目前没有被财政拨款覆盖，例如军队和宗教遗址。受到红色文化事业政策保护的红色文化遗产少之又少。中国地大物博，历史源远流长，文物遗产数量众多，这一现状让不充足的文物事业财政投入显得更加捉襟见肘，因为文物事业资金的来源通常很单一，财政资金的责任就变得尤为重要，而想要让红色文物、文化遗产全面协调地受到保护，财政投入无法从根源解决这个问题，这个问题也将会长时期伴随边疆多民族地区红色遗产的开发。有些地区事业盘子扩大，意思是红色文化资源定义产生了变化，"文物"保护转变为"文化遗产"保护，事业范围有所扩大；此外，经济持续发展也冲击着文物保护工作，在经济建设领域，工业化和城市化进程不断加快，给文物保护带来了不小的问题，增加了不可操作性和不可控因素，红色文化遗产保护任务也愈发繁重，抢救文物任务也更加困难，保护遗产成本随之上涨。种种因素使目前我国红色文化遗产保护资金的负担更加沉重，红色文化遗产保护投入增长落后于文物事业发展的实际需求。

公共文化设施的建设还需完善。即使近年来我国对文化设施建设非常重视，但是文化设施规模较小、建设设施老化的问题仍然明显，红色文化遗产的配套设施必须进行建设。从已经投入使用的红色文化展览馆的状况来看，配套设施不健全，面积小，设施陈旧，缺乏业务资金和活动资金的支持，人员支出是财政投入的主要部分，公共文化服务能力不足，需要财政加大投入改善现存窘境。

（三）边疆多民族地区红色文化资源保护与传承受到宣传引导的影响分析

边疆多民族地区对红色文化资源的宣传明显不足，财政对文物事业的宣传资金投入覆盖面狭窄。在互联网、微信、娱乐传媒等新型宣传媒介等应用方面，也存在宣传内容单一，忽视对红色文化方面的宣传。我国是一个历史悠久的文明古国，是一个文化遗产大国，全国大部分文物点以及一般文物，仍在政府管辖控制和公共财政投入的覆盖领域以外，并且目前没有其他社会组织进入该领域，很多亟须保护的文化遗产与文物在无人管护，散落的环境下，尤其是边疆多民族地区，很多红色文化遗产和文物需要当地居民进行就地保护，而财政对文物事业的宣传资金投入覆盖面狭窄，居民对红色文化遗产认识不足，导致了文物遭受破坏。此外，红色文化资源开发和利用成果的宣传滞后。首先，这导致大量红色文化资源的内涵即使被发掘，也难以被中国广大群众所认知，使得整个红色文化资源的开发功亏一篑，前期的投入与后期的开发都付诸东流，红色教育更是难以出现成效。其次，由于看不到成效，红色文化资源难以吸引外来资本的加入，社会资本无法参与红色文化资源的开发利用和保护中，使得这一重要文化事业的发展越来越僵化，难以与市场接轨，最后，会导致其他不良文化占领文化高地，尤其是边疆地区，某些媒体常年宣传报道，以及敌对势力别有用心地歪曲、捏造，造成人们对边疆地区文化的误读，同时红色文化甚至会被抹黑、污蔑，造成难以挽回的损失。

（四）边疆多民族地区红色文化资源保护与传承受到区域互联结构体系作用的影响分析

第一，红色文化资源的开发，和农业、林业、旅游业及工业等各大部门的发展联系非常密切。可以在依托旅游资源的基础上，开展红色文化资源的开发，但旅游资源有较为宽泛的范围，自然旅游资源包括山林景观、人文资源和工业、农业及文化生产活动等各个方面。所以，红色文化资源的开发是依托于各产业部门的，旅游业蓬勃发展所带来的客源市场也可以促进其他各部门的进步。旅游业所需要的基础设施保障系统包括了建筑业和交通运输业等部门，旅游业想要取得良好发展，需要各产业部门的保障，同时也可以促进各产业部门的发展。

首先，在旅游城镇化的大环境下，"以旅带农、以农促旅"的发展理念是边疆多民族地区开展红色旅游的路径。农业为广大红色文化消费者提供了多样的旅游产品，这些产品使消费者向自然与历史回归。边疆多民族地区的农业资源十分丰富，且往往具有浓郁的地方特色，和开展乡村旅游相比，有着无与伦比的强大优势。这些地区的田园风光，不仅可以发展为现代观光农业园区和现代农业生产基地，还可以建设发展乡村生态度假旅游，或者开发多种多样的休闲农业旅游项目，建设旅游餐饮，特色物流贸易，作为旅游商品的生产基地，以及探索乡村旅游地产发展方式等。

其次，生态旅游、低碳旅游在各地如火如荼开展着。边疆多民族地区生态环境得天独厚，许多红色文化遗址的分布也都处于环境较好的地区，这为生态旅游、低碳旅游的发展提供了良好的文化基础。森林公园和自然保护区属于林业部门管理，在旅游开发权上，林业部门有垄断权，一直以来开发程度较小，大多数以观光旅游产品为主，对旅游业的发展没有全局性及长远性的思考。林业与旅游业之间的联动应该作为边疆多民族地区文化产业联动发展的关键，不断开发让消费者深度体验的红色文化产品。

最后，红色文化产业的发展可以和地区特色文化旅游资源联系起来，共同打造特别的、标志性的旅游品牌。具有各种差异的地区文化给旅游地加入了新的活力，给红色文化消费者带来别具一格的审美体验。旅游业是对外展示本民族文化的载体，是其传播与交流的重要方式。旅游业的持续发展促进了文化，催生经济效益，进一步带来社会效益，加强对文化的保护。考虑到文化产业和旅游产业的联系，边疆多民族地区实行红色文化产业和旅游业发展联动时，可以加强发展地方文化旅游产业，比如历史文化、民族民俗文化、宗教文化等，努力推广具有文化特色的旅游项目，尤其是注重非物质文化的发展和保护。

第二，区域红色文化市场营销合作可以从文化产品、红色旅游目的地两个角度开展。在旅游市场营销中，不同的文化产品相互合作，在市场宣传中一起营销，知名度较高的红色文化产品会帮助扩大新兴红色文化产品的知名度，同时给予红色旅游目的地文化产品丰富多维的品牌形象。例如，属于边疆多民族地区的吉林省与黑龙江省、辽宁省之间有便利的交通网络连接，三大城市作为交通枢纽，可以迅速地使旅游客流完成集散。市场营销的过程当中，要注重打包宣传三省红色文化产品，有助于形成一致的文化形象，为了互补营销，可以建立营销联盟。同时，不同地区的文化产品其实各具特色。针对各边疆多民族地区的省内区域红色文化旅游共同发展与促进的市场营销合作，可以考虑把一个省的旅游产品进行区域性结合。不仅可以在传统媒体上宣传边疆多民族地区的旅游产品，还可以借助新兴媒体的力量对区域旅游品牌推陈出新。着重打造统一品牌形象，去重要的市场进行一致的营销活动。另外，由于边疆多民族地区与邻国接壤，要积极主动参加国内外高端旅游产品交易会、旅游博览会，例如国内旅游交易会和国际旅游交易会等，还要多参与中国的境外旅游展系列活动，东北可以举办一些针对俄日韩等周边国家的营销活动，广西可以针对东南亚国家等主要海外客源市场，引进新媒体，加强对区域旅游产品的宣传推广，不断吸引国内外游客了解中国红色文化。

第三，红色文化产品核心竞争力，是红色文化产品独具特色且能提升该地区特色红色文化的市场竞争力的能力。所以，红色文化产品的关键竞争力体现在创新性、丰富性等层面，这需要红色文化资源衍生出的旅游产品开发将不同空间的各种类旅游资源进行配套，即促进区域红色文化产品联合开发。区域红色文化产品联合开发的基础，是跨行政区划的红色文化资源联动，不同旅游产品的共同开发可以为旅游市场统一营销奠定基础。边疆多民族地区在区域旅游产品共同开发中，应该注重"空间联动，类型互补"。

第四，各地区红色文化产品品牌形象差异化联动。历史传统的不同，造就了不同地区具有差异性的红色文化资源，如在云南省，红色旅游资源非常充足且丰富，会泽金钟和元谋龙街是其代表性资源；云南省建成的十大红色旅游景点中，有 7 处在滇中地区，包含楚雄元谋龙街金沙江渡口红色旅游景区和曲靖会泽水城红军扩红纪念园等。东北地区则保有大量的抗战时期红色文化资源，涌现出了赵一曼、赵尚志和杨靖宇等英雄人物。受历史因素影响，边疆多民族地区红色文化资源相当充足，民族地区红色文化的发展前景非常好。以广西为例，作为一个有悠久民族文化、边境风情、热带亚热带风情等多种特点和山地、丘陵、台地、平原等多种地形的地区，具有良好的旅游形象，鲜活表现了广西多种文化和特殊的自然魅力。广西壮族自治区是岭南文化的关键代表，其与云南红色文化应该进行区别，如云南讲武堂、震庄宾馆等民族特色就与广西昆仑关战役旧址、红八军军部旧址和八桂文化有着明显区别，所以，在宣传时可以把广西本省区各种占优势的资源加强推广和宣传，充实广西的对外形象。除此以外，还可与云南省联合打造西南地区红色文化的形象，这两个地区作为我国西南边陲的形象已经深入人心，在联动时可以着重让形象更丰满和鲜明，让开发的新产品更具地区代表性。

第五，随着信息技术和网络的进步，网络传媒比传统传媒速度更迅速、及时，媒介对文化和旅游信息的瞬时传播有着不可缺少的重要作用。信息平台的成功建立能把一个地区重要的、具代表性的红色文化服务信息进行推广宣传，旅游信息可以在具有较高权威性的网站上推广。使用旅游信息平台时，应及时更新旅游信息。从广西壮族自治区本身来考虑，可以在广西红色文化资源整合的基础上，形成免费对人民开放的、有价值的广西红色文化产品旅游信息咨询、查询网站系统。信息共享平台的建立要顺应信息时代的发展趋势，同时，自驾游和自由行市场日益扩大，信息平台可以极大帮助消费者自助出游。地区性红色文化信息平台有监督服务质量的作用。游客能在线问责旅游或红色文化产品经营者，并要求其高效地答复，所有投诉事宜和处理结果会被公开展示在信息平台。

（五）边疆多民族地区红色文化资源保护与传承受到社会关注程度的影响分析

经济利益的带动、学生教育成效明显，基层党建引领、红色物业建设和独角兽企业的发展，从社会的各个方面都体现红色文化资源保护与传承正在获得越来越多的关注。

第一，红色文化资源保护开发带来的经济利益吸引了社会各界的关注。随着人民消费结构的提升和逐渐深入的文化体制改革，文化产业活力不断提高。经过多年发展，很多地区的创意产业成为新的经济增长点，促成了很多有特色的文化产业经济区、文化创意园区和文化产业基地，其中，红色文化是文化产业中较重要的组成部分。不仅如此，红色文化还逐渐深入产业经济的各个区域，催生出了红色经济的浪潮。不论在影视出版等文化产业，还是旅游、餐饮等服务业，亦或是服饰、商贸等商业；不论是在最流行前卫的时尚界，还是在最开放的互联网领域，我们都能看到红色文化的身影。另外，近年来还有一批"独角兽"企业出现，它们以崭新的经营模式改变着传统和新兴产业，对红色文化产业的经济模式也有深远的影响，带动了红色文化经济蓬勃发展。"独角兽"企业的自成长模式，不是线性增长，大多呈现指数级增长。红色"独角兽"企业与红色文化相结合，可以建立新的红色文化行业规则，遵守"适者生存"新的进化法则，依托生态力量独立发展进步。红色文化产业的区域合作往往可以提升红色文化的社会影响力，"独角兽"企业在引领产业变革、新业态升级和行业创新等方面都起到了重要的作用。无论在哪个行业、哪个时间段，"独角兽"企业都必然是引领产业新业态升级发展的火车头。"独角兽"企业是引领产业变革的开拓者，它建立了产业发展的新关键点，改变了传统产业发展方式，对以往的产业结构产生了较大影响。"独角兽"企业一般能作为城市名片和促进多民族地区区域经济发展的动力。"独角兽"企业产生的强大辐射作用，可以推动其上下游产业协同发展，促进区域经济持续发展，成为区域经济发展新的重要动力。"独角兽"企业还可以作为城市名片来提高区域的知名度。

第二，近年来，党和政府充分发挥红色教育引领作用，教育主管部门也不断推动，引领各级学校参加，青少年红色文化教育获得了显著提升，主要表现在以下几个方面。首先，思想政治教育理论课是针对小学、初中、高中和大学生开展的红色文化教育的主要路径、主要阵地。各级学校一直以来高度重视思想政治理论课的教授，积极促进红色文化知识进入课堂、进入课本、进入学生的思想。学校在做好红色资源进课堂工作的同时，许多学校在推动校园文化和红色文化有机结合方面做了不少摸索。校园文化是各学校里师生所特有的思想、价值观、思维方式、心理素养等因素的综合，是校园环境、硬件设施、活动空间等物质因素和有特色的行为模式、生活模式、各类文体活动、人际交往模式等活动元素一起构成的精神环境和氛围。为了提升校园文化品位，使红色资源和校园文化建设相互联系，加强爱国主义主题教育、理想信念教育，许多学校积极探索发展路径，做法值得借鉴。课堂教学、实践教学、校园文化活动为加强青少年学生红色文化教育提供了重要的载体，此外，我们还要看到，近年来，许多学校发挥网络、校园广播电台、宣传栏等新兴媒体的优势，营造了比较浓厚的宣传教育氛围。其次，从 20 世纪 90 年代初以来，中央和地方政府非常重视爱国主义教育基地的建设，不断落实爱国主义建设的有关规定，重点建立起一批具有较强教育纪念意义、软件和硬件设施优良的爱国主义教育基地，不断加强配套设施建设，采取积极行动，多方整合资金，增加了人、财、物等方面的投入，在全国各地的博物馆、烈士陵园等纪念设施中，认真选择了一些历史价值高、爱国主义教育内涵浓厚的纪念设施，将其建设为爱国主义教育基地。经过多年努力，爱国主义教育基地建设获得不小的成就，这为开展青年学生红色文化教育提供了有利条件。1994 年 8 月，中宣部颁布了《爱国主义教育实施纲要》，当中指出建设基地非常重要，要充分发挥基地的特殊教育作用，认真组织、周密安排，让基地建设在科学、正规的道路上不断发展进步，促进基地制度快速优质地完善。不仅如此，国家还进一步明确了爱国主义教育基地的建设方向，要继续传承优良传统，与弘扬时代精神相结合、历史与现实相结合、教育引导与实践活动相结合，不断开拓教育功能，努力把爱国主义教育基地打造成"党员干部了解党的历史、提高党性的关键场所，成为广大群众培养爱国情感、培养民族精神的阵地，是青少年学习革命历史、陶冶政治情操的重要课堂"。最后，在红色文化的环境中，我国青少年学生思想道德状况优良，整体趋势是健康向上的。大学生爱党，爱祖国，愿意为人民服务，奉献社会，学习态度端正，生活方式健康，有远大的志向、自立自强，对坚持走中国特色社会主义道路、全面建成小康社会、实现中华民族伟大复兴的伟大目标满怀希望。

第三，党的传统教育方式比较陈旧落后，当前我国面临多元文化冲击，党建工作受到各种因素的影响，因此，把红色文化应用在党建工作中顺应了时代发展趋势。将红色文化与基层党建相结合，从文化与精神两个方面丰富了边疆多民族地区党建工作，为边疆多民族地区党建实践工作创造性地给予了更深层次的含义和更宽广的视野。事实证明，墨守成规是不利于发展的，旧的党建工作思路和方法只能应对之前的工作，在不断变化的社会中，为了满足不断发展的时代需求，只有推陈出新、改革创新才能顺应时代潮流，努力为边疆多民族区域群众建立他们所接受和喜爱的体系。"立体化"的红色文化充分依托于信息技术和新媒体的进步，出于对边疆多民族地区现实情况的考量，需要找到顺应社情民意的特色党建工作方法，使红色文化真正全面深入人心。红色文化和党建工作相互结合的方式，不仅丰富了党建工作的意义，还实现了历史文化底蕴和时代特色的有机结合，使革命年代的红色经典文化和先进模范的优秀品格得到继承和发展。以红色文化为依托的边疆多民族地区党建工作、红色文化纪念馆、以红文为主题的辩论比赛等，不仅能丰富党建内涵，做好党建工作，还能使边疆多民族地区的群众了解、学习到优秀的红色文化，提高群体的文化素养和思想水平，丰富一座城市的文化内涵，传承一个时代的历史足迹。

"红色物业"是指党组织在物业企业方面实现全面覆盖，发挥党组织对物业企业的政治引领作用，不断推进物业企业积极有效地参与社区治理。"红色物业"与物业管理都有维护社区稳定、满足社区居民多样化需求的关键作用。不同的是，"红色物业"更注重基层党组织政治引领作用，更注重物业和红色文化企业和社区治理的理念相结合。在"红色物业"开展过程中，区域化党建与红色物业深度融合，真正使边疆多民族地区人民群众获得实际利益，真正将党的温暖、红色文化的内涵传递给"红色物业"覆盖的每个家庭。

三、边疆多民族地区红色文化资源保护与传承的外在驱动及外在影响因素体系构建

（一）边疆多民族地区红色文化资源保护与传承的外在驱动及制约因素分析

第一，驱动因素。首先，许多红色文化资源多位于边远地区，自然环境较好，周边具有良好的生态系统、鲜明的地域特色和浓厚的民俗风情，人文资源和自然资源相得益彰，因此，在这些红色旅游景区各类旅游资源相互融合，如广西百色除了拥有丰富的红色旅游资源外，还有良好的生态植被，具有成片的山林，这些良好的生态旅游资源组合较好。

其次，部分革命旧居旧址群、纪念设施得到有效的保护。国家十分重视利用这些爱国主义教育基地，大力开展爱国主义教育。目前，我国已经建成了革命烈士纪念塔、革命博物馆、红军纪念堂等一系列红色文化标志性建筑，还对各级重点文物保护单位全面和局部修缮拨出资金，照顾到了其他文化旧址的局部性、抢救性维修工作，把一部分濒临倒塌的革命旧址保护起来。

最后，政府一些有关部门收集、整合和出版了一些文献资料和研究成果。中华人民共和国成立以来，关于边疆多民族地区红色革命的历史研究工作取得了较大成就，极大地促进了边疆多民族地区红色文化资源保护工作的进行，为各区域红色文化资源保护和利用提供了良好的基础。

第二，制约因素。首先，基本生活情况的变化。从山河破碎的革命年代到中华人民共和国成立后的建设时期，再到改革开放后的市场经济迅猛发展，几十年来日新月异的变化，社会中个人的生活发生了不小的变化。中华人民共和国成立初期到改革开放之前成长起来的人一般都体会过生活的艰难和不易，他们能够深刻体会困难和幸福的差异，接受对于红色文化的教育基本没有情感障碍。改革开放使社会从内容到形式各个方面发生了翻天覆地的变化。经济发展态势良好，人

们的情感取舍和价值观也发生了一些变化，如今社会的孩子衣食无忧，生活幸福，经常接触明星、网络、游戏、名牌，不太容易想象和体会到先辈们曾经的困难生活。社会生活的种种变化产生无法阻挡的力量，生活在当下的人们，尤其是青少年和儿童，对曾经的英雄事迹有不同程度的陌生感和距离感，人们逐渐远离曾经战火硝烟的年代，取而代之的，是现代社会的平凡和琐碎，因此他们难以想象和体会革命年代人们的生活。

其次，各区域对红色文化资源开发利用不平衡。从边疆多民族地区红色文化资源的分布情况来看，各省市都有充足的红色文化资源供开发和利用，但是当前被评为国家级和自治区级的、知名度较高的红色文化资源在东北、西南地区比较集中，而在西北地区呈分散状态，因西北地区地域辽阔，县和县，县和乡之间的距离较远，散落在各县、各乡的红色文化资源开发和利用不平衡、交通不便利，也就难以达到宣传教育的效果，很多红色纪念场所知名度很低。一个区域内不同的红色文化资源的开发利用程度也不均衡，拿新疆各地举例，新疆生产建设兵团对红色文化资源的发掘和利用比其他地方更完善。然而就目前的调研情况来看，新疆南疆和北疆对军垦文化的发掘不平衡。北疆地区的石河子成为国家级著名爱国主义教育基地和红色旅游文化景点，经济效益和社会效益双丰收。而在南疆，尤其是和田与喀什生产建设兵团，因为地理位置不佳，交通不便，所以参观人群不多。开发较好的第十四师四十七团人民解放军和田纪念碑及其团史陈列室等资源，受众人群通常集中在当地，知名度也不高，有的师团还没有开发过红色资源。自治区第十三个五年规划当中，依旧没有将南疆红色旅游资源的开发利用列入重点部署的计划，红色文化资源开发项目的主体仍在北疆和新疆生产建设兵团。所以该分布格局需要进行调整，否则会造成资源发展更加不平衡的局面。

最后，随着社会经济的蓬勃发展，传统文化事业管理体制已经无法适用于市场经济运行大环境，不同程度上制约了红色文化资源的保护、管理和文化产品开发。虽然边疆多民族地区开始了文化体制改革，在某些领域取得了不少成就，但一些地区当前还未建成和市场经济相适应的模式，没有与社会发展相统一的运行机制来保障红色文化资源的保护和开发。在我国多民族地区的红色文化资源保护体系中，革命遗址旧址、文物、博物馆等文物保护单位一般属于文化部门管辖，纪念馆和烈士陵园等纪念设施属于民政部门管辖，有的直属于省级管辖。而党史办是各地区红色文化研究的主体。因为缺乏协调统一的管理体系，各个管理部门之间有权责不清的问题，导致资源保护分散，不易实现责任到人的原则，很难把有限的资金用到刀刃上，来有效管理红色文化资源，严重制约了深入研究边疆多民族地区红色文化资源。

（二）边疆多民族地区红色文化资源保护与传承的外部影响因素多维度体系及分析

　　首先，经济因素，经济的发展是影响文化发展的第一要素。随着中国特色社会主义经济体制的不断完善，虽然国民经济稳步发展，但是边疆多民族地区大多地处边远地区，经济发展比较落后，所以经济发展对边疆多民族红色文化资源的开发利用就显得格外重要，其中红色文化旅游发展水平更加决定了当地的红色文化开发水平。边疆多民族地区的红色文化资源十分丰富，但比较分散，资源难以整合。不少省市区县的红色资源因为知名度低，还在产品开发的初级阶段，其配套设施、意义发掘、路径设计、宣传推广、市场营销等方面的工作基本无从下手。红色文化资源保护与传承是红色文化资源利用的重要指针，边疆多民族地区修复和保护了不少文化资源，但后续有效的利用不足。开发利用过的资源因开发模式单一，整体效益也不乐观。红色文化资源在向旅游产品转变时，不能仅仅停留在参观遗址、陈列文物、介绍性文字说明和讲解员解说的层面，这种传统方式缺乏参与性和灵活性，吸引力和震撼力不足，体验感不佳，很难给观众留下深刻的印象。

　　其次，政治政策方面，政治力量决定文化发展的方向。政府制定的政策、法律法规或者地方条例都是造成文化发展变化的重要原因。政府作为政治上层建筑的重要组成部分，也是社会管理的核心，在文化管理方面同样发挥重要作用。政府职能不清晰、效率不高、官僚主义作风和陈旧的管理方式都会直接影响文化企业的市场运行和限制文化企业创新。实践证明，这样做的效果不理想，因为这样不仅使政府职能错位，还制约了文化产品市场活力。红色文化资源包括旅游、环境、历史文物、土地资源、文化教育、城市建设等多种内在因素，传统体制下的部门划分使文化资源属于若干个部门，每个部门都有权限进行干预和管理。职权交叉，管理混乱的模式会使管理过程中的权责归属不清，还会在实施过程中出现"踢皮球"、相互推脱的情况。此外，目前还没有关于红色文化资源保护的规章制度，导致在红色文化资源保护的道路上无法可依，通常依据"人治"多于"法治"。

　　再次，红色文化资源保护的程度。红色资源作为历史文化遗产，具有不可复制和不可再生的特点。有些边疆多民族地区的革命旧址在交通发展落后的山区或者农村，历经风霜雨雪，毁坏严重；有些旧址则被人为破坏，失去了历史原貌；有些因农村建设、城镇化改造等施工活动，需要被拆除或已经被拆除。如果一个地区的红色文化资源被损毁得过于严重，那么不论如何传承和发扬光大，当地的红色文化都会成为无源之水、空中楼阁，更是难以吸引民间资本、社会组织和消费者的青睐。

最后，人才对文化产业的巨大影响。红色文化资源开发作为一种文化产业，在开发利用中，文化创新是一个不可或缺的环节。创新与知识投入应相互结合。人才是文化产业创新的主体，是决定文化产业创新水平的核心要素。文化产业的人才（知识投入）越多，文化产业的创新性就越强，文化产业在这一领域的发展也就越快。人才特别是高素质人才数量的增加，对文化产业的发展产生了重大的积极影响。高级人才是文化产业的核心要素。要加快建立创新型人才培养机制，努力培养既有文化底蕴又有创新思维的人才，以及熟悉市场运作模式的高层次复合型人才，更好地推动文化产业创新，促进文化产业快速发展。

第三节　边疆多民族地区红色文化资源保护与传承的作用机制

一、边疆多民族地区红色文化资源保护与传承的内部驱动机制分析

（一）边疆多民族地区红色文化资源保护与传承的内部经济驱动发展

第一，我国的红色文化始终保持着创新性，始终与时俱进，这一特性不仅使得红色文化保持着旺盛的生命力，还为经济驱动其发展提供了机会。中国的红色文化是勇于创新和前进的文化，不仅在积极地与中国的经济社会发展相适应，同时也在引导人民不断奋斗，奋勇向前，为夺取全面建设小康社会和中华民族伟大复兴的中国梦提供了重要的精神力量。

第二，红色文化具有独特的革命性，对我国经济社会发展产生了巨大的推动力。红色文化产生于五四运动之后，在新民主主义革命中逐步成熟发展，一直伴随着中国革命而发展，用革命精神破除社会制度和思想观念上的弊端，还与其他错误理论进行了斗争，在当时的社会情况下也与其他不符合中国国情的理论进行斗争，积极批判错误思潮，在此过程中，中国传统文化基因里的奋斗进取精神、民本大众精神、实践创新精神、自我革新精神、勇于担当精神等在中国革命过程中升华。红色文化这种优质的革命性文化，与当下如火如荼的深化经济体制改革的精神不谋而合，也为中国的经济社会发展和改革提供了源源不断的精神动力。

第三，红色文化的人民性决定了它是为中国最广大人民的利益而服务的。

"一切为人民服务"的服务理念是红色文化的典型代表。红色文化能够保证社会主义市场经济的发展方向，有利于解放生产力和发展生产力，有利于消灭剥削，消除两极分化，有利于最终实现社会主义共同富裕的根本目标。所以说，如何建设和保护民族地区红色文化资源，运用红色文化对边疆多民族人民进行精神教育，激励民族地区各族干部群众完成脱贫攻坚战，干事创业，促进边疆多民族地区经济社会发展，具有十分重要的现实意义。

第四，红色文化具有开放性，具有兼容多种文化的特性。红色文化是一种包容性极强的文化，尽管在红色文化在历史发展上，曾经存在"左"倾主义趋势，但这只是在某些历史条件下某些领导人做出的错误判断，而不是红色文化的主流。在社会主义建设蒸蒸日上的现在，在当下的中国，在市场经济飞速发展的过程中，红色文化正在完美融入当下社会的发展趋势中，既能包容社会主义市场经济的洪流，也可以容纳其他有利于生产力发展的文明因素。每个国家都有自己的特点，这取决于其特定的国情。对于那些可以促进我国生产力发展并有助于实现中华民族复兴的积极因素，红色文化的包容性更加凸显出优势。

（二）边疆多民族地区红色文化资源保护与传承的内部社会驱动发展

第一，红色文化是一种民族性的文化，是以马克思主义为指导，与我们中华民族在新民主主义革命中不断融合而产生的，中国特色社会主义文化是属于中华民族的，是一种科学的、主流的社会主义文化，是中国特色社会主义文化的重要组成部分，它具有中国特色的原因是，它传承了中国传统文化的精神特质，是服务于中国的社会建设的。边疆多民族地区红色文化资源作为民族地区的精神文化产物，具有独特的资源优势和文化价值，有力地促进了社会主义核心价值观的建设，进一步巩固和扩大了各族人民的共同思想道德基础，红色文化资源是红色文化的载体，是中国共产党独特的政治文化形态的具体体现。加强红色文化，有助于巩固党的执政地位，进一步统一了广大人民的爱国主义思想，还有利于增强人民的政治信仰，从而大大推动了建设社会主义和谐社会。

第二，红色文化是在马克思主义指导下与中国新民主主义革命相结合的产物，具有较强的科学性，也正是因为这个原因，红色文化是中国共产党执政文化的基础，是提升党的领导权的重要价值共识。重大政策方针的贯彻落实和倡导主流社会价值观的取向是统治阶级意志的重要体现。红色文化是中国共产党在实现民族独立和人民解放的过程中，在马克思主义的领导下形成的共同价值取向。它已与中国人民的思想融为一体，对中国人民的思想和生活产生了积极正确的影响。对共产党员来说，红色文化是中国共产党的重要资源；对广大群众来说，红色文化可以让其对中国共产党的执政文化产生认同，从而巩固中国共产党的执政地位。红色文化是中国共产党建设党和国家的重要思想武器，对红色文化的深入研究和研究，有利于树立执政党的先进性，预防党员领导干部的不作为和乱作为，确保我国经济社会健康快速发展。

第三，红色文化的人民性同样决定了它将引领广大群众的社会生活和谐健康发展。红色文化大力提倡社会公平，有利于提高社会的公平正义。在新民主主义主革命时期，社会矛盾尖锐，各种势力犬牙交错，帝国主义、封建主义和官僚资本主义三大山成为中华民族获得民族独立和国家富强的阻碍，压迫着劳动人民。在这种条件下，人与人处于一种极不平等的状态下，更难言社会的公平与正义。红色文化作为无产阶级的文化，代表着全体劳动人民的利益。红色文化引导和鼓励劳动人民采取有效手段和方法，与剥削阶级斗争到最后，实现社会公平正义。

（三）边疆多民族地区红色文化资源保护与传承的内部文化驱动发展

一方面，红色文化遗产是社会主义先进文化的典型代表。红色文化包含着的伟大革命精神和民族精神，是促进社会主义文化事业繁荣的重要力量。不仅如此，保护红色文化遗产同样也是在保护中国文化遗产。红色文化遗产是中国革命历史文化的共同记忆。它既能增强人们的使命感和认同感，又是中国文化与外来文化的重要区别，能增强民族认同感，成为增强民族自尊心、自信心的精神资源。近代以来，有志之士在救国救民过程中留下的核心价值观，特别是在中国共产党领导下的新民主主义革命过程中形成的革命品格，体现了中国共产党领导中国革命的必然性和中国共产党执政的合法性。在价值观上建立共识的"文化领袖"，已成为中国人对待日常行为的准则和干事创业的态度，是中国文化自信、文化认同的价值源泉。

另一方面，党的十八大以来，传承红色基因的重要性越来越引起党中央和国务院的高度重视，习近平总书记也在多次会议中多次强调，必须继承和发展革命文化，把发展社会主义先进文化作为建立文化自信的重要途径。也可以说，红色文化是当代树立中华文化自信的根本支撑和价值源泉。在半殖民地半封建社会，激活中华优秀传统文化基因，乃至与西方文化抗衡，是必然的选择。只有恢复中国传统文化，才能适应时代的发展。把崭新文化和时代文化的文化基因注入中华优秀传统文化中，是一种必然的选择。随着十月革命的一声炮响，马克思主义来到中国。中国共产党成立后，把中国的实际和实践同马克思主义相结合，创造了一种新的时代文化，一种能够抵制西方价值观的新文化——红色文化。红色文化是中国传统文化转型的重要支点。它赋予了传统文化新的内涵，创造了新的时代精神，鼓舞了中国人，完成了与西方文化价值观抗争的任务。它已成为中国文化自信的底色。

二、边疆多民族地区红色文化资源保护与传承的外部驱动机制分析

（一）边疆多民族地区红色文化资源保护与传承的外部经济驱动发展

第一，大力发展边疆多民族地区的社会经济水平。经济基础决定上层建筑，文化作为上层建筑之一，文化发展首先要依靠先进技术和理念的升级。当前，加快地区的经济发展，是边疆多民族地区最紧迫最重要的任务；增强区域经济实力，是红色文化的继承和发展的基础，一定要坚定地大力开创经济发展新局面。除此之外，科学技术和产业发展观念的进步是边疆多民族地区发展红色文化的重要动力，要与世界先进文化看齐，进行综合创新、引进、消化吸收的循环，从而推动再创新、自主创新，促进文化产业重大专项攻关，促进产学研结合。

第二，在发展文化产业时，在政府主导的前提下，要尊重经济规律，按规律办事。政府对公共文化的投资要给予充分的财政支持，还要规范文化产业的商业化行为、监督红色文化市场行为。边疆多民族地区应将目光放在公共文化建设上，让少数民族地区的区域文化、中国红色文化和中华优秀传统文化和谐共生、协调发展。文化产业的发展还需要更加重要的动力，那就是实施商业运作以吸引私人资本参与。文化产业是一种朝阳产业，在当下更是已成为许多国家的支柱产业。不仅可以提供精神能量，还蕴含着巨大的经济价值。目前，我国文化软实力在大国博弈中处于下风，红色文化产业更是起步较晚，近年来，尽管红色文化产业取得了一定的发展，但仍然发展薄弱。为了改善这一现状，党的十七大以后，中国共产党为未来的文化产业奠定了发展基调，即文化产业应主要在市场经济中运作。红色文化完美契合了意识形态安全的出发点。红色文化资源的开发必须以市场为导向，运用竞争机制使文化产品的开发优胜劣汰，运用市场机制加强文化产品的自由竞争，同时运用供求机制，调节市场供给与需求矛盾，使这一产业的发展趋于均衡，让开发红色文化的公司在文化市场中逐渐脱颖而出。由于红色文化产业底子薄、发展弱，因此，在红色文化开发企业初步建立之时，政府可以加强扶持，给予一定的政策或财政支持，但不能干预企业微观运作。同时要对红色文化开发企业加强监管，当有企业违法违规经营、出现不当经济行为时，监管部门要加大执法力度。红色文化的保护开发还要与科技接轨，将科技与市场相结合，大量运用网络、自媒体等新兴传播渠道，替换掉传统红色文化的生产流通方式，大力发展文化创意产品、影视制作产品、数字化产品和动漫产品等重点红色

文化产业。

第三，政府应严格保护红色文化的知识产权，将大量具有较强自主创新能力、具有自主知识产权的骨干文化企业培育发展完善。完善现代文化市场体系，努力改善文化融资环境。不仅如此，在文化产业的发展方面，政府应当将财政目光更多投入红色文化保护，以及传承开发的方向上，投入大量人力物力在红色资源的基础设施上，如改善红色文化的交通，新建机场可以提高当地旅游业档次，让老少边穷地区形成四通八达的高速公路网、全方位立体的交通网络，为边疆多民族地区的红色资源的开发和利用保驾护航，奠定坚实的基础。财政资金支持是以上红色文化活动顺利运行的关键，也是加强红色文化市场竞争力重要手段。

（二）边疆多民族地区红色文化资源保护与传承的外部社会驱动发展

首先，在社会建设方面，有必要进一步提高中国特色社会主义民主政治的水平，创造出良好的民主环境，让公民敢于思考，勇于去做去实践，激发每一个社会个体的思想，使社会氛围活跃起来。要坚决坚持以马克思主义为指导的方针，同时，不应该忽视文化多元化的现实和发展趋势，对文化多元化的发展加以约束，无论哪种文化的发展都不得危害国家安全和最广大人民的利益。

其次，进一步完善文化行政管理机制。进一步促进政府转变职能，我们必须控制文化政策和指导，文化管理部门必须灵活掌握行政手段和市场法规的程度。同时，在服务文化产业的过程中，必须明确责任，创新文化管理观念，转变管理方式，突出政府的服务意识，实现文化管理与服务协调，更好地完成管理任务。当文化市场的监管失灵或滞后时，可以通过完善法律法规来加强对文化市场的监管，严禁违法信息、不实信息和有害信息散播。此外，可以综合运用教育、法律、行政、等多种方式，引导群众崇尚红色文化，形成实事求是的工作作风，坚守为人民服务的理念、艰苦奋斗的优良品质、无私奉献的高尚情操等，形成优秀的社会风气。还要建立文化市场执法长效机制，切实保护红色文化知识产权，维护市场秩序，营造公平竞争环境。

最后，深化文化体制改革，完善制度机制建设。相关部门要完善政策法规，充分发挥法律的效力和社会保障作用，建立健全的长效机制。红色文化产品的开发要综合运用风险控制和预防措施，或者可以实施奖励政策，如相关的企业税收优惠或减免政策，从而促使技术人员投资拥有发明专利的公司，确保创新人员的知识产权不受侵害。

（三）边疆多民族地区红色文化资源保护与传承的外部文化驱动发展

首先，充分继承中华民族的优秀传统文化，是保护和继承边疆多民族地区红色文化资源的出发点。红色文化诞生在中国的根本原因，就是它包含着中国传统文化的思想特征，随后在新民主主义革命的过程中一步步凝结为新时代特征。红色文化的产生，是由近代中国独特的国情决定的，在新民主主义革命时期，救亡图存的现实情况是中国共产党和中华民族面临的巨大考验。鸦片战争以来，中国人民一直在探索拯救国家和人民的战略，开辟了民族独立的道路，实行了民族复兴计划。在这一过程中，各种精神获得不断升华，如奋发进取、民本大众、实践创新、自我创新以及中国传统文化基因的爱国主义精神，红色文化精神就是在这样的过程中形成的。当然，必须对中华民族的传统文化进行仔细甄别，果断剔除糟粕和过时文化，及时梳理文化精髓。如果不进行挖掘、整理、分析，就无法区分精华和糟粕。不仅如此，我们还必须通过对话交流，才能解决边疆多民族地区与中国传统文化发生的冲突，进一步增强认同感，排除障碍，最终形成多种文化共存的竞争局面。

其次，必须充分研究边疆多民族地区的特色文化，不断深化边疆多民族地区的地方文化特征，并将边疆多民族地区的地方文化与红色文化相结合，创造出特色更加鲜明的边疆多民族地区红色文化。因此，整合当地特色文化具有很大的必要性，可以进一步继承当地红色文化基因。创造更多边疆多民族地区的红色文化代表作，这就要求我们不断探求边疆多民族地区红色文化的含义，并结合当地的地方特色和文化特征，发掘出具有本地特色的红色文化。边疆多民族地区往往是多民族聚居的地区，在长期融合和发展过程中，少数民族文化与汉族文化的发展格局已经形成，形成了丰富多彩的文化发展格局。这种文化的特点就是开放性和包容性，非常具有吸引力和启发性，需要深化这些地方文化与红色文化的融合的特征。在边疆多民族地区创建红色文化品牌时，我们应融合民族区域性特色文化，将民族特色和自然风光融入进来，与当地红色文化精神进行融合，创造独特的红色文化保护体制，让边疆多民族地区的发展与继承机制更具特点。

最后，将红色文化的优秀内涵与国外优秀文化有机融合是实现红色文化保护与传承重要措施。提供更加通畅的交流通道是前提。对外交流是文化发展的重要组成部分和动因，只有对外进行更加顺畅的交流，我们才能知道哪一种文化更好，为我们提供吸收优秀外来文化的指引，并克服缺点。此外，我们必须吸收其他国家的优良文化。文化的吸收决定了国家的命运，我们必须消化和吸收文化养分，才能融合自己的民族和外国文化，从而解决外部文化压力。

第四节 边疆多民族地区红色文化资源保护与传承演化过程的一般特征规律

一、边疆多民族地区红色文化资源保护与传承作用机制的动态化分析

（一）边疆多民族地区红色文化资源保护与传承的三位一体循环结构

对于边疆多民族地区的群众而言，由于历史上各种各样的特殊原因，红色文化资源保护与传承与他们的日常生活有着不可分割的联系，这是一种亲密的共存的关系。因为红色文化本身的可接近性和由中华民族创造出来的原生性，红色文化能够融入社会生活中，从而影响边疆多民族地区人民的思想和行为，演变成为一种积极的社会文化，进而成为一种先进的思维方式。红色文化不仅是中国新民主主义革命社会背景下，社会先进思想的反映，边疆多民族地区的人民也可以把红色文化思潮融入日常生活。随着中国新民主主义革命的进行，中国红色革命文化的影响力逐渐扩大到祖国大地的每一个角落，红色文化在中国的伟大革命实践中成为最先进的文化。如今，社会主义建设进入了新时期，此时的红色文化不仅可以延续报纸、宣传语等传统宣传方式，电视、网络和新媒体等的快速发展为红色文化宣传提供了新思路，增加了一个结合视觉影像，结合市场和吸引群众关注的宣传手段，新科技带来的新技术与受众的便利，让越来越多的边疆多民族地区群众也能全方位接受红色文化的宣传，使文化市场除了主流媒体的集约的文化生产与销售之外，出现了更多样化的文化产业。不同红色文化产品类型的出现，为人们建立彼此之间的话题提供了可能，例如，相同的英雄人物在不同的历史时期有着不同的革命思想，思想的多元化能吸引更多信服者、追随者，从而逐渐形成红色文化的"粉丝"现象。在红色文化产业运转过程中，因为社会背景与操作方式的不同，社会资本——红色文化产业公司必须开拓创新，对红色文化进行润色和改造，塑造贴近人民生活的形象，使喜爱该形象的消费者认同与支持其所代表的红色文化的内涵，让消费有再次消费意愿，扩大红色文化产品回头客消费，这是一套循环的文化开发过程。群众在接收与消费红色文化的过程中，不仅接受和学习主流文化价值，还存在社会个别主体的自我及对社会认同与构建，因此可以说，红色文化的产品意义其实是由边疆多民族地区人民自己创造的。由此可见，

红色文化与边疆多民族地区的生活是密不可分的，社会文化是人们思想的重要影响因素，人们也通过社会文化来感受生活，边疆多民族地区人民依赖红色文化，让红色文化的熏陶成为一种习惯，进而发展出每个人或不同群体不同的红色文化喜好与特色。

关于文化的循环理论，英国当代文化研究学者斯图亚特·霍尔（Stuart Hall）提出了文化经济学的概念，他根据观察研究认为，文化与政治及经济共同组成社会，所有的社会实践都是有意义的，因此要实施一项社会实践，就必须先赋予其特定的意义。他建立了文化循环模型，并且认为，在这一模型中，可以通过表征、认同、生产、消费与规范五个环节的循环，使文化活动或文化制品具有人工赋予的意义，同时，这五个环节是交互循环的，而且相互联结。以上就是斯图亚特·霍尔所提出的"文化循环"理论的基本原理。这一理论的五要素循环见图4-1。

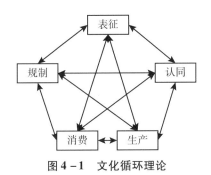

图4-1　文化循环理论

而边疆多民族地区要想实现红色文化资源保护与传承，充分发掘红色文化的内涵，同时促进和带动红色文化产业的发展，最大程度展现红色文化的发展效果，较好地与文化循环理论相结合是一个重要的理论支撑，也是目前所提供的较好的、较易实现的循环结构。通过文化循环理论的演示，我们可以进一步延伸到边疆多民族地区红色文化资源保护与传承的领域。基于红色文化独有的特性、边疆多民族地区的特殊性，以及红色文化在保护与传承的过程中所经历各级政府对红色文化内涵的开发，对红色文化进行全方位的研究；通过加强宣传和社会教育的力度，使社会各界群众增强对红色文化的认同；自行开发红色产品或者授权社会资本对红色文化进行文化产品的研发和生产，从而形成产业；吸引广大群众从旁观者变为参与者、消费者，拉动红色文化产业消费；最后从全社会、全方面促进红色文化创新与再生产，由此形成三位一体的文化发展链条。

（二）动态化演进分析

边疆多民族地区红色文化资源保护与传承的动态化演进可以从文化表征、创新、消费、文化产品、认同五个要素来分析，演进示意图如图 4 - 2 所示。

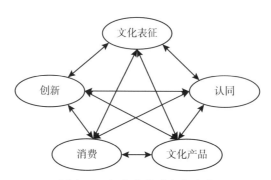

图 4 - 2　红色文化动态化演进

　　在边疆多民族地区红色文化资源保护与传承中，我们将这种文化循环关注的重点放在了文化意义的流通上，而文化的意义以"声音、书写文字、电子技术生产的形象、音符"等形式表现出来的过程和结果就是"表征"，我们可以通过红色文化资源进行研究、保护和宣传的过程，发掘红色文化内部所蕴含的文化表征，并把它充分展示出来，在循环到这里时，"文化表征"的研究和开发不仅是对红色文化的内涵和内容的展示，还建立了红色文化的特点和价值——创造出红色文化的特殊性和普遍性，这可以使得该文化具有"品牌性""特殊性"，被众所周知，从而使广大的群众具有初步的印象。在文化内涵的发掘和宣传过程中，我们不仅要注重深层次地发掘品质良好、内涵丰富的红色文化，广大群众对红色文化的想法、认同也是我们必须考虑到的一个重要因素。红色人物就是通过红色文化形象的创立进而使广大群众熟知的一个典型范例。红色人物使红色文化具备了自己的特色，成为一份独一无二的标签，并利用这种标签效应吸引有相同价值观的群众获得价值观的认同感。在这个过程中，红色人物的特点必须有别于其他红色故事和红色人物，在这样的情况下，红色人物和红色故事所具备的特色能否在听众中引起共鸣，同时建立人们的自我认同，已成为最关键的因素。

　　"文化表征"环节的下一结构，就是在红色文化资源保护与传承的过程中，除了注重发掘红色文化的内涵及其内容外，更要对其进行研究，并在社会教育中赋予红色文化更深层次的含义，同时，在发现和宣传过程中，更好地呈现含义和精神，使广大读者认识到红色文化及其含义，并且促进社会大众的消费行为。人民群众不仅需要红色文化资源带来的亲身经历，而且要充分认同红色文化产品的精神内核。消费者渐渐对红色文化内涵产生认同，将自己的思维和价值观与红色文化相连，通过对文化表征和文化内涵的认知过程，不断地自我建构与认同，就可以达到群众对红色文化的喜爱，进一步内化到边疆多民族地区人民自身的记忆中，进而愿意为红色文化产品消费。在这一环节，如何把握群众的认可度、扩大宣传是至关重要的。

在充分发掘红色文化内涵后，如何获得广大群众的文化认同，则成为红色文化产品生产的重要目标。文化生产是将红色文化的内涵、群众接受度和消费进行融合的最重要步骤。首先，红色文化研究机构是文化内涵发掘者，配合文化产业产品开发者和政府相关部门，通过探寻红色文化资源生产和宣传，寻找三者合作的可能。文化研究机构在这一环节是红色文化遗产循环的关键步骤，文化内涵是一种文化产品的核心，文化研究机构能否将文化内涵开发出而来，与文化产业消费者文化消费趋势、消费意愿和红色文化内涵紧密相连的，在整个产业中发挥着战略性的作用。其次，产品开发者决定着红色文化产品能否得到认可。能否让消费者接受文化内涵，应当着力于顺应红色文化产业的趋势，将重心放在红色文化产品自身的开发上，促进红色文化生产——文化内涵"共同促进"的发展模式，同时一步步完善产品的功能，生产出有特色、顺民意的产品，增强竞争力，树立品牌效应，在文化市场获得可观的份额。不仅如此，还要结合地方情况，通过一系列与地方文化的相互借鉴，受众与民族地区的红色文化距离不断减少。最后，红色文化产品生产的意义，不仅仅是直接由生产者产生和广大群众机械地接受，更应当让消费者产生自发共鸣。红色文化研究机构运用研究手段，将红色文化产品的内涵阐释出来，让消费者接受和自发认同，让群众与红色产品生产相联系，这看似一路畅通，但文化产品生产不能决定边疆多民族地区群众的消费趋向。而且文化产品生产和研究，重点不在于其"交换"或"使用"价值，而在于如何让广大边疆多民族地区的群众"认同"的价值。也就是说，边疆多民族地区群众对红色文化的认同不是原生于当地的，而是需要积极引导的，这种文化需要会随着红色文化内涵的变化而进化，这也间接促进了红色文化的创新。

通过各种手段加深产品形象的表现力，不断用产品的优势和消费者的自我形象重建消费者的身份，科研部门和文化资源开发机构将文化资源创造为产品，因认同感对消费商品产生自觉。一次又一次的场景还原，使边疆多民族地区的人民互相之间形成不成文的规定或者默契，在日常生活中成为有形或无形的强制性法规或规则，使该产品稀有且独特，从而吸引特定人群消费红色文化产品。红色文化产品从生产到消费的整个过程并没有在消费阶段结束，而是再进行文化创新，进行新的红色文化创造和文化产品生产。这样，我们返回生产端，重新开始红色文化产品的生产周期。而且，这些循环并没有特定的开始或结束，其中每一个环节都能进入这个周期或者退出这个周期。从生产到消费的过程还必须依靠文化研究机构、红色文化公司和红色文化宣传部门来塑造品牌形象和产品含义，以建立产品产出和消费的循环。通过多个立体的环节，让红色文化消费者获得认同感，紧紧依附在红色人物的形象上，自觉接受红色文化产品的符号，不断创造自我价值观的认同和建立的循环过程当中。通过以上五个环节，红色文化资源保护与传承实现了三位一体的红色文化循环发展，如图4-3所示。

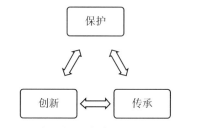

图4-3 红色文化保护传承创新三位一体循环

二、边疆多民族地区红色文化资源保护与传承演化过程的总体要求与发展方向

(一) 边疆多民族地区红色文化资源保护与传承的先决条件

第一，边疆多民族地区存在红色文化遗址资源是先决条件。红色文化的传承与发展，离不开这种文化的载体，这就是红色文化遗产。边疆多民族地区由于历史原因，红色文化遗产数量众多，种类相对齐全，内容多样，并且独具特色。值得一提的是，在抗日战争时期，边疆多民族地区形成了大量的红色文化遗址资源，这些红色文化遗址资源往往与国际交流、民族融合相关。传承和发扬边疆多民族地区红色文化遗址的优势，在中国乃至全世界都具有独特地位。

第二，边疆多民族地区群众对红色文化遗址资源的开发和认知是现实动力。中国共产党在新民主主义革命时期与中国实践相结合产生了代表先进文化发展方向的红色文化。可以看出，红色文化是在中国共产党的领导下继承、弘扬和发展中国传统文化之后，与马克思主义相结合，并融入国家独立、国家富裕的时代要求，基于传统文化的时代主题，创造出的适应时代要求，满足人民需求的先进文化，这就是红色文化与其他文化特色鲜明的文化特征。

第三，弘扬红色文化可以大大促进文化自信。红色文化的传承与发展大大推动了文化自信发展，红色文化通常附着在红色文化遗址上，更具体，更具有鲜明的视觉冲击力，大力开发和保护红色文化遗址资源，可以为文化自信提供信仰的基础和根源。反之，文化自信也将促进红色文化遗址资源保护的良性发展，文化自信会使社会大众认同红色文化的内涵，使之成为中国人普遍接受的普世价值，为红色文化遗址资源传承与发展筑牢群众基础，筑牢中国的文化安全基础。

（二）边疆多民族地区红色文化资源保护与传承的环境基础

第一，政策环境。科学完善的政策是发展红色文化的决定性力量，是红色文化赖以延续的重要保障，红色文化的发扬光大同时又能反过来推动相关政策制度的开创，两者之间相互依存、相互促进，形成一个循环，这个良性循环促进了边疆多民族地区红色文化的生机。然而，网络的壮大成为"法外之地"，没有相关的文化政策保障和法律机制等进行维护，严重阻碍了红色文化产品和文化资源开发的市场化步伐。在社会多元文化不断快速壮大的今天，各种腐朽文化野蛮生长，各大网站、论坛都有很多不尊重传统文化、红色文化，甚至抹黑先进文化的人，使得大众接触的消息被历史虚无主义所覆盖，一旦有社会事件被别有用心的人利用，社会矛盾就会激增。例如，很多人为了博取眼球，大肆"恶搞"红色文化，或者把很多思想文化政治化，或者故意扭曲中国革命历史等，这样颠覆传统的做法很容易博得群众的关注，对社会价值观建设极其不利。如果没有相关的制度对红色文化加以保障、没有官方媒介对舆论进行监督、没有话题引导，红色文化终究会成为社会的"小众文化"。

第二，自然环境。要完善自然地理资源和社会资源的保护。边疆多民族地区自然条件优越，有青藏高原、内蒙古高原、东北平原等宏伟的地质地貌。有的高山耸峙，峰峦叠嶂，有的河谷深邃，悬崖壁立，地理条件独特，地貌类型复杂。而独特的地理环境影响着森林等植被群落类型的分布和植物带谱的形成，使得这些地区动植物资源丰富、种类繁多，这些都使得边疆多民族地区的自然景观丰富多彩。除此之外，正如前文所言，边疆多民族地区的红色文化资源都分布于自然环境优美的地区，红色文化遗产与周围地区的融合很好，保留了红色文化遗产的原生环境，这是边疆多民族地区开发红色资源得天独厚的优势。所以，民族地区应整合现有自然资源，依据群众的文化审美、市场发展需求和趋势有规划地对红色文化进行保护，挖掘当地特色的民族红色文化资源。还可以统筹研究红色文化遗产的空间结构，将红色文化资源与城市建筑景观、历史建筑游、生态乡村游等当地特色开展文化专项联合开发，实现红色文化资源的保护和利用与地区原生功能文化产业、创新条件和城市规划要求的和谐共存，划定红色文化资源的保护范围，进一步明确红色文化资源保护利用的责任。

第三，市场因素。文化产业是国民经济的重要组成部分，是地区经济发展的重要组成部分，但是市场经济制度的缺陷，使得红色文化产业发展出现了不均衡、不健全等众多问题，使得边疆多民族地区红色文化产业在发展中，面临众多的经济问题。红色文化资源的开发形成的产业是"朝阳产业"，是红色文化和市场经济结合的成果。因此红色文化产业遵循市场法则，必须运用市场化运作的方式，是一种文化生产与红色文化消费活动。它与公益性质的文化事业并不相同，更多具有经济性质和物质特征。红色文化产业需要整合红色文化资源，开发内涵从而进行市场化开发和经营，不仅进行红色文化产品的生产经营，还要进行相关服务，最终目的在于满足人民的精神文化生活的需求。我国边疆地区、民族地区及贫困地区少数民族文化历史悠久、积淀深厚，具有丰富的文化资源，发展文化产业是快速发展当地经济的重要手段，但这些地区对外交流相对较少，人民受教育程度较低，整体文化水平较低。因此，结合边疆多民族地区的特殊性，对红色文化资源的内涵和多民族灿烂文化进行融合，是实现红色文化的创新，以及增加红色文化资源开发的新重点。

（三）边疆多民族地区红色文化资源保护与传承的驱动力量

一是外部力量。首先，政府是边疆多民族地区红色文化资源保护与传承的最主要的驱动力量。红色文化作为一种社会意识形态，来源于中国共产党领导广大群众所进行的革命和建设的实践。当前，我国的社会主义建设正处于改革攻坚期、战略机遇期，积极利用红色文化资源宣传、培育社会主义核心价值观，有利于树立文化自信，在精神层面支撑国家繁荣发展。在边疆多民族地区红色文化资源保护与传承的过程中，各级政府有责任调查和保护红色文化资源。发展或授权社会组织开发红色文化资源，开展红色文化思想政治教育，完善红色文化遗产基础设施，有利于提高民族地区红色文化资源的服务能力，保持正确的发展方向。其次，社会资本的参与可以促进红色文化资源开发、利用和保护的创新。各地区、各级相关政府部门将更多的企业吸纳到红色文化产业的投资项目中，聚合社会资金，为边疆多民族地区红色文化传承与发展提供更加充沛的资金支持、源源不断的活力。积极鼓励实力强劲的民营企业及有慈善道德的个人对边疆多民族地区红色文化进行投资，给予一定的奖励，制定和完善相关投资政策，是对边疆红色文化资源开发的重要补充。民营经济和个人更加主动，在红色文化资源的开发保护、传承利用方面更有积极性，使红色文化资源更具活力，使红色文化产品与市场相贴合，解放红色文化的活力和创造力。最后，红色文化资源保护和传承与社会大众息息相关。红色文化在诞生之初就具有人民性，是边疆多民族地区的群众在红色文化开发、保护和传承过程中的出发点和最终落脚点，他们对红色文化接纳程度决定了边疆多民族地区红色文化传播的效果。如果边疆多民族地区的人民在日常生活中，能够自发保护红色文化遗产，对红色文化内涵由内而外接受，红色文化资源保护传承与利用的一系列事业就能事半功倍。

二是内部力量。从诞生之初，红色文化本身就具备着强大的创新性，红色文化的创新性体现在它不停完善自我、发展自我。创新性是马克思主义与时俱进活的灵魂，马克思主义从实际出发，遵循唯物主义，根据现实情况不断创新，具有强大的生命力，在创新中不断发展和丰富内涵。这一特点在边疆多民族地区红色文化资源保护、开发与传承的过程中发挥着巨大的推动作用。不仅如此，红色文化是中华民族在历史发展过程中的集体意志，它承载和诠释了马克思主义指导思想与中国现实有机结合的时代意义。在此基础上，红色文化也充分体现了民族精神和时代精神。这些特点也使得红色文化具有鲜明的特色、丰富的内涵、独特的价值和巨大的包容性。中国文化有五千年的文明史，中华民族千百年来创造了人类历史上最伟大的中华文化，文化的发展也遵循着同样的脉络。中国人对中国文化的认同，使全体中国人感到自豪。正是由于这种自信，中国人民团结起来，赶走了侵略者。革命战争时期形成的"红色文化"与中国传统文化的影响密切相关，并最终融入中国传统文化的精髓。"红色文化"也将发展成为中国的红色文明。而且，红色文化理论是马克思主义理论的前身。马克思主义是中国共产党人引进中国的，并在革命工作中逐步与中国实际相融合，最终为中国革命选择了正确的发展方向，使中国革命进入了一个新的阶段。红色文化是中国文化与马克思主义、革命文化和时代潮流相结合的重要产物。基于此，红色文化本身具有重要的内在驱动力。

三、边疆多民族地区红色文化资源保护与传承演化过程的一般特征规律

（一）边疆多民族地区红色文化资源保护与传承作用机制的基本特征分析

第一，人民性。红色文化的人民性与中国共产党以及马克思主义的人民性一脉相承，马克思主义认为，人民群众是一切物质财富和精神财富的创造者，红色文化的产生是由人民群众在接受中国共产党领导下，进行新民主主义革命的实践过程中逐渐形成的智慧结晶，红色文化充分体现了中国群众的意志。因此，红色文化与中国最广大群众的道德利益和思想需求紧密相连，是一种群众意识。同时，红色文化的来源是人民群众，也终将服务于社会和人民，它代表了广大群众的意志和共同愿望。不仅如此，红色文化在中国的新民主主义革命历史实践中积极进取，不断创新以满足广大群众日益增长的精神文化生活需求，红色文化承担着增强广大群众文化素质，有责任提高人们的思想道德水平。在新民主主义革命的过程中，中国共产党实现了与群众的团结，积极发展先进文化，接受群众的监督和批评，最终完善了红色的文化内涵。在红色文化资源保护、文化内涵创造和

文化传播三个部分中，人民群众始终是文化的主体，其作用不言而喻。也就是说，红色文化本身的每一个阶段都是在中国共产党领导下的，都是人民书写的，红色文化资源保护与传承作用的成果也终将为边疆多民族地区最广大的人民服务。

第二，政治性。政治性是红色文化最为显著的特征。中国共产党领导创建无产阶级红色文化服务于无产阶级革命时期不断变化的革命任务，集中表现出红色文化的政治性。它是革命轰轰烈烈进行的重要组成力量，在同多种腐朽文化的交锋中，中国共产党依靠红色文化的"利剑"，划开了反动派的思想缺口，最终赢得了新民主主义革命的伟大胜利，一步步走向建立人民民主专政的中华人民共和国，在之后为巩固新生的红色政权提供了思想指引。自中华人民共和国成立以来，中国共产党一直在完善红色文化，将其精神内核融入了社会主义精神文明建设之中，为社会主义先进文化发展提供了强大的信仰力量，抵制了资产阶级自由化等各种错误思潮对我国社会主义建设的影响。鲜明的政治性和活力是红色文化能够一直服务于中国特色社会主义的重要保证，也是引领中国社会主义现代化建设事业的根本动力。当下的国际社会，文化软实力已经成为大国之间相互博弈的砝码和综合国力的体现，社会主义先进文化代表了我国的形象和综合国力水平，国外腐朽思想通过网络源源不断的入侵，想要腐蚀我民众思想，在如此复杂的社会背景下，我们更要明确红色文化的政治内涵，树立红色文化成为我国的精神指引。所以说，红色文化的发展依靠其政治性，持续增强和明确政治性才能更好推动中国红色文化传播和传承。

第三，复杂性。这一复杂性的来源正是由边疆多民族地区文化和中华民族传统文化的民族性决定的。马克思主义的文化观认为，文化是具有民族性的。而文化具有多元性，民族文化更是如此，一个民族拥有一种文化，一种文化代表一个民族。中华民族拥有五千年文明史，其民族性特征较为突出。我们有很多文化代名词，红色文化是中华民族传统文化的继承和发展，具有中华优秀传统文化的基因。纵向来看，五千多年以来，中华文化不仅仅是一个时期形成的，其中必然包含了各个历史时期的优秀文化传统，也就使得红色文化自出现之时就拥有源远流长的文化底蕴，加上边疆多民族地区的多元文化，就促使其文化底蕴更加深沉。从横向来看，边疆多民族地区少数民族数量较大。各民族在生活方式、思维方式、语言、风俗习惯、宗教信仰诸方面还是有较大差别的。少数民族与汉族、各少数民族之间有着一些文化隔阂，这些隔阂是客观存在的，如：很多少数民族的语言，如果没学过，互相之间就听不懂；在生活习俗方面，傣族有泼水节，伊斯兰教禁吃猪肉，而其他边疆多民族地区的人民未必有这种节日，其他教徒也未必有这种禁忌，就连本地区不同区域的人民生活习惯也不尽相同。这种差别是不容忽视的。因此，针对不同民族之间的文化差异，必须深入边疆多民族地区进行社会实践，开发利用、归纳整合现有的红色文化资源，同时适当与当地文化进行结合，深入挖掘，因地制宜组织开发，使之可以充分有效地发挥文化价值，从而提高民族凝聚力，促进民族地区红色文化成为当地经济社会发展和民族和谐的重要推力，为地区稳定贡献力量。

第四，公益性与社会性。强化红色文化，有利于培养广大群众的爱党爱国情怀，坚定人民的政治信念，从而实现社会主义和谐社会的建设。边疆多民族地区的文化产业由于其特殊的地理位置，文化背景具有很强的特殊性。文化生产是内涵和内容的生产，是一种特殊的生产形式，所生产的文化产品具有精神内涵和文化内涵，它们主要是满足人们的精神文化需求，具有独特的思想属性，不能只由市场来决定。边疆多民族地区红色文化产业化发展是一个深刻的文化重构过程。这一特殊地区的红色文化产业传播着独特的民族文化价值观和审美观念，这与民族地区的经济发展和各族人民的幸福生活息息相关，与民族地区的社会稳定乃至文化安全息息相关。少数民族地区红色文化产业的发展强调社会效益、经济效益和生态效益的结合。没有社会效益，民族特色红色文化的保护就不会有效；没有经济效益，社会资本就会受到阻碍，文化流通就会变得困难，增值就会成为问题；没有生态效益，民族特色文化和红色文化就不能实现可持续发展。因此，边疆多民族地区红色文化资源的开发，必须统筹兼顾经济效益、社会效益和生态效益，提高边疆多民族地区红色文化产业的整体效益。

（二）边疆多民族地区红色文化资源保护与传承作用机制的现实困境分析

第一，对红色文化保护重视不足，许多地方对红色文化遗址保护和开发不力，有些遗址受损严重。在进行普查后我们不难发现，一些边疆多民族地区红色文化遗址缺乏应有的保护措施，遭到不同程度的损毁。除此以外，革命遗址年久失修，在目前的情况下，大部分遗址难以恢复原貌，甚至红军的一些居住区也被拆除。这些革命遗址的存在，见证了农业和工业革命的艰难历程，应该得到很好的保护。然而，由于当时政府的控制力较弱，即使在市场经济的大潮下，也没有及时进行适当的保护和维护。虽然一些革命性的遗址幸运地保存了下来，但由于缺乏专门的机构管理，它们正处于崩溃的边缘。由于长期缺乏专门的管理，部分革命烈士陵园和陵墓周围杂草丛生。日晒雨淋之后，碑文模糊不清，难以辨认。不仅如此，随着近年来红色旅游的快速发展，我们发现，虽然一些革命遗址已经得到不同程度的改造，但由于缺乏相应的规划，它们更接近现代人的审美标准，为了迎合一些游客，革命遗址的修复并没有完全尊重原有建筑的原貌，而是在不同程度上被改造，导致一些革命遗址遭到破坏。

第二，文化多元化的影响。随着对外开放的不断深化和网络的迅速普及，人们的价值取向朝着多元化方向发展，这是人民群众需求变化的外在表现。在战争年代，社会动荡，人民需要信仰的力量去支撑，现在随着经济社会快速发展，人民生活水平不断提高，开始追求更多文化的学习。价值多元化的现象固然可以丰富人们的价值观选择，并为人们提供更多的意识形态价值选择。但是，中华民族历史悠久，民族文化是中华民族赖以团结的重要凝聚力。当中国传统价值观与西方消费主义、个人主义和享乐主义相碰撞时，必然会造成一定的思想动荡。边疆多民族地区群众和内地群众一样，都是社会主义事业的建设者和接班人，在经济大发展时期遭遇这种价值碰撞会造成更大的思想混乱。由于边境多民族地区交通相对封闭，外国思想对他们的影响较大，这将导致他们受到更大的影响。

第三，文化产业基础薄弱。边疆少数民族地区大多集中在经济相对落后的地区，我国各行政体制、消费能力和产业基础处于较低的平均水平，因此，边疆多民族地区红色文化产业的发展空间是有限的，基础条件的改善是边疆多民族地区红色文化产业发展的前提。文化产业的发展必须以经济发展水平为基础。从经济上看，由于历史原因，边疆多民族地区的经济社会发展基础薄弱，与东部和中部地区相比，仍是后发展地区。其民族地域辽阔，地形复杂，人口资源分散，经济社会发展滞后，基础设施等方面严重欠缺，导致文化消费市场形成缓慢，人们的文化消费水平低下，城乡公共文化服务体系和文化消费设施建设滞后。边疆多民族地区虽然具有良好的民族文化资源和生态环境基础，但受历史因素和自然环境的影响，社会发展不平衡，贫困人口较多，更容易受到现代文明的影响。如果无序发展，自然生态环境和国家文化生态学就将面临更大的威胁。但是，民族地区可以依托丰富多彩的民族文化资源，结合红色文化内涵，把旅游业作为一个重要突破口，快速发展具有特色的文化产业。

第四，边疆地区社会稳定问题十分突出。在经济全球化带来信息全球化的背景下，发达国家利用自身的经济实力和文化传播的力量，将自己的意识形态完全渗透到其他国家和民族中，导致文化入侵，对我们国家和民族的文化安全影响深远、危害极大。随着文化产业的发展，发达国家的跨国公司利用自身庞大的资金、技术和管理优势影响我国边疆多民族地区的文化市场。一方面，外国势力将具有自己文化理念、价值观念和意识形态的文化产品输入我国的民族地区，增加了我们国家文化的丰富性；另一方面，外国势力输出自己的文化资源，在文化产业全球化的背景下，不断侵占本民族以外地区的文化资源。主流文化正面临着市场流失的危机，民族文化的生态环境受到了极大的影响。现代信息技术的发展，使得远程开发文化资源变得更加容易。国外对中国文化资源有了更深入的了解，尤其是边疆多民族地区特色文化更加引起了他们的注意。此外，少数民族文化因素也影响着边疆少数民族地区红色文化的竞争力和影响力。

（三）边疆多民族地区红色文化资源保护与传承作用机制的发展要求分析

第一，完善的社会综合治理体系。优化社会环境的系统工程就不得不提到社会的综合治理，它涉及我们社会生活的方方面面。整个社会应该提升治理问题的敏感度，发现问题、调查研究、解决问题的反应机制需要进一步提升，很多发展较快的领域，如网络和文化出版等文艺文化传播领域就是政府治理盲区，社会的综合治理就尤为重要，在新的社会治理体系中，政府和执法部门只是社会治理的一部分，新闻媒体、社会舆论及个人自律也扮演着十分重要的角色。参与者包括了机关党委、乡、镇、企业、村、居委会、学校、街道办等多种社会组织，这些都是宣传红色文化，积极引导红色文化资源保护的力量。一方面，基层治理的单位与广大群众天天相伴，深得群众信任，更加有利于红色文化深入人心，有利于红色文化保护思想传播；另一方面，可以将群众的身份进行转化，赋予他们更多监督红色文化保护的权利，能够充分发挥其积极性，同时，这也是中国共产党坚持群众路线的重要表现，让红色文化深入人心，成为人民身边的文化。

第二，经济、政治和社会制度保障是前提与保障。当前，我国的许多问题是由我们的经济、政治和社会制度以及制度的不平衡导致的。在此条件下，党和政府不断深化改革，进一步建立健全和完善各种社会制度管理体系，真正将文化思维作为一种发展方向进行弘扬。同时，加强多方面监管，红色文化资源相关部门制度改革要持续深入，创新监管机制的改革，制定有针对性的红色文化保护政策，使红色文化保护做到有法可依，有章可循。除此之外，应当遵循精简效能的原则，将红色文化资源的管理集约化，设定部门统一行使管理职能，让资源保护、开发与传承体制机制更加成熟。

第三，进一步建立完整的宣传和教育，在保护红色文化遗产方面形成共识。红色文化资源是革命先辈留给我们的宝贵物质财富，是我们了解历史，学习祖先的革命精神，开展爱国主义教育和革命传统教育的生动教材。《中华人民共和国文物保护法实施条例》指出："文物行政主管部门和教育、科技、新闻出版、广播电视行政主管部门，应当做好文物保护的宣传教育工作。"它要求各级教育部门弘扬红色文化，加强校本教材建设，将更多的红色历史和红色革命作品纳入学校日常教育，在教学计划中充实红色文化和文化遗产保护知识，积极组织学生参观学习，调动热爱家园和爱国主义的青年人的积极性。文物保护部门和行政主管部门应当编制红色文化资源教育宣传材料，采取各种措施，向学校里的学生宣传红色文化。同时，通过论坛、讲座等活动，扩大红色文化遗产的普及率，向人们展示红色文化遗产的丰富内涵，提高保护红色文化遗产的意识和学习红色文化的意识。新闻出版部门还要大力推广先进的文化遗产保护模式，及时揭露文化遗产违法行为，充分发挥舆论监督的作用。

（四）边疆多民族地区红色文化资源保护与传承作用机制的影响路径分析

第一，红色旅游是红色文化传承的重要手段。在发展红色旅游的过程中，我们将旅游发展规划的指导思想和红色文化内涵相结合，通过政府、社会和市场三部分相结合，促进红色文化传承。红色旅游景区是革命文化和历史文化的载体和场所，对红色文化的发展起着重要作用。红色旅游景区建设包括硬件建设和软件建设。硬件建设是指基础设施和设备建设，如道路、机场等设施；软件建设主要是指红色旅游和服务业的发展。红色旅游景区红色文化的建设主要包括了硬件建设和软件建设，如在空间中营造红色文化氛围，在服务中弘扬红色文化内涵，在多元一体中强化红色文化元素，大力恢复和激活红色文化的原貌，从而使游客置身于真实的环境中，使红色文化传承效果显著。一方面，被红色文化宣传吸引了大批国内游客来到"革命圣地"，不仅参观了红色文物，重温了革命时期的英雄事迹，而且再次主动接受了红色文化教育，在他们的知识体系中，加强了革命时期的优秀文化。他们通过对过往革命历史的思考，重新对自己的价值观进行洗礼，将这种奋发向上的精神力量，用于未来的学习、工作和生活中。另一方面，红色文化旅游的快速发展为加强宣传推广提供了指引的标志，推动社会大众的关注度，有效地体现了红色文化。红色文化遗产、红色文化和红色旅游共同发展，相互促进。

第二，红色文化与网络等新媒体的融合。我国网民数量世界第一，网络传播具有信息传播面广、信息传播速度快、传播方式种类多样，结合丰富的红色文化资源，将网络快速发展的特点加以运用，让民众更积极主动接触红色文化，让红色文化成为建设社会主义的重要信念支撑。新媒体发展日新月异，通过现代数字技术，与革命运动、重大历史事件或英烈人物有关的文博单位、文化遗产单位进行一一连接，对相关的文字、图像、声音进行场景再现，以数字化的格式在网站、手机应用中快速传播，打破时间、空间的束缚，观众可以在足不出户的情况下，通过信息技术清晰地、全方位地参观和感受红色文化遗产。而在网络快速发展的时代背景下，顺应潮流，积极拓宽传播渠道，提升传播效率、开拓网络思想引领，可以使网络风气得到净化；同时，要走出一条符合中国特色社会主义文化发展要求的道路，想要建设红色文化网络品牌，就必须深入挖掘红色文化的时代内涵和意义。归根结底，红色文化之所以进行数字化，就是因为这样可以拓宽网民的接收渠道，从而提高红色文化的接纳和认可度。

第三，坚持马克思主义中国化指导思想，创新历史教育，增强当代青年红色文化的历史记忆。这是一个信息爆炸的时代。新一代的年轻人生活在这样的环境下，对革命战争年代的历史很难获得清楚全面的了解，红色革命文化往往是他们的记忆模糊地带。首先，少数民族地区的教育部门一定要将红色文化内容与小学、中学和大学的教育相融合，同时利用网络平台进行再次红色舆论攻势。不同年龄段学生，认知能力也不尽相同，应教授不同的红色文化知识和理论。其次，开展必要的红色文化实践教育，如利用党团活动日，组织学会参观革命故居、废墟等，通过对红色文化遗产的实地考察等，让学生体验恢复历史故事中的活动和历史特色，不断加强和巩固红色文化。这样，红色文化遗产就不会被破坏，红色文化基因就可以代代相传。在马克思主义中国化的指导下，创新红色文化的历史教育可以帮助青年正确认识中国特色社会主义核心价值体系的精神实质。深入了解红色文化有助于解决青少年对红色文化认同的危机。因此，要创新红色文化历史教育，以客观、理性、实事求是的态度纠正红色文化历史教育中的偏差和误区，充分挖掘红色文化资源的潜在价值，帮助广大青年了解、接受和认同红色文化的精神内核。发扬红色文化革命时期革命先辈的崇高品质和革命精神，广大青年群众可以通过对红色文化革命时期重大历史事件的客观展示和理性分析，获得积极、健康、高尚的深刻情感体验，进一步陶冶情操，磨练意志，掌握科学历史唯物主义分析思维和能力，掌握历史形势和国情，形成历史观念和正确观点，科学解读文化革命时期的重要革命文件和理论著作，牢固树立中国特色社会主义共同理想，不断提高维护民族自尊心、责任心和能力。

第四，政府推动社会科学团体以更快速更高效的方式开发红色文化。少数民族地区一般地域广阔，红色文化遗产往往分布广，资源整合难度大，研究红色文化的专业机构不足。在发展之初，红色文化在这一地区的文化影响力通常被人忽视。首先，少数民族地区红色文化的缺乏有力的宣传渠道，传播领域不够广，国内的影响力极为有限；其次，红色文化发展形式相对简单，难以结合新媒体进行宣传，缺乏创新性；最后，边疆多民族地区红色文化内涵开发不足，文化特色不鲜明，红色文化的氛围不浓。政府可以根据当地情况整合资源，建立红色文化研究中心，加大力度对当地红色文化传承进行研究。首先，要组织一支专业队伍，对红色文化进行深入学习和调研，充分认识当地红色文化的影响力；其次，创造和培育该地区有影响力的红色文化符号；最后，对已出现的红色文化特色符号，应该充分挖掘其内涵。文化符号是显性的，而符号的含义是隐性的，为了有效地弘扬红色精神文化，有必要对有特色的、难以接受的文化符号的内涵进行深入阐释和挖掘，运用媒介进行宣传，突出本地区红色文化亮点。

（五）边疆多民族地区红色文化资源保护与传承演化过程的一般特征规律分析

文化资源保护与传承是一个有规律的过程。它是一种先进的文化，这就意味着其遵循文化保护、传承和发展的规律。要认识红色文化的基本规律，我们必须认清文化继承的一般规律。在此基础上，才可以找到红色文化资源开发中的特殊性。

第一，红色文化的价值决定红色文化的传承力。自五四运动掀起了新民主主义革命的浪潮，中国共产党和工人阶级为了实现民族独立和人民解放，进行了大无畏的革命，红色文化在爱国主义为核心的民族精神和革命精神的启发下诞生。红色文化的内在价值是其存在的基础，为红色文化提供了强大的生命力，对于继承红色文化也很重要，也是传承红色文化的重要先决条件。作为我国的主流文化，要继承红色文化，必须理解红色文化的内涵，探索红色文化的内涵，提升红色文化的文化价值。而文化自身的内涵直接决定了红色文化的价值。根据各具差异的文化内涵，不同文化满足的主体的需要有很大区别，因此，不同的文化表现出不同的文化价值差异性。红色文化底蕴深厚，对人民来说具有较高的品位，随时代的变化，价值独一无二，具有满足人民的心理需求和继承的特点。红色文化的历史价值也仅仅是它众多价值的一个方面，现实的当代价值则是它能够为我们所用的重要特性。它不仅指引着中国新民主主义革命走向胜利，而且是中国共产党领导人民革命的文化见证；继承现代红色文化是建设社会主义先进文化的重要方法，红色文化也是建设文化自信的法宝，是促进国民素质的提高、党的自身发展的抓手。文化内涵寓于红色文化之中，有利于增强民族文化软实力，它是红色文化的重要体现，是最重要的价值核心，红色文化资源在保护继承和创新方面的发展必须依靠红色文化的发展。

第二，政府领导是红色文化遗产发展的动力和保证。政府领导是主流文化遗产研究探索、传承红色文化和进一步创新的动力和保障机制。要促进人民的文化觉醒，就要振兴民族精神，积极促进先进文化的繁荣。在任何历史时期，国家权力、财政和政策都是文化建设的主导动力。建立先进文化的能力也是党执政能力的重要体现。同时，所有运动的事务都是某些内在和外在原因的结果，文化也包括在内。如果文化本身的价值是文化遗产的基础，那么文化具象化特征也有权影响文化发展的方向或文化发展的结果，或者可以确保文化的文化发展方向。

除了自然的传播方式外，红色文化的传播主要需要相关部门制订有针对性的计划。只有促进红色文化的广泛和透彻的传播，才能充分实现红色文化在当代社会的重要价值，进而发挥红色文化的社会价值建设力量。在社会主义建设中，构建文化自信是中国特色社会主义先进文化的重要目标，红色文化在此过程中有着强有力的指导作用。同时，它还能增强中国人民的民族自信心和自豪感，激发对中华民族伟大复兴的使命感，为中国人民的生存精神提供指导，促进人民积极进取，努力工作。但是，红色文化的有效继承是所有这些的基础，也是红色文化必须在新的历史起点上肩负的责任。为了通过红色旅游促进红色文化的传播，党和政府要高度重视相关政策和机制的颁布，以使国家红色文化的发展，红色遗产的保护和红色旅游产业的发展呈现出鲜明的形象。

第三，从具体的物品到抽象的文化思维共鸣是继承红色文化的重要方法。文化是社会存在的反映，也是人类社会生活的组成部分，是人类社会行为的技术方法和行为模式，也是社会方法和价值取向的解释、规范和综合。人类是创造文化的主体，创造出了不同层次的文化。文化的较低层次意味着文化是具体的、具体的和物化的文化，包括人工制品、建筑和技术文化，而我们经常谈论的理论、思维方式、生活方式和信念都是高级抽象文化的典型代表。具体文化是一种物质文化，因为它的存在必须依靠中介和媒体的作用。它通常不会直接与接受者的原始思想相抵触，很容易理解。它不仅传播速度快，而且影响更大、更专业。高级抽象文化处于思想文化层面，与信仰、生活方式、思想原则、价值观等相关，具有地域性和民族性。当处于不同成长环境中的人们接触抽象文化时，会倾向于原有文化，新观念与原有价值观之间存在冲突，因此传播速度相对缓慢。但是，只要被接受，它就是持久的。

红色文化是中国共产党领导广大人民参加中国革命斗争的过程中形成和发展出来的，这种文化的传承是立体的。通过参观学习文化遗产，可以从表面到深处，从物质到精神逐步理解在这些具体文化中的伟大红色精神。因此，我们只能加强对红色文化遗产的保护，恢复其原始状态，以帮助游客实现红色文化遗产的物化。人们可以在参观红色文化的过程中提升自己的思想和灵魂。

第四，红色文化遗产离不开人民。在文化的传承中，文化是否能够适应人民的需求，是文化本身能否不断更新、保持生命力的决定性因素。它反映了文化与人民之间的关系。因为文化必须适应人们的社会背景和心理需求。只有满足人们的需要，它才能从文化共鸣的角度影响大众。

让文化与人相互连接相互影响，是红色文化发展的必然方向。红色文化是中华民族优秀文化的一部分，它可以把革命战争时期的情感体验和情感共鸣传递给几代人，引导和帮助人们把情感放进心里。学校教育应采取对儿童、青少年进行宣传教育和思想教育的形式。在社会教育中，红色旅游是使红色文化深入人心的有效途径。通过让观众参观红色文化遗产或看到人生的沧桑变迁，除了感官刺激，还可以用指南手册来激发观众的情感、经验或联想，然后是情感共鸣。因此，红色旅游必须研究旅游者的心理需求，关注旅游者的目的，满足旅游者的需求，开发符合市场趋势的产品，在刺激消费的同时实现情感共鸣。红色经典电影、歌曲、红色文学等，都能极大地恢复历史场景的气氛，具有可移植性，使人们在红色文化氛围中，感受和体验，进一步获得文化认同感。

红色文化传承必须要满足受众的心理需求，根据不同的情境，采取最佳的方式，想方设法与受众产生心理共鸣。新民主主义革命时期的红色革命者，通常只需要几个红色文化符号就能与他产生共鸣，并达到文化传播的目的。但是，如今的年轻人由于生活经验的巨大差异，想给他们传播红色精神，就有必要恢复历史氛围并让他们沉浸其中，以引起他们的情感共鸣和形象化红色文化和教育。可以看出，红色文化的传承必须充分考虑参与者的生活背景和其他条件，准确分析其需求，并找到"共鸣点"，以取得最佳效果。

第五，红色文化的传承必须引导主流文化，让主流文化影响和带动非主流文化。文化传播具有辐射和渗透主流文化的作用。文化的传播是社会发展的重要组成部分。主流文化带动非主流文化在文化交流和传播中是一个不可忽视的部分，高层次和主流文化总是向低层次和非主流文化传播，反向文化传播几乎很难发生。主流文化通常是指符合社会发展规律的文化。

1840 年，随着中国在鸦片战争失败，我国的社会性质开始变化，逐渐沦为半殖民地半封建国家。在维护国家统一和实现民族富强的奋斗过程中，中国共产党带领中国人民进行了艰苦卓绝的新民主主义革命，形成了红色文化，并随着历史的发展逐渐发展、成熟，广泛传播起来。红色文化成功引领中国革命取得了一次又一次的胜利，用实践证明了红色文化对中国革命事业的推动力。红色文化既然可以支持引导中国革命走向胜利，就足以说明其具有优势，具有很强的扩散功能，在群众间具有极强的感染力和传播力。红色文化作为一种先进文化，是文化创新与中华民族传统文化传承的有机结合的产物。它是中华民族杰出的民族精神与时代精神的有机结合。它满足了大多数人民的需要，在历史上指导了中国的革命实践取得成功。红色文化不仅继承了中国传统文化的优良内涵，而且丰富和创新了伟大的民族精神。在新民主主义革命时期，东北抗日同盟精神、长征精神和延安精神都是红色文化的具体代表。毛泽东思想丰富和补充了红色文化，这是马克思主义中国化的重要精神财富，是中国共产党指导思想体系的重要组成部分。可以看出，红色文化已经成为当代主流文化。因此，我们必须继续强调红色文化的主题，弘扬红色文化作为一种精神品质，促进红色文化进入校园，指导公民，特别是年轻人和知识分子。近年来，中国的综合国力显著提高，已日益成为衡量中国综合国力的重要标准。中国红色文化的自信带来了强大的民族自豪感和巨大的自信，这是其他国家所无法比拟的，也引起了全世界的关注。随着中国国际话语权的不断提高，中国传统文化和红色文化正走向世界舞台，红色文化将成为中国在世界上的光辉名片。

第六，媒体的影响在红色文化的传播中起着至关重要的作用。当代社会是一个媒体环境快速发展的信息社会。各类媒体发布的信息都影响着普通大众的日常生活，并已成为生活环境的关键创造者，在媒体日新月异的今天，人与环境之间的互动已经发生了巨大的变化。而文化最重要特征是传播性，文化的传承直接受传播水平的影响。传播都需要文化的载体，大众传播也是如此，大众文化依赖大众传媒进行传播，大众传媒是大众文化传播的实施者和推动者。传播媒介将传播的时空进行压缩，使信息的接受超越了时间和空间的限制，因此要进行文化传播，媒介传播的建设至关重要。人们更愿意相信权威媒介传播的内容和方式，因为权威媒介是更具可靠性的传播方式。红色文化作为我们国家的大众文化，代表了中国先进文化的前进方向，更应当重视传播媒介的建设和运用。因此，各级政府和各部门必须全面利用社会上所有媒体资源，构建出一套可循环的红色文化传播机制。此外，大众传播媒介对人们价值观的形成起着重要的作用，因此，大众传播媒介一定要在提高信誉的同时，积极承担继承红色文化的社会责任。同时，保持自我创新，互联网、应用软件等新型媒体都是拓宽红色文化传播媒体渠道，要全方位、无死角、更利民地进行文化宣传，鼓励引导边疆多民族地区群众树立正确的价值观。

因此，作为红色文化的主导传播者，政府仅从财政的角度考虑是不合理的，我们还应该加大政策的协助，完善制度建设，吸引公共和商业媒体相互配合，并着眼于官方媒体的领导作用。它不仅可以充分发挥各种传播媒介的优势，而且可以形成符合市场需求的三维红色文化传播力量。通过官方电视台、广播电台、报纸、互联网等媒体，与红色文化合作，进入人民群众的身边；开展讲座、访谈和其他红色文化传播活动；加大红色文化专题报道的力度，与红色文化电影、红色文化相配合，通过文学作品、影视作品、歌曲等多种形式，共同营造三维、强大的红色文化传播体系，提高红色文化传播的有效性。

第五章　边疆多民族地区红色文化资源保护与传承模式及对策研究

第一节　边疆多民族地区红色文化资源保护与传承模式研究

一、边疆多民族地区红色文化资源的保护性建设工程

第一，要加强系统性保护。红色文化资源的保护并不是孤立的，一定要与周边的环境相嵌套、相连接。如若红色文化资源的保护只是将其围起来或者放到纪念馆当中，其社会作用和教育作用将大打折扣。所以红色文化资源的保护既要保证相关资源的整体结构，又要加强与周围环境的融合，将红色文化资源保护与城市建设系统性考虑，从整体出发，从建筑风格和展示主题入手，兼顾城市建设整体规划。

第二，要将历史与现实相结合。红色文化资源，尤其是红色文化遗址的保护性建设工程的开发，需要与现实环境相结合，既要反映历史内容，又要与时代相结合，防止与现代环境的割裂。所以要在保护的基础上加入生态环境保护和娱乐休闲两大要素，吸引民众前来，既能实现城市的生态化建设，又能够带动民众保护、传承红色文化资源的意愿。

第三，加强与历史和民族文化的结合。边疆多民族地区红色文化资源处于民族地区中，所以在红色文化资源保护性建设工程当中要加强与当地历史文化和民族文化的结合，凸显出红色文化中的民族性，在建筑风格和展示内容等方面不断展现红色文化的基本内涵，激发当地民众对红色文化资源保护与传承的热情。

二、边疆多民族地区红色文化资源的整理工程

第一，要加快完善构建红色文化档案整理保护工作制度。在边疆多民族地区，红色文化档案整理工作制度建设较为欠缺，相当一部分地区没有进行红色文化资源的收集整理工作，应当以国家文化遗产保护工作为学习对象，加快负责红色档案收集保护机构的构建，以市委市政府牵头，联合市档案馆、党史办等部门科研机构、高校一同建设红色文化档案资料共享研究机构，对红色文化资源的规划、保护研究等工作进行多部门协同推进，为红色文化档案整理保护工作制度建设提供可靠的行动方案。

第二，要加快推进红色文献、红色事迹等红色文化资源的普查工作。以行政区划开始划分，制定统一的普查标准，加快对红色文化资源的普查工作，做到摸清家底，对普查来的红色文化资源按照标准进行鉴定，并按照损坏情况、现留情况开展不同等级的保护工作。协调好各级部门的相关部门，确保红色文化资源的保护工作，实现相关内容的统一管理和统一保护。另外还要加强红色文化普查工作的宣传工作，提升民众认知，不断争取社会各界对红色文化资源普查工作的支持，形成一定的奖励机制，激励社会各界向相关部门进行捐献。

第三，加快红色文化资源的分级工作。通过对不同内容的红色文化资源进行分级判定，来进行相对应的保护工作，一方面提升了保护工作效率，另一方面也使得整理保护工作更具有针对性。该项工作开展的过程中，要以红色文化资源的损坏情况、价值情况等内容进行判定，同时兼顾信息流失的突发性和实际的急迫性，对红色文化资源的真伪、价值进行辨别。同时在保护中对红色文化资源按照标准进行分类。

第四，不断提升红色文化资源的保护与修复能力。在红色文化资源整理工程当中，要做的不仅仅是收集整理，更重要的是在此基础上对其进行保护与修复。要不断改善红色文化资源整理保护的客观环境，利用好现代技术优化保管条件，加强研究、保护人员的工作能力来带动整体的工作效率和工作质量，还要加强红色文化整理保护的宣传，提升民众的保护意识。

三、边疆多民族地区红色文化资源的弘扬传播工程

第一，要利用好媒介进行意识宣传。在当今社会中，各类媒介内容不断影响着我们，而我们在此过程中并未发觉，红色文化资源的弘扬与传播离不开新闻媒介，个体接受红色文化也需要新闻媒介，媒介的熏染并不是填鸭式的教育，而是

通过润物细无声的方式让民众增强对红色文化资源的认同感。媒介熏染的方式是多样化的：第一种是传统型的媒介，其中包括艺术表演，报刊标语等形式，加强传统媒介的作用应当从政府出发，利用政府的公信力和权威性来推动红色文化资源的大众化与时代化；第二种是新兴的媒介，信息化时代的来临使得自媒体打破了传统的一方输出一方接受的传播模式，构建出了传授交互的新型传播模式，这样可以利用好民众个体的传播力量，形成全民传播的新型局面；第三种是非典型的媒介，其中包括创作作品和各类公益作品，一方面需要传播现有的红色文化资源，另一方面需要加快创新和研发，推出新型的红色产品，实现红色文化资源的大众化传播。

第二，要充分发挥好党员干部的模范先锋作用。这要从两个方面来实现，一方面需要提升党员干部本身的综合素质，这就需要加强对党员干部的教育，提升党员干部的选择标准，不断进行自我批评和自我反省，做到居安思危，增强党员干部的忧患意识和应对风险的能力。另一方面需要加强对优秀党员干部的宣传工作，既要加强对革命年代党员干部的宣传，通过展现革命先烈的高尚品德来宣传红色文化，又要加强对现代优秀党员干部的宣传，结合红色文化分析其典型事例，展现红色文化的时代性特征。

第三，要加强对大学生的思想教育。在对红色文化资源进行宣传的过程中，一定要将红色文化资源引入校园，增强大学生的思想教育建设。首先，要与高校思想政治教育课相结合，不断对大学生思想政治教育课本进行更新，不断将红色文化最新研究成果传播到大学校园中，通过剖析红色人物、红色事迹、红色作品来发挥红色文化资源的育人价值，根据实际教学情况让大学生多种形式地参与到红色文化教育中。其次，要建设高校德育基地，红色文化资源的传播要基于实践，要将最新的红色文化研究放入教学实践中，不断推广红色文化资源，高校应当与相关科研机构以及政府部门建立合作关系，共同建设高校德育基地，让学生老师有平台、有机会对最新的红色文化研究成果进行实际检验。最后，要纳入大学生的生活实践中，利用好多样化的形式，以红色文化为主题，进行大学生的社会实践。在学校中应当依托校园网对相关内容进行宣传，在校园内部构建起学习红色文化、践行红色精神的氛围，利用重大节日开展红色论坛、红色演讲等活动，让大学生感受到红色文化的肃穆性，在活动当中逐渐对大学生进行红色文化的熏染。

四、边疆多民族地区红色文化资源旅游开发工程

第一，加强红色旅游与度假旅游的结合。现阶段人民收入的不断提升导致了

旅游需求的不断上涨，在传统的景观欣赏基础上，群众更需要在旅游当中放松身心，根据《2018 年度红色旅游消费报告》，现在红色旅游的游客平均年龄在 33 岁，这表示更多年轻人愿意参与到红色旅游当中，但是年轻人的生活、工作压力极大，在旅游的过程当中度假放松的需求十分明显，所以要做到红色旅游与度假旅游相结合，在进行红色教育的基础上满足年轻人度假旅游的需求。

第二，加强红色旅游与边境旅游的结合。边疆多民族地区红色旅游需要充分发挥地处边疆的区位优势，不断展现国内外的优秀文化成果，将优秀的国内外文化与红色旅游相结合，吸引国内外游客前来观赏。同时边疆地区地处国门，在保卫国家领土安全等方面具有强烈的纪念意义，展现中国共产党人在此的奋斗过程能够有十分震撼的视觉冲击力。另外，边疆多民族地区的口岸和贸易点能够推进红色文化产品的创新与销售，提升红色文化产业链附加值，进而循环带动当地的红色旅游业发展。

第三，加强红色旅游与民俗文化旅游的结合。边疆多民族地区红色旅游需要充分发挥少数民族文化多样性的优势，不断展现当地少数民族的民族文化和民俗文化。边疆多民族地区红色文化资源产生的过程是受到了当地的民族文化和民俗文化影响的，当地的少数民族同胞也会根据红色事迹创作出相关的红色文艺作品，在此基础上进一步加强红色旅游与民族文化旅游的结合，能够更加吸引国内外游客前来游玩学习，在感受民族、民俗文化的过程当中感受到红色文化的魅力。

第二节　边疆多民族地区红色文化资源保护与传承存在问题分析及对策建议

一、边疆多民族地区红色文化资源保护与传承存在问题分析

（一）关注与投入宣传力度不足

第一，政府管理与市场需求不匹配。首先，体现在资金投入不科学，政府的投资大多具有目的性，即获得较为明显的经济效益或社会效益，在这种背景下政府的红色文化资源投资大多集中在大规模的文化项目上，而非小规模的红色文化项目上。资本也是具有逐利性的，企业的进驻和开发是基于良好的收益的前提下的，边疆多民族地区本土的企业大多实力较弱，当地的红色文化资源开发只能依

托外来资本进驻，这就会直接导致本地的红色文化资源红利被掠夺。其次，政府的顶层设计构建不完善，边疆多民族地区的政府在对当地红色文化资源进行保护、开发进行规划的过程当中，更多把精力放在规划设计中，对于监管和评价体系的构建投入较少，这就导致当地的相关规划在实施过程中容易出现打折扣的现象，无法良好地实现相关规划，也不能满足市场的实际需求。最后，红色文化市场体系急需完善，红色文化资源的开发的确会带来一定的收益，但是片面追求短期效益会导致过度解构红色文化资源的完整性，忽视红色文化资源的保护，既可能导致相关红色文化资源无法再次利用，也可能导致过度开发，使市场对红色文化无法再利用。整体来看，片面追求短期效益将无法实现当地红色文化资源的可持续开发。

第二，红色文化的研究相对不足。首先体现在对红色文化理论研究的欠缺，目前边疆多民族地区红色文化资源的内涵在当地社会的明晰度不够，进而导致了当地一部分民众对红色文化资源的保护意识不强。由于当地政府对红色文化资源的保护与传承更偏向于获得经济效益或者政绩，较少关注到自觉意识的培养等层面，所以一般来说，边疆多民族地区对红色文化资源的研究大多集中于红色遗址等物质性的红色文化资源，对红色事迹、红色文献等非物质性的红色文化资源研究较少，然而红色文化资源的内涵通常更集中于精神层面，即非物质性的红色文化资源当中，这就导致了当地对红色文化的理解认知有所偏差，在具体的红色文化保护与继承实践中停滞不前、迷茫不清。红色理论研究的缺失会使得民众认为红色文化晦涩难懂、高高在上，这种距离感一旦出现，就更难以体会到红色文化背后所蕴含的深刻意义。

第三，政府在宣传方面的作用缺失。红色文化在传播中具有多种传播主体，但是最关键，作用最明显的是政府，政府的权威性和专业性使得政府在引导其他传播主体时作用十分重要。现阶段边疆多民族地区的红色文化资源宣传工作更多的是政府，但是政府并没有发挥好引导作用，缺少市场的配合，没有真正发挥出红色文化资源的经济效益，民众对红色文化资源的经济认同不足，另外政府在宣传的过程当中更多的是依靠传统媒介，与新兴媒体的结合不足，"重申报、重开发，轻保护、轻管理"的形象频现。政府作为红色文化传承和发展的责任主体，宣传力度不够，严重影响了红色文化传播的广度和力度。虽然政府在宣传红色文化的过程当中利用了其优势，但是在具体实施的过程当中需要更关注最后的接受群体——人民群众，然而人民群众自发保护与传承红色文化资源的意愿不强。

（二）具体规划布局缺失

第一，文化产业本身的结构不合理。边疆多民族地区的文化产业结构不协调，相关文化产品创新性不足，映射到红色文化上面即为红色文化的产业布局规划有所缺失，仅为单类、单种红色文化资源的开发，较少形成规模化、系统化、品牌化的红色文化产业链。文化产业的松散形式导致了红色文化产业的市场运作能力较差，市场转化率较低。在具体工作布局方面，红色文化的开发处于初步阶段，对深层次的内涵挖掘不够，进而导致了市场上的红色文化产品同质化严重，与其他文创产品相比缺少竞争力，占据不到市场份额。另外，红色文化产业在受众体验上没有进行合理规划，只是运用较为落后的陈展方式。因此，要注重对红色文化资源在旅游业当中的开发，通过文化节庆、遗址展览等方式增强游客的体验度，进而感受红色文化，提升对红色文化的认同度。

第二，红色文化与当地文化的融合规划不到位。边疆多民族地区的红色文化资源有着开拓群众视野，增加民众沟通，促进民族团结等方面的作用。但是在红色文化和当地文化结合的过程中，总会出现一定的文化冲突，文化冲突一般是在交流当中隐形出现的。一方面是与当地的社会文化和民族文化有所冲突，虽然边疆多民族地区红色文化的产生和当地的民族文化有着千丝万缕的联系，但是红色文化在当今社会中发生作用时总会与当地的社会文化与民族文化产生冲突，具体体现在边疆多民族地区的民族文化受影响因素较多，例如国际环境影响、宗教影响等，导致红色文化在边疆多民族地区发挥作用有限，当地政府在连接两种文化方面的工作开展仍需加强。另一方面是在现代化的背景下与其他强势文化之间的冲突。边疆多民族地区的文化环境受外来强势文化的入侵，改革开放以来，各种落后腐朽的文化涌入国内，历史虚无主义等思想大行其道，边疆多民族地区由于其地理位置最先受到国外腐朽思想的影响。此外，边疆多民族地区一般都是较为落后的地区，伴随着我国现代化建设和脱贫攻坚战的推进，这些地方的生活生产水平在近些年来提升较快，民众的思维方式和综合素质水平提升却较慢，这就导致了他们无法正确识别文化的好坏，总的来看红色文化与社会主义核心价值观等积极文化的结合相对欠缺。

（三）专业化保护与管理不到位

第一，红色文化资源管理保护能力较为欠缺。红色文化资源伴随着时间的推移不可避免会被侵蚀和损坏，这是因为这些资料制作的年代条件较为艰苦，材质较为低劣，在红色文化资源收集回来之后就存在着破损、模糊等问题，在整理备份的过程中又不可避免存在着二次损坏的现象。边疆多民族地区的红色文化资源管理保护水平相对较低，一方面是因为相关资金不足，无力采购高科技的保存工具，例如，在红色文化资源管理保护过程中，最基本的就是有能够提供空气调节、防火防盗等装置的存放库房，然而边疆多民族地区在红色文化资源管理保护工作的财政预算无力支持采购该类装置，只能任由相关红色文化资源受到侵蚀。另一方面是因为保护人员的专业水平不够，边疆多民族地区在人才吸引方面与其他发达地区有着天然的劣势，本地培养不出来红色文化资源专业化保护人才，引进的相关人才又因为薪资待遇等相关问题留不住，导致了相关专业人才的缺失。

第二，红色文化保护与管理信息化程度不高。在大众媒介传播多元化的今天，信息传递的速度大幅提升，红色文化资源的保护与管理也要向信息化的方向发展，来提高保护管理效率，然而现阶段边疆多民族地区的红色文化资源保护与管理方式相对传统，尤其是在管理层面效率较为低下。

（四）红色文化资源推广缺乏代表性

第一，红色文化资源仍需整合。边疆多民族地区的红色文化资源原本是具有特色性的，但是相关内容的整合不力导致整体的风貌难以呈现，特征性难以凸显。边疆多民族地区的红色文化资源分布较为分散，多数处于偏远的山林之中，而相关部门在整合红色文化资源的工作当中往往只注重离城市更近的红色文化资源，较为偏僻的红色文化资源只能被放弃掉，最后就形成了边疆多民族地区的红色文化资源推广大多都是依托于烈士陵园和纪念馆的局面。还有一些红色文化资源分布于不同的行政区划当中，在管理和开发等问题上难以达成一致，行政壁垒阻碍了生产要素的流通，造成了在基础设施建设、生态环境保护等方面的矛盾，导致了红色文化资源开发工作的搁置。

第二，红色文化资源的主题性凸显不足。旅游地的形象设计和品牌效应的打响是一个长期的过程，在此过程中需要结合当地的文化背景对特色进行挖掘，这就需要投入大量的人力物力，然而这在边疆多民族地区难度较大。整体来看，边疆多民族地区的红色文化资源开发大多处于粗放型阶段，只注重单体的开发，对整理的重组开发关注不够，进而导致了资源利用率低，主题性凸显不足，不能构建出鲜明的旅游形象进行推广。在市场化的今天，文化资源一旦失去了特色，就会被很快遗忘，边疆多民族地区不能将当地红色文化资源的特征性展现，在某种程度上来讲是对红色文化资源传承的破坏。另外在红色文化资源展示方面，边疆多民族地区通常采取静态观光的方式，陈展方式千篇一律，讲解内容大同小异，无法让游客获得沉浸式的观感体验，红色文化传播的效果自然大打折扣。

第三，红色文化资源与其他类型资源结合不足。边疆多民族地区拥有丰富的红色文化资源，同时由于地理环境和经济发展等因素，边疆多民族地区的自然开发程度较低，具有良好的生态环境，拥有丰富的绿色资源。同时边疆多民族地区是少数民族聚集区，拥有丰富的民族文化资源和民俗文化资源。红色文化资源的开发可以与其他类型的文化资源结合，更好地进行传播和传承工作。然而现阶段边疆多民族地区很少将红色文化与其他类型的资源结合，主要体现在相关规划落后或不科学，缺乏专项规划，人员配置不足，产品开发缺失等方面。与其他类型资源结合的不足使得边疆多民族地区的旅游功能化较为单一，很难满足游客多样化的需求。

（五）红色文化资源保护与传承科技化程度较低

第一，红色文化资源的保护技术科技化程度较低。随着边疆多民族地区的快速发展，城市化进程的不断推进，不可避免会对红色文化资源造成破坏，有一些破坏甚至无法复原。而且由于红色遗址大多较为偏僻，其归属权并不归属于政府，而是属于当地民众，当地民众对红色文化资源的保护意识又较为薄弱，这些红色遗址往往另作他用，在生产生活中惨遭破坏。另外边疆多民族地区的红色文化资源保护与传承工作多需要面向大众，游客保护意识的缺失就使得其在游览过程中，用手接触红色文化资源，容易导致相关文化资源的损坏。在相关的保护工作当中，边疆多民族地区政府由于科技化保护的硬件投入大、软件维护难等问题，红色文化资源的保护工作只能处于初始化的阶段。

第二，相关专业保护人才支撑不足。边疆多民族地区的政府往往因为经费问题，将文博、党史办等相关部门挂靠在其他部门当中，部门当中的人员也较少，甚至一些地方的文博、党史办等部门成了离退休人员的赋闲场所，难以支撑当地红色文化资源科技化保护。目前科技化保护体系的构建需要大量专业人才，而边疆多民族地区面临专业人才引进难、培养难、留住难的困境。人才的引进难体现在具有相关专业知识的人才往往是理工科人才，这种人才在毕业之后更愿意前往东部地区或待遇更好的行业发展，不愿投入红色文化资源保护的工作当中；人才的培养难体现在边疆多民族地区的教育事业发展水平不足，难以本土培养或者对在职人员进行培训以满足当地红色文化资源科技化保护的需求；人才的留住难体现在即使通过国家政策、增长薪水等方式引进了一批人才，但是在相关体系构建完成之后，该类人才还是会选择发展前景更好、薪资待遇更高的其他行业，而红色文化资源科技化保护体系的后期维护难以为继。

第三，红色文化资源的陈展方式仍需创新。边疆多民族地区红色文化资源非常丰富，但是现在红色旅游的发展规模仍有待提升，其中较为关键的原因就是当地无法通过科技化手段将丰富的红色文化资源展现给游客。一方面是红色文化的内涵展现不足，由于边疆多民族地区的红色文化资源内涵仍未获得深层次的挖掘，对红色文化资源的收集整理工作难以推进，导致游客难以对当地的红色文化内涵进行了解；另一方面是难以让游客获得沉浸式游览体验，参与互动性的游览项目几乎没有，不能满足游客的需求，自然难以吸引游客前来，红色文化资源的教育属性难题体现，就更不用提保护和传承红色文化资源了。

第四，红色文化资源的推广方式需要加强与科技的融合。伴随着自媒体时代的到来，传统媒体受到了挑战，红色文化资源的传播方式更为多样化，然而边疆多民族地区的红色文化资源推广方式较为分散，未能形成大规模、体系化的红色文化传播体系；同时即使有一些地区利用了微信公众号、短视频平台等手段进行推广，但是推广内容较为混乱，让信息受众难以分辨有效信息。此外，边疆多民族地区的政府在推广红色文化资源的过程中，只关注如何将有关信息推广出去，而不关注信息推广之后的效果怎么样，没有建立相关的信息反馈机制，缺乏对传播效果的跟踪与分析，传播推广战略难以迎合市场进行调整。虽然一些地区建立了相关网站和论坛，但是其内容大多都是空白，这种流于形式的推广既不能有效地对红色文化资源进行推广，还浪费了资金和政府资源。

（六）红色文化资源保护与传承的体制机制不完善

第一，红色文化资源的保护与传承意识仍需进一步培养，相关机制仍需完善。目前受素质教育水平的影响，边疆多民族地区的民众仍有相当一部分没能认识到保护与传承红色文化资源的必要性，而且他们不能分辨出哪些是红色文化资源，哪些是日常的生产生活用品，这就导致了相当一部分红色文化资源被破坏。然而当地政府由于经费有限、管理意识落后、无力建立起多部门联动的协调机制等多方面原因，没有建立相关的、长期的保护传承机制，没有加强对红色文化资源保护与传承的教育，也未能够建立起大规模的宣传系统。整体来看，边疆多民族地区的民众对红色文化的保护与传承意识不强。

第二，红色文化资源保护与传承的人员配置不足，工作人员素质不高。这就要求建立起相关人才的选拔和培养机制。红色文化资源的保护与传承工作既需要工作人员懂宣传，又需要懂管理，同时还需要懂旅游，这种复合型人才在边疆多民族地区是十分稀缺的。一方面，边疆多民族地区自身难以培养出这样的优质人才，政府内的相关工作人员只能通过二次培训或者经验总结来提升自己的能力，但是和工作需求之间的差距仍然很大；另一方面，边疆多民族地区面临着"引不进、留不住、用不好"的人才困境，人才的使用和去留都为当地带来了极大的挑战。

第三，红色文化资源的保护与传承立法工作需要快速展开。目前关于红色文化资源的保护与传承立法工作仍然没能持续推进，相关的保护条例只出现于不同地区内的相关文件当中，这类条例大多跟不上现在的实际情况，在实践当中无法很好发挥出针对性的作用。资金来源渠道单一，惩处不严格都会加大相关部门的工作难度。另外，由于目前相关法律条例的主管部门不同，不同部门管理不同类型的红色文化资源，还存在一些较为模糊的权力边界。权责不明就会导致红色文化资源的保护与传承工作被不同部门割裂开来，"踢皮球"的情况屡见不鲜，相关的监管工作更是形同虚设。

二、边疆多民族地区红色文化资源保护与传承对策建议分析

（一）政府提高对红色文化资源保护与传承工作的重视

边疆多民族地区的政府在红色文化资源保护与传承的工作中需要从两个方面不断发挥作用。一方面需要明确自己在红色文化资源保护与传承工作当中的定位，充分发挥好政府的权威性和专业性，积极引导社会各方力量参与到红色文化资源的保护与利用工作当中，加强红色文化资源保护与传承的宣传，加强与落后文化以及腐朽文化的斗争，推进红色文化建设服务，带动红色文化发展，对红色文化资源的保护与传承工作做好科学规划，引领社会力量有序参与；另一方面需要加强对红色文化产业的发展，以开发带动保护和利用，政府既要自己当开发者，营造出全民保护传承的文化氛围，建立起相关纪念馆，充分发挥红色文化的社会效益，加强边疆多民族地区民众对红色文化的认同感；又要当社会开发的支撑者，利用相关政策支撑，吸引社会资本加入红色文化资源的保护与传承工作当中，以产业发展和产品设计的方式拉近民众与红色文化之间的距离，增强民众对红色文化的认知度。

第一，加强红色文化资源保护与传承的基层建设。红色文化要做到"入眼、入脑、入心"，就必须将红色文化资源的宣传工作做到基层，减少红色文化与普通民众之间的距离，加强基层群众对红色文化的认知度和认同度。社区基层部门是直接面对普通民众的，在宣传红色文化方面有着得天独厚的优势，在此过程中应该党委牵头，加强基层对红色文化保护、宣传、继承工作的支持，利用举办活动、定期组织学习等一系列方式让民众多方面多角度参与到红色文化资源保护与传承的工作中来，真正在基层构建起保护与传承红色文化资源的氛围。基层部门之间也要协调好各个部门的职能关系，成立专门的红色文化资源保护与传承工作小组，减少权力缺位的现象发生。

第二，加强研究投入，构建研究联动机制。政府需要构建起政府—社会研究机构—高校及科研院所的三方联动研究机制，形成研究合力，定期开展红色文化资源专题研讨会，对当地的红色文化内涵、开发方式、增强影响力的路径进行研究规划，打造拥有地区特色的红色文化名片，形成红色文化的"文化命运共同体"，进而通过产品设计、影片拍摄、文艺创作等多种方式加强对当地红色文化

资源的宣传；同时要加大资金投入，带动当地的红色文化建设工程和教育工程，扶持民间公益文化事业，推动红色文化深入基层，达到家喻户晓的效果。另外，专门的红色文化研究机构还要定期下基层，与民众开展红色文化交流活动，为群众答疑解惑，减少红色文化与民众之间的距离，进而更好传播和弘扬红色文化精神。

第三，加强相关人才的培养和教育。大学生作为社会未来的主要力量，是实现"中国梦"的重要人才储备，在大学校园当中应当加强大学生的红色文化意识形态建设，将"红色梦""个人梦"以及"中国梦"三者紧密结合，让大学生了解红色文化在个人素质提升以及国家建设中的重要作用，培养出一批愿意投身边疆多民族地区红色文化资源保护与利用工作的有志青年，减轻当地的人才压力。另外还需要提升边疆多民族地区在职工作人员的综合素质，既要提升当地工作人员的工作水平，还要解决他们在薪资方面的问题，加强相关人员的使命感、责任感建设。

（二）延伸红色文化资源产业链条

边疆多民族地区的红色文化资源需要加快凸显当地的特色性，加快文化与产业发展之间的融合，推动红色文化的产业化发展。一方面要加强边疆多民族地区的文化产业发展，将红色文化资源的保护与传承工作与文化产业发展相结合，不断推动红色文化产业的发展，构建起当地的红色文化符号；另一方面要加快红色文化资源的挖掘，加快与旅游业的融合，整合边疆多民族地区的红色文化资源、生态文化资源、民族文化资源等多种文化资源，制定红色旅游规划，以红色旅游的方式吸引国内外游客，凸显红色文化资源的经济价值。

第一，加大对边疆多民族地区的红色文化特色挖掘力度，在此基础上加强与时代精神的结合。边疆多民族地区较为偏远，在新民主主义革命时期中国共产党带领当地少数民族群众创造了灿烂的红色文化，留下了大量的红色文化资源，现阶段已经有许多红色文化资源被开发为旅游景区，例如广西壮族自治区乐业县红七军和红八军会师地旧址、新疆维吾尔自治区的乌鲁木齐市八路军驻新疆办事处纪念馆、内蒙古自治区的乌兰夫故居和纪念馆等。这些都是对当地特色性的红色文化资源的有益探索，但是规模仍有待提升，主要是因为边疆多民族地区的红色文化资源过于分散，相关研究人员较少，相关经费支撑不足。这就需要政府组织专业的团队对当地的红色文化特色进行研究，凝练出具有当地特色的红色文化符号，利用文化符号来展现当地的红色文化内涵，加强民众对红色文化的了解与认同。

第二，要加强红色文化与文化产业的融合，延长红色文化产业链。这就要推进红色文化资源的"体验式"游览，现阶段红色文化旅游市场要求红色文化旅游并不只是提供观光服务，因为这样只能浅层次地将过去的事件和故事展现出来，无法让游客在亲身体验中感受到红色文化的生命力和感染力，而是要加强当地特色的凸显，减少静态展示的枯燥的陈展方式，增加游客参与的方式，利用现代化的声、光、电等高科技手段，使得历史事件重现，让游客增强游览体验，更好展现特色化的红色文化内涵，迎合游客的新奇心理，激发游览兴趣，才能更好让红色文化从眼睛浏览到心灵感受，产生教育和熏染作用。

第三，加强区域旅游线路的规划。边疆多民族地区的红色文化资源包含一定的民族性和特色性，在这些地区拥有良好的生态环境。现在已经有一些地区充分发挥了同一区域内红色文化资源相似性的特点，开发出了区域内部的大规模旅游线路，推出了红色全域旅游模式，这样可以进一步加强红色历史的完整性，通过延长红色旅游 IP 的价值链，推出旅游精品，打响旅游品牌。在此过程中可以加快行政区划的调整，进而实现旅游的整体规划，打破不同区域之间的行政壁垒，提高旅游路线的构建效率。以井冈山市为例，在井冈山市与宁冈县合并之后，更好地展现了井冈山革命根据地的整体风貌，扩大了当地的旅游资源规模，丰富了其旅游文化内涵，使得当地的红色文化资源能够整体展现出来，在摆脱了行政区划对旅游路线设计的困扰之后，游客在当地的旅游时间明显延长。所以说，在边疆多民族地区进行一定的行政区划调整有利于红色文化资源的整合，形成大规模的红色旅游产业集群，延长红色文化资源的产业链条。

第四，坚持红色文化产品的创新设计。旅游产品设计要面向市场需求，依托著名景区景点，结合当地文化特色进行主题商业表演活动可以有效带动当地的旅游产业发展。延伸到红色文化产业当中就是要利用当地较为著名的红色事迹或者红色人物，进行文艺作品的创作。同时创新展示模式，组建大规模的红色文化演出公司，承办大规模的红色文化演出活动，增强红色文艺作品的原创力度。延长红色文化产业链条的方式是多样化的，在旅游的过程当中游客不可避免地要有吃、住、行、游、购、娱，在这些方面进行红色产品的设计，既包含了红色文化和红色精神，又能以红色文化资源为支点，通过形象设计等手段设计出多样化的服务和个性化的商品，进而带动当地红色旅游业的良性发展，在此过程中要跳出"红色"底色，发散思维，深度利用红色文化符号进行产品开发，不拘泥于红色文化资源本身的形式，这样才能良性地发展红色产业链条，打造红色文化品牌。

（三）开展全面而深入的红色文化资源普查工作

边疆多民族地区由于其地理环境的限制，红色文化资源的分布都较为分散，而且红色文化的归属权大多不归政府所有，在统计、保护当地红色文化资源的工作当中就会出现家底不清、资源遭到破坏的现象。一方面要加强当地民众保护与传承红色文化资源的理念，自觉支持政府工作，更好对当地珍贵的红色文化资源进行保护；另一方面要加快抢救工作，对已损的红色文化资源进行修复，对保护良好的红色文化资源进行信息化管理，将当地的红色文化资源更好地保存、流传下去。

第一，要树立好正确的保护与传承理念，加快红色文化资源的普查、保护、修复工作，其中既要包括物质化的红色文化资源，又要包括非物质化的红色文化资源。牢记保护红色文化，传承红色基因的观念，不断提升责任感与使命感，在社会当中营造出全民保护继承红色文化资源的文化氛围，坚持红色文化资源的开发以公共利益为指向，科学诠释红色文化的内涵，向大众传播红色文化资源的保护与继承和社会发展之间的逻辑关系，将全民保护、传承红色文化资源的理念不断推广，这样才能让群众在文化资源普查过程中配合政府工作，自觉保护现有红色文化资源。要加强对口述史料、特殊事迹的收集，制定长远的发展规划，减少因时间流逝和相关人员去世导致非物质红色文化资源流失的现象。

第二，要加强对红色文化资源的抢救和普查工作，深入挖掘红色文献的内涵精神。政府的档案部门要最大限度地进入基层收集红色文献资料，做好红色文化资源的抢救工作，建立好当地的红色文化资源档案馆，保留基层特别是村落红色文化档案，将收集来的红色文化资料进行整理评估，对不同级别的红色文化资料进行分级管理。构建好红色文化档案信息数据库，实现红色文化资源的网络管理，将当地的重要革命运动、重要领导人物进行整编汇总，利用现代科学技术实时跟踪区域内的红色文化资源保护情况，可以更直观地管理当地的红色文化资源。此外还要加快对红色文化资源内容的数字化进程，由于一些文献、资料的质量较差，甚至已有破损，通过数字化录入的形式将资料内容储存起来，可以将红色文化精神永存。还要组织当地的科研机构和专家学者共同对当地的红色文化资源进行学术研究，结合当地的重大历史事件和著名历史人物编写当地的红色著作、拍摄当地的红色纪录片。

（四）开展红色文化资源传承的应用性示范工程的建设

加快边疆地区红色文化资源传承的应用示范性工程建设，将十分有利于推动当地红色文化资源的开发与利用，在开发中保护，在使用中传承。一方面要加强多种形式的传承模式的设计，利用好现代网络平台，加快红色文化传播模式的探索，并且进行二次创作，形成良好的示范效应；另一方面要加强相关的监管工作，真正发挥红色文化资源的价值作用，规范传承内容和传承方式，防止红色文化传播的低俗化。

第一，要加强网络平台的应用，真正做好红色文化的传承工作。建设好红色文化的网络阵地就是要充分利用手机、电脑等众多个人信息终端，让红色文化信息通过这些信息终端进入边疆多民族地区民众的心中、脑中。同时利用好学习强国 APP 以及微信公众号，开发出红色专栏供大众学习，及时准确的信息推送考验当地部门的应变能力。还要加快红色网站的设计，加强网站与学校的对接，红色网站中保存的历史资料和红色影像作品可以和课堂相连接，在学校开展专题课堂，丰富课堂内容的同时又可以发挥红色文化的教育作用。利用创新形式满足不同群体的需求，对年轻的学生则可以考虑利用动画作品、红色电影等方式，对年长的群体则可以考虑利用红色讲坛等方式进行传播。利用 VR 技术实现的红色虚拟旅游可以让群众足不出户就回到战火纷飞的岁月，感受到红色文化的魅力。通过这些方式既能够促进消费，又能够使得红色文化的社会效益有所体现，真正做到经济效益与社会效益的同时满足。

第二，要利用好现代媒体技术，加强管控监测。利用现代媒体技术可以直接影响到红色文化传承的针对性和有效性，可以国家主流媒体牵头，地方媒体配合，构建起全国性的共建共享文化传播体系，将边疆多民族地区的红色文化资源置于国家资源之下，利用国家平台更好地进行推广，减少因为当地相关资源少，发展不平衡等问题造成的传播有限的问题，还能够有效防止因把控不严造成的传播庸俗化问题。同时还要构建好新媒体技术检测系统，加强对相关信息的筛选，及时撤下传播当中出现的不良信息，加强信息跟踪和信息互动，进一步推进边疆多民族地区红色文化传播的规范化和有效化。

第三节　边疆多民族地区红色文化资源保护与传承支撑体系

一、边疆多民族地区红色文化资源保护与传承的价值判断支撑体系

文化是一个民族发展的根基与灵魂，是决定一个国家存续性及独特性的重要精神标识，文化的维系与传承代表了一个民族的独立性，为其社会的发展注入了凝聚力与向心力。在全球化日益紧密的今天，多元化的价值观与文化观念成为社会思潮的主流，在这样的情况下，如何保护与传承具有本民族特点的优秀文化便成为一个重要的课题。任何形态的文化保护都需要一定的支撑体系来完成，这不仅包括文化资源的普查、整理、研究、开发等管理政策体系，还包括继承、传

播、整合等发展政策体系，以使文化资源在一定的体系机制中获得良好的文化生态发展环境，以保护与传承为中心，建立文化价值与经济价值相结合的新时代文化发展局面。红色文化资源的保护与传承，也要遵循一定的模式与体系，只有形成全方位、立体化的政策支撑体系，才能更好地使红色文化引领现代化中国特色社会主义建设。红色文化是涵养中国特色的文化资源，代表着中国人的价值追求、心理认同、行为准则，只有充分保护并传承红色文化资源，利用其内在的强大精神动力，才能更好地认识中国道路、中国特色、中国选择，才能更好地让中国坚定地走符合自身国情的发展道路。而红色文化资源保护与传承支撑体系的建立便是为这一过程保驾护航，该体系的形成是推进国家治理体系和治理能力现代化的重要组成部分，是全面深化改革的内在要求，也是坚持发展中国特色社会主义道路的必然需要。建设高效、合理、有序的红色文化资源保护与传承支撑体系亦是国家强大文化软实力的综合体现，是实现文化自信的重要途径之一。

习近平总书记在看望参加第十三届政协二次会议的委员时说到："共和国是红色的，不能淡化这个颜色。无数的先烈鲜血染红了我们的旗帜，我们不建设好他们所期盼向往、为之奋斗、为之牺牲的共和国，是绝对不行的。"对中国人来说，红色是一个具有特殊意义的颜色，中国的近代史便是一部红色的革命史。中国红承载了无数英烈与先贤的鲜血，亦代表着广大群众对未来美好生活的期盼与向往，它渐渐成为一代人的群体记忆和精神图腾，引领着我们不断为建设社会主义事业而奋斗不息。近年来，红色文化资源的保护与传承问题也逐渐受到重视，习近平总书记强调："要把红色资源利用好、把红色传统发扬好、把红色基因传承好。"全国各地也在积极进行红色文化建构、红色革命教育、红色旅游等方面的工作。

红色文化资源的保护与传承，不仅是对有形物质资源的合理规划利用，更是对精神资源的深度挖掘，从而进一步凝聚中华民族的内部向心力，增强民众的理想信念。在这种情况下，边疆地区的红色文化资源保护就显得尤为重要，与其他地区相比，边疆红色文化资源既存在普遍性，又有其特殊性。普遍性在于，边疆地区同样有着十分丰富的红色资源，深受红色文化与革命精神的影响，各民族同胞紧密团结在党中央领导的旗帜之下共同奋斗；特殊性在于，边疆地区由于特殊的地理环境位置以及一些人文历史等原因，地缘政治较为复杂，文化信仰较为多元。只有深入进行红色文化资源的保护与传承工作，才能更好提升群体认同感与归属感。将红色文化深入普通百姓的日常生活当中，有利于边疆多民族地区的社会和谐稳定、国家的长治久安。然而，红色文化资源的保护与传承并非一句简单的口号便可付诸实施，而是一项长期的、规模庞大的系统性工程，特别是对边疆地区来说，这一工程的展开犹有许多困难之处。虽然在边疆地区存有十分丰富的

红色文化资源，但目前红色文化"看不见""记不住""传不开""融不进"的
情况较为突出。要想建立边疆红色文化资源的保护与传承体系，必须重点从这四
个方面着手分析。

（一）"看得见"的边疆多民族地区红色文化资源保护与传承

边疆是一个地理概念，也是一个文化概念。就地理概念而言，边疆之地必与
邻国相连，就文化概念而言，边疆地区有着自身的诸多历史要素、文化要素，这
使边疆地区文化有浓厚的地域性及民族性特征。中国当代陆地边疆以整体而言分
为西北边疆、北部边疆、东北边疆、西南边疆四大领域，以具体地区而言则包含
新疆维吾尔自治区、内蒙古自治区、黑龙江省、吉林省、辽宁省、西藏自治区、
广西壮族自治区、云南省等区域。这些地区之中皆保留着数量可观的红色文化资
源，但在具体的保护与传承工作中，由于各地的不同文化态势及社会经济发展情
况，红色文化资源的利用情况也不尽相同，地域之间的发展不平衡是构建红色文
化资源保护传承体系过程中一个不容忽视的客观现象，这也造成了许多地区的红
色文化资源尚处于"看不见"的状态。既然如此，什么才是真正能够被"看得
见"的红色文化资源？要解决这一问题，就必须在立足于各地区的特殊性基础之
上，寻找其自身所特有的文化物质脉络。

首先是西南边疆多民族地区。西南边陲拥有瑰丽的自然风光，同时该地区的
革命斗争也是中国革命史的重要组成部分之一。中国共产党在西南地区领导了南
宁兵变、百色起义、龙州起义等抵抗国民党反动派的武装运动，建立了右江革命
根据地。中国工农红军于长征时期在西南地区也进行了多次战役、会议，留下了
丰富的红色文化资源。西藏地区同样具有厚重的红色情结，拥有大量记录西藏和
平解放的红色文化资源。

百色起义纪念馆、龙州起义纪念馆、昆仑关战役博物馆、红七军军部旧址、
湘江战役纪念馆、扎西会议纪念馆、龙潭烈士陵园、红军长征过丽江纪念馆、朱
德旧居纪念馆、金沙江红军渡，这些红色文化遗产与红色资源集中体现了伟大的
革命精神与长征精神。而除了传统的纪念馆、遗址、烈士陵园、博物馆等形式之
外，西南边疆的许多红色资源本身就是风景秀美的自然资源。如广西壮族自治区
百色市平果县黎明乡的红军岩通天河景区，红七军韦拔群部曾在此地遭到敌人的
围剿，坚守36天绝处逢生，留下了一段可歌可泣的传奇历史。而这里本身也是
一个自然形成的溶洞暗河型景区，洞内景观千姿百态，鬼斧神工，美丽的自然风
光同红军抗争的历史相结合，使参观者既能得到一定的爱国主义教育，又能使身
心在大自然中得到愉悦和放松。

其次是西北边疆多民族地区。西北地区是我国红色文化遗产的重点分布区

域。在革命战争时期、全面建设社会主义时期和改革开放时期形西北五省的红色文化与当地的历史文化、民俗文化、民族文化互相影响，形成了一大批具有当地特色的红色文化遗产。陕甘宁边区自 1935 年中央红军到达陕北后便成为党的核心根据地，是中共中央和中央军委所在地，亦是敌后抗日战争的政治指导中心与敌后抗日根据地的总后方。党中央在此地领导了艰苦卓绝的抗日战争以及绝大部分的解放战争，直至 1949 年中华人民共和国成立，陕甘宁边区政府的建置才宣告撤销。新疆维吾尔自治区作为新疆生产建设兵团的驻地，见证了中华人民共和国的屯垦戍边史，这使其地域内拥有大量有关保卫边疆、建设新疆的红色历史文化遗产，形成了独具新疆特色的军垦文化。可以说，由于特殊的历史原因，西北边疆地区拥有得天独厚的红色文化资源优势，下面列举新疆维吾尔自治区中的主要有形红色资源以方便论述。

新疆维吾尔自治区的有形红色资源包含八路军驻新疆办事处旧址、三区革命政府旧址、林基路烈士纪念馆、中国工农红军总支队干部大队旧址、中国工农红军西路军总支队纪念馆。

以上仅仅是新疆维吾尔自治区比较重要的部分红色文化资源，除此之外尚有数量庞大的有形红色资源，因篇幅原因未能一一列举，但从中亦可总结出西北边疆地区的红色文化资源具备两种特性：第一，从时间上来看以土地革命时期的红色资源为主，保存了大量中国工农红军长征时期的会议旧址、会师旧址以及政府旧址；第二，西北边疆的红色文化资源全景式地展现了中国共产党领导下的各族同胞在大西北的奋斗史、建设史、生活史。新疆维吾尔自治区的中国工农红军总支队干部大队旧址、中国工农红军西路军总支队纪念馆等红色文化资源全面体现了中国共产党第一支入疆部队事业开拓的艰苦。

再次是北部边疆多民族地区。中国的北部边疆主要指内蒙古自治区，内蒙古自治区是中华人民共和国成立后的第一个民族自治区，地跨东北、华北、西北三大区域，东与黑龙江、辽宁、吉林三省相接，南与河北、山西毗邻，西连陕西、宁夏和甘肃。自治区北部同蒙古国与俄罗斯接壤，国境线长达 4200 千米，东西距离 2400 千米，南北跨度 1700 千米，其战略地位十分显著。在如此广阔的疆域内，内蒙古自治区拥有丰厚的人文资源、自然资源，也有着较为充裕的红色文化资源。

同内蒙古辉煌的历史文化、鲜明的民族文化和飞速发展的现代文化一样，红色文化也是内蒙古文化的天然构成，它以内蒙古战争年代和和平建设时期的遗址纪念地、标志物、革命文献所承载的革命历史、革命事迹、革命人物、革命精神作为基本内容。内蒙古地区形成了灿烂而悠久的草原游牧文化，千百年来始终影响着中国历史的发展进程，而在近代中国的革命与建设史当中，红色文化也较早浸润了这片土地。1923 年，李大钊同志便领导中共北方区委对一批蒙古族青年宣传介绍马克思主义，结合俄国十月革命与蒙古革命的经验对其进行培养教育。1925 年，中共中央在热河、察哈尔等地成立党组委员会，领导革命活动与工人运动。1935 年 12 月，毛泽东发表了《对内蒙古人民宣言》，针对德王企图投降日本的行为，宣言揭露了日寇反共反苏、覆灭蒙古的真面目，主张内蒙古人民有权处理自己的一切问题，为今后的内蒙古革命工作的开展奠定了扎实的基础。1936 年，德王公开投靠日本，在中共西蒙工委和乌兰夫的指示下，中共地下组织领导蒙古地方自治政务委员会的保安队在绥远百灵庙发动起义。这场抗日救国的武装运动被毛泽东称为"可贵的草原抗日第一枪"，鼓舞了全国人民抗击敌寇的信心。今存百灵庙起义旧址，2006 年被文化部确定为全国重点文物保护单位。除此之外，内蒙古自治区还保存有大量抗日战争时期侵华日军的遗迹，如侵华日军木石匣工事旧址、侵华日军阿尔山要塞遗址、巴彦汗日本关东军毒气实验场遗址、科尔沁右翼前旗日军工事、机场、火车站旧址、诺门罕之战遗址等。这些遗址大都完好地保存着战时的状态，有完整的工事、碉堡、掩体、堑壕、交通壕、实验室、步兵作战掩体，它们是日本侵略者种种暴行的铁证，浓缩了一段内蒙古人民为争取民族独立、国家解放而不懈抗争的血泪史，对如今的社会群众具有重要的警示与教育意义。世界反法西斯战争海拉尔纪念园则是国内少有的 5A 级战争主题公园，全景式地展现了中、蒙、俄反抗日军侵略者的英勇事迹，纪念园与呼伦贝尔壮丽的草原风光融为一体，形成了一道独特的风景线。

最后是东北边疆多民族地区。东北三省地区保存着数量相当可观的抗日战争、解放战争的战场遗址，加之该地区是我国的传统工业基地，使其拥有了无与伦比的红色文化资源优势。据相关统计："辽宁省拥有国家级爱国主义教育师范基地 10 个，省级 35 个，市级 179 个。黑龙江省拥有 12 个革命老区，240 余处烈士陵园、纪念碑、抗联遗址，47 个爱国主义教育基地。吉林省拥有 1 个红色旅游区、3 个红色旅游景区、6 个'红色旅游经典景区'。这些红色旅游资源涵盖了抗日战争、解放战争、抗美援朝、社会主义建设四个时期的内容。"① 在全国 100 个红色经典景区中，东北三省占据了 27 个，而全国 200 个重点爱国教育基地中，有 30 个位于东北地区，与其他边疆地区相比，东北三省的有形红色文化资源在体量上有着一定的优势。

除了数量的集群优势之外，东北三省内的红色资源知名度也较高，诸如九一八事变博物馆、四平战役纪念馆暨四平烈士陵园、东北抗联博物馆、杨靖宇烈士陵园、侵华日军第七三一部队罪证陈列馆、侵华日军关东军司令部旧址、雷峰墓

---

① 罗方迪. 浅析中国东北地区红色旅游开发 [J]. 现代交际，2017（21）：38.

和雷锋纪念碑等均具有一定的社会号召力,吸引着大批参观者、学习者、研究者。而且,东北三省地区多位于平原地带,城市群相对集中,绝大部分红色资源分布在交通便利的大城市之中,使得东北得以开展红色旅游精品线路的规划工作,对区域内部的红色文化资源加以整合,形成了一定的区位优势。这就使一些不为人知或知名度较小的"看不见"的红色文化资源依托整体区位优势出现在世人眼中,推动了东北红色资源的开发和利用效率。

综上所述,中国各个边疆地区都有着可观的红色文化资源,这些战争年代与建设时期留下的遗迹经受住了历史和岁月的侵袭,对当代社会有巨大的文化价值和意义。"看得见"的红色资源首先便体现在有形资源的数量与体量上,它们是红色精神的直接承载体,是以马克思列宁主义的科学理论为指导,结合中国传统的爱国主义而生成的革命文化的最直接的表现形式。从直观的角度看,边疆地区并不缺乏红色文化资源,甚至在某些地域内产生了红色资源的集群现象,但是所谓红色文化资源的"看得见"并不单单指资源的留存状况与数量,其深层内涵是如何针对性地将这些资源加以保护、利用、传承,使红色资源在新形势、新条件下出现在社会公众面前。表面上,边疆地区丰富的红色资源可以形成规模较为庞大的红色文化产业,但由于种种原因,许多红色资源未能得以真正加以保护利用,使公众只闻其名而未尝得见"真容",这就普遍造成了红色文化资源"看不见"的现象。此外,由于一些红色旅游景区的名气过大,在有效带动当地文化产业发展的同时也使得一些同样十分优质的红色文化资源没有得到重视,造成了区域红色文化产业发展不平衡的局面,而配套基础设施的不完善更加剧了这种现象。边疆地区疆域辽阔,偏远地区的资源得不到重视和有效利用,参观者也缺少便捷的方式进入相关园区,使众多红色资源不能以最完美的面貌呈现在世人眼前。兰州战役解放军指挥部旧址是一处重要的红色历史文化遗产,但并未加以妥善保护修缮,如今遗址已经遭到了较大程度的破坏,无法保存当年的原貌。同样的情况也出现在西南地区,许多重要的红色遗址因未受到重视而遭到不同程度的损毁,不得不说是一个历史性的遗憾。所以"看得见"的红色文化资源,归根结底是对本地红色资源情况的全面了解、深度挖掘、高效利用、充分保护,建立一套完整的红色资源开发体系,令全国乃至全世界的游客领略红色文化的风采。

(二)"记得住"的边疆多民族地区红色文化资源保护与传承

红色文化资源不仅要让人"看得见",还要让人"记得住",除了有形的物质文化之外,红色精神文化内涵的深入解析阐释亦是重中之重,而只有加强这方面的工作与建设,才能真正令公众"记得住"红色文化资源,才能使红色基因代代传承,永葆中国共产党的阶级性、思想性底色。然而,当今社会虽然

对红色精神文明的传承高度重视，却也由于一些原因导致出现红色文化资源
"记不住"现象。

第一，对红色文化资源相关史实的研究不够透彻，认识不够全面，对重点英
雄人物事迹的挖掘不到位，这是红色文化资源"看不见"最突出的表象之一。在
中国共产党领导全国人民进行的战争年代中，涌现出了无数感人至深的英雄故
事，这些英雄人物的知名度也许并不突出，也未曾在历史长河中留下赫赫声名，
但他们都在推动历史发展的进程中贡献了自身的力量，成为共和国无声的奠基
人。也正因如此，这些"小人物"的事迹与经历往往得不到充分的重视和深度的
挖掘，而在当下社会，群众拥有着日益高涨的求知欲，渴望系统而深入地了解党
的革命斗争史，在这样的大背景下，讲好具有共情力与感染力的英雄人物故事，
有利于使群众对那段艰苦而光荣的岁月产生更为深刻的印象。这一问题在边疆地
区就更为显著。由于地理环境特殊，基础设施建设相对落后，一些红色园区内的
相关工作人员也缺乏必要的专业素质，无法带给游客更好的参观体验。这使许多
红色文化资源的开发和红色景区的游览只是走马观花式的表面工程，欠缺立体
化、多维度的精神文化建设。

第二，边疆红色文化资源"记不住"的现象还体现在与当地民族文化结合不
紧密当中。自古以来，中国的边疆地带就是多民族聚居融合的区域，每个民族都
拥有属于自身的独特而灿烂的文明。各民族之间虽然在生活、民俗、文化方面有
着一定的共通性，但我们必须承认个体差异的存在。而且由于边境地区易受到外
部势力的干预，加之宗教信仰的影响，边疆的精神文化建设面临着更为严峻的考
验。而红色文化资源的利用与开发，本质上要为社会主义核心价值体系而服务，
红色文化是中国特色社会主义文化的重要组成部分，是中国先进文化的集中体
现。习近平总书记在党的十九大报告中指出："中国特色社会主义文化，源自中
华民族五千多年文明历史所孕育的中华优秀传统文化，熔铸于党领导人民在革
命、建设、改革中创造的革命文化和社会主义先进文化，植根于中国特色社会主
义伟大实践。"① 该论断表明，保护与传承红色文化之根本目的是为了中国特色
社会主义的伟大实践，必须以促进民族团结、维护社会和谐稳定为最终旨归。对
边疆地区的红色文化资源开发便更要秉持具体问题具体分析的态度，在高举爱国
主义的旗帜、宣扬红色精神理念的同时尊重各地区少数民族同胞的文化与习惯，
将二者融为一体，真正令红色文化浸润到各族同胞内心深处，使革命精神植根于
各族人民的灵魂当中，让红色基因真正融入其血脉中。

第三，对部分红色文化资源的二次创作不够充分，无法深入阐释其中蕴含的

---

① 习近平．决胜全面建成小康社会　夺取新时代中国特色社会主义伟大胜利——在中国共产党第十
九次全国代表大会上的报告［M］．北京：人民出版社，2017.

无穷信仰之力量，这也是红色资源"记不住"的表征。所谓二次创作，多针对于艺术学角度来说，指对已有的著作物、文字、图像、影片、音乐或其他艺术作品进行二次加工。对红色文化资源来说，二次创作主要便是根据现存历史文献、文物、遗迹对相关历史事件或历史人物进行合理的改变与艺术性加工，在不损害历史真实的基础之上深入挖掘其中的深刻内涵，形成引领时代风潮的思想。目前来看，红色文化资源的二次创作走向了两个极端，一方面是创作的力度不够，对某些事迹的描摹与渲染达不到预期的效果，无法渗透到广大群众的心灵当中。另一方面是部分红色文化资源的二次创作超越了历史真实的界限，或过度神话英雄人物，或随意歪曲历史事实，造成群众对党的革命运动产生了种种误会与曲解。这两点原因造成了许多十分优质的红色文化资源本该发挥重要的思想教育作用，却最终被人们所遗忘，这实质上是一种红色资源的浪费现象。

第四，红色文化资源开发和利用的最终受惠群体应是全国最广大的群众，而非少数领导干部。如果这些资源不面向公众开放，不出现在人民的视野当中，便会很快消失在历史的浪潮之中。在边疆地区，这种现象更是屡见不鲜。地广人稀的客观条件，本就意味着客流量的不足与资源曝光机会的匮乏，这便导致了许多纪念馆、博物馆、遗址的开放不是为了群众的游览参观，而是出于地方领导的政绩考量，一些红色文化的二次创作也只提供给上层领导而不给普通公众开放，使人民很难真正记得住红色文化的精神内涵。红色资源不是特供品和奢侈品，它的创造主体是中国最广大的群众，如果其开发脱离了群众的范围之内，便失去了其存在的价值和意义。

革命传统资源是中国共产党的宝贵精神财富，每一个红色旅游景点都是一个常学常新的生动课堂，蕴含着丰富的政治智慧和道德滋养。要把这些革命传统资源作为开展爱国主义和党性教育的生动教材，引导广大党员干部学习。"记得住"的红色文化资源便是通过对革命传统精神的深度阐释而令全国人民获得政治认同感与道德认同感，在了解相关人物与事件时获得强烈的情感共鸣，从而感受信仰的力量，提升自身的思想道德修养。推动红色精神的时代化、通俗化是红色文化资源"记得住"的必然要求，这有利于全民族、全社会从中汲取宝贵的政治财富和精神滋养，保证中国特色社会主义伟大实践永葆旺盛的生命力和强大的影响力。

（三）"传得开"的边疆多民族地区红色文化资源保护与传承

所谓"传得开"的红色文化资源保护与传承是就红色文化传播领域而言的，具体来说则可分为红色文化的传播内容、传播的方式与途径、传播对象三个方面。随着国家日益重视红色文化的传播宣传，我们在各个方面都取得了长足的进步，但在这其中仍然存有些许问题，特别是边疆地区的红色文化传播尚存在"传不开"的现象。

"传得开"的红色文化资源，首先体现在传播内容的正能量，能够通过传播的红色内容引领社会的正风气，提高公众的道德文化素质。而就目前来说，边疆地区由于社会经济条件相对落后，很多红色文化的传播以经济利益为最终目的，用资本效益衡量红色资源的社会效用，过度追求资本利益的最大化，使红色文化资源的传播出现了本末倒置的现象。红色文化中的德育价值是其先进性的根本，而其经济效益的发挥必须建立在这一基础之上，这样才能为社会的发展作出更大的贡献。若一味舍本逐末，便会造成群众对红色传播文化内容的认识不清，对红色精神文明的内涵造成破坏。此外，红色文化资源自身主题的局限性也影响了内容的传播深度与广度。红色文化资源的保护与传承需要时刻强调政治性，但这并不意味着红色文化的传播内容教条化、刻板化。受一定历史原因的影响，绝大部分的红色文化在进行宣传时往往充满了高高在上的说教感与灌输性，对主题内容不敢尝试任何的突破，使其局促在狭小的空间内。对相关历史事件和历史人物只做过度吹捧式的拔高，甚至脱离了实际，使群众产生了一定的逆反心理，反而对英雄人物的光辉事迹造成了曲解和误读。事实上，只要不违背社会主义的核心价值内涵，红色文化的内容传播可以朝多元化的方向发展，使这些平日遥不可及的英雄形象日常化、大众化，增强其亲民性，拉近与普通群众的距离，使中国共产党人的英勇事迹真正走进百姓心中。

就红色文化资源传播的方式与途径来看，边疆地区也存在着一些"传不开"的问题。随着网络化的逐渐加深，新媒体取代传统媒体已经成为不可逆转的历史趋势，这就对红色文化的传播途径与方式提出了新要求。传统的红色文化资源的宣传方式，倚赖官媒、报纸、广告、旅游标语等途径，在新形势的挑战下，这些传播途径虽然仍具有一定的效用，但却无法充分满足群众日益多元的文化精神需求。短视频平台的异军突起，微信、微博等社交软件的风靡，新文娱产业的快速发展，促使红色文化的传播必须做出符合时代潮流的改变。而边疆地区的许多纪念馆、博物馆等红色文化园区仍然没有开通新媒体平台，无法利用便捷的传播途径对红色文化进行有效的宣传，这在一定程度上阻碍了红色文化走向大众视野的进程。但是，新媒体平台的出现也带来了一定的问题，部分红色园区利用了现代化的传播途径却造成了红色文化的过量传播，使红色文化的通俗化变成了庸俗化，产生了无效传播。诚然，信息爆炸必然会造成意识过量，既带来了文化传播的盛宴，又充斥着大量洪水猛兽般的垃圾信息，这是任何国家和社会都不可避免的问题。但是网络并非法外之地，鼓励红色文化资源传播途径的多元化、交互化并不意味着放任堕落文化对其进行冲击，重点在于是否存在有效的网络监管机制和红色文化传播机制使信息得到妥善的筛选与过滤，保持红色文化的纯洁性，更好地增进红色文化资源的传播影响力。

"传得开"的第三个方面，是针对传播对象而言。无论有多么优质的传播内容抑或多么先进的传播途径，传播红色文化的最终目的是以人为本，只有坚定这一传播信念，才能使红色文化的传播始终走在人民路线这条康庄大道上，才能更好保护与传承红色资源，而这一方面中存在的问题又恰恰是最为复杂的。

就年龄结构而言，当下红色文化的传播主要还是停留在中老年人群当中，年轻群体鲜少能够接受并理解红色文化的深刻内涵。这一问题并不仅仅存在于边疆地区，而是全国都存在的一个较为普遍的现象。其中既有青年一代人生经历、阅历尚不充分的原因，也有对新媒体平台利用不足的原因，但最根本的原因在于红色文化的传播观念需要改变。中国已然成为世界第二大经济体，国力的蒸蒸日上伴随着的是民众出现了前所未有的多元精神文化需求，所谓"娱乐至死"，既是如今社会文化存在的最大弊病，也是一代人的真实精神写照。面对这一形式，一味强调红色文化的引导作用反而容易激发青年群体的反感，故红色文化的传播观念也需"年轻化"，针对青年群体的文化口味适当加入新时代元素，让新一代的中国人逐渐接受红色文化的滋养，慢慢在这一过程中引导社会风气和思潮的转变。

就红色文化传播的接受阶层来说，中高收入人群、知识分子、社会精英的接受程度明显较高，这一现象在边疆地区尤为显著。以新疆维吾尔自治区为例，新疆地区被天山山脉自然地分为了两大区域，即北疆与南疆。北疆与南疆在经济发展水平和文化发展水平上均存在着一定的不平衡，北疆拥有自治区内绝大部分的城市人口，而南疆则以农牧民为主。这样的客观条件便决定了红色文化在当地的主要受众群体集中在北疆的城市人口当中，而南疆地区的受众仅仅局限在党员和高校师生当中，广大的农牧民并未真正受到红色文化的影响，对自治区内的红色资源更是知之甚少。同样的情况也出现在内蒙古自治区当中，由于其疆域过于庞大，人口较为分散，相当数量的人群仍然处于半游牧半定居的状态，他们无法接受系统的红色文化教育，红色文化的传播效力也几乎对其没有任何影响。西南边疆地区则由于多山地、丘陵的原因，部分人口集中在音信不通的地带，使红色文化很难传播过去。这些客观存在的现实情况，都给红色文化真正做到"传得开"带来了严峻的挑战。

就红色文化的对外传播而言，则更面临"传不开"的困难局面。红色文化不仅要做到对内产生巨大的传播影响力，还需产生对外的文化输出力，这是实现文化自信的重要标志之一，也有利于提升我国的国际地位。"一带一路"倡议的伟大实施，加之边疆地区与邻国相连的天然地理优势，我们本该利用这一契机大力开展对外的红色文化输出，但现实情况存在着诸多问题。中西方意识形态的对立与冲突在目前的国际局势之下日益凸显，边疆地区本就容易出现鱼龙混杂的各式信息，某些国外敌对分子和反动势力利用这一点对边疆地区的人民进行有目的、有计划的煽动与宣传，削弱了红色文化的影响力，造成了人心的不稳定，令人民对红色精神产生了误会。如果放任这一现象继续出现，不仅做不到红色文化的对外输出，反而会进一步破坏边疆地区的精神文明建设。舆论战在国际竞争中的位置愈发重要，红色文化的对外传播不仅给世界提供了了解中国的窗口，而且还是争夺国际话语权的重要一步，只要让世界各族人民充分了解中国红色文化承载的精神信仰，才能削弱意识形态对立造成的事实歪曲，也才能更好推动世界各国共同进步，建立更加辉煌灿烂的人类文明。

综上所述，"传得开"的红色文化资源便是在传播内容、传播方式、传播群体三个方面均作出一定的突破，借助新媒体平台的宣传优势，力求优化红色文化的传播内容，推动红色文化的大众化与形象化，进而使中国的红色文化走向世界，开创未来。

（四）"融得进"的边疆多民族地区红色文化资源保护与传承

"融得进"的红色文化资源保护与传承体现在四个方面：一是物质文化与非物质文化的融合；二是红色文化价值与红色产业价值的融合；三是红色文化与传统文化的融合；四是红色文化与群众日常生活的融合。

物质文化与非物质文化的"融得进"是红色文化资源保护与传承的根本，边疆地区有众多"看得见"的有形物质资源，也有许多能够令人"记得住"的非物质资源，但如何能够令二者融合在一起以发挥最大的效益是边疆红色文化资源保护与传承的难点所在。而目前边疆地区出现的最大问题之一就是红色物质资源与非物质资源的融合力度不足，导致二者实际上走在各自的发展道路上，没有形成互补性的文化优势产业。红色物质资源最主要的代表便是红色旅游资源，根据各地发展情况的不同，红色旅游资源的开发和利用多呈现出不同的形式，但无论如何，在红色旅游园区内都保存着大量体现革命先烈红色精神的器物型资源，这些红色器物是红色文化的最直接体现，是自强不息、艰苦奋斗的革命精神的具象化体现，是中国共产党始终全心全意为人民服务，为人民争取利益的有力证明。只有充分发挥红色物质资源的优势，才能在此基础之上完成思想的升华，才能使参观者在游览的过程中获得强烈的情感共鸣。所以以红色旅游资源的合理开发是保证物质资源与非物质资源相融合的重要途径，通过让游客获得更多参与感的方式，使二者自然融合为一个整体，在给参观者充分旅游体验的同时又能使其获得一定的教育意义。

红色资源的文化价值与产业价值的融合是社会发展方向的必然趋势，当今中国社会的主要矛盾是人民日益增长的美好生活需要和不平衡不充分的发展之间的矛盾。随着中国的改革开放进程日益深入，群众的物质财富出现了大幅增长，对美好生活的需要也逐渐增多。我国的社会生产力能够满足人民在物质生活中的需求，但群众所向往的美好生活不只是物质财富的满足，文化领域的发展同样是满足人民美好愿望的重中之重。但目前较为突出的问题是，与快速增长的物质财富比，我国的文化建设相对落后，已无法满足群众的日常需要，而红色文化的保护与传承正是扭转这一局面的关键所在。但是目前边疆地区的红色文化建设尚未能很好地与经济建设相协调，这也导致红色资源的文化价值与产业价值无法更进一步融合为一个整体，为群众创造更大的精神财富和物质财富。这就要求当地政府进一步整合红色文化资源，跳出传统思维的局限，打造红色文化产业生态，在保障红色资源文化价值的基础之上创造更大的经济效益。

虽然不少地区都已经开始注意到了这一问题，努力促进二者的结合，但由于边疆地区的经济发展相对滞后，其文化产业的发展模式也大多仍旧保持着很大的传统性，仅仅停留在对红色文化纪念品的研发和旅游景区的日常运营中，缺乏一定的创新型思维，没有将红色文化精神融入旅游的各方面。这一点可参考故宫博物院对于文创产品的开发，故宫本身就具有极大的历史文化价值，博物院内珍藏的文物更是中国数千年传统文化的集中性体现，依托于自身的文化价值优势，故宫已能够获得充足的客流量。在此基础上，故宫博物院并没有满足于传统游览模式带来的效益，而是针对日新月异的市场形势，创造性地开发出了许多精巧别致、匠心独具的文创产品，且利用线上销售、线下推广的方式打造了完整的文创产业链，让游客在满足观看体验的同时，又通过这些文创产品加深了对故宫及传统文化的印象。红色文化产业的开发同样可以参照这一模式，但需要注意的是，红色文化有其自身的独特性，不可一味照搬照抄，依然要立足于最大的特色之处，突出强调红色文化中蕴涵的爱国主义、集体主义和不屈不挠、不怕牺牲的大无畏精神是建立红色文化产业永恒的主题。

红色文化与传统文化相融合则是"融得进"的红色文化资源保护与传承的内在要求。红色文化与中国的传统文化是一脉相承的，不能将二者割裂开来。传统文化中蕴藏的许多精神内涵深深影响了红色文化的形成，正是对于传统文化的合理扬弃，中国的红色文化才得以焕发耀眼的光芒。现阶段对红色资源的保护与传承，也需要使其中的红色文化精神与传统文化相融合，进一步增强我们的民族自信心和民族认同感，最终实现中华文化的真正腾飞。

边疆地区各自拥有不同的传统文化，这些传统文化不仅拥有许多一以贯之的共性，而且还极具地方性色彩，尤其是各少数民族的传统文化形式多样、绚丽多彩。目前来说，无论是在传统文化中融入红色文化元素，抑或是在红色文化中融入传统文化的元素都稍显不足，红色旅游景区内的展馆、陈列室所展出的内容大多千篇一律，高度雷同，没有体现地方性文化的特点和传统文化的影响，对参观者的吸引力较为不足；而在当地的传统文化中也鲜少有红色文化的渗入，使民众感受不到红色文化的魅力。

这一点也影响了红色文化真正实现"融得进"边疆地区群众的日常生活。由于各民族的风俗和生活习惯存在一定的差异性，加之"大杂居，小聚居"的民族生活状况，各民族同胞虽然在整体上互相尊重、互相影响、团结统一、共同繁荣，但在具体的社会生活中仍然存着一定的问题，而红色文化精神是中华民族共同创造的宝贵财富，是维系社会和谐稳定的重要纽带，让红色文化元素充分进入群众的日常生活中去，有利于边疆地区的和谐稳定。而目前来说，红色文化在边疆人民的工作、学习、生活中均有"融不进"的现象。

如上所述，在西北、北部边疆有大量的农牧民定居，他们在日常的工作生活中几乎无缘接触红色文化的影响，除了传播方式的原因之外，党的基层工作者不甚重视红色文化的教育意义亦是重要原因。要想使红色文化融入群众的日常生活，首先要做到令其融入基层党员的工作生活中去。2020 年是全面进行脱贫攻坚战的一年，党的脱贫工作也在持续而稳定地推进，边疆地区的任务尤为繁重，这就更需要深入基层的工作者时刻秉持红色精神，不忘初心，艰苦奋斗。扶贫工作不只是经济的扶贫，还应该包括精神的扶贫，要让每一位人民都切实感受到党中央对他们的殷殷关切。党的基层工作者要在自身文化素质过硬的前提下，学习战争年代的"军民情""鱼水情"，和当地群众打成一片，而非简单灌输道德理论说教，只有让这些基层工作者融入当地的日常生活，才能真正令红色文化走入万千百姓心中。

在学习中，由于边疆地区的师资力量相对匮乏，教育水平相对落后，就更要求在日常的学习过程中增强红色文化的影响力。其中，高校中的红色文化元素更为突出。各地的中小学，尤其是偏远地区的中小学缺乏系统的红色文化学习，难以提升其认同感。且偏远地区的学生很少有机会进入红色旅游景区或爱国主义教育基地内接受红色文化的熏陶，导致其了解革命历史只能通过传统的历史教材与课本。除此之外，教师队伍的培养也是实现红色文化融入日常学习生活的关键，这就要求教师不仅具备过硬的专业技能，还需全面了解中国的革命史、建设史，能够通过自身生动、细致的讲解弥补教育资源不足的客观条件，正确引导学生对红色文化产生兴趣。边疆地区的教育部门也需要适当组织集体教育活动，培养师生学习红色文化的热情。

在红色文化融入边疆人民娱乐生活方面，除了传统的红色影视剧、红歌会等渗透到人民的日常娱乐需求中，边疆地区本身便存在着丰富多彩的文娱形式，这也为红色文化的融入提供了平台与机会。如在内蒙古自治区的草原文化节、那达慕大会，新疆维吾尔自治区和甘肃省的古尔邦节，西南边疆的泼水节、火把节，东北三省的东北民歌、二人转等节庆日和艺术形式中，都可以适当融入红色文化，使民众在轻松、愉悦的氛围中体会红色文化，给人以精神的激励和思想的启迪。

总之，"融得进"的红色文化资源保护与传承就是进一步合理规划利用红色文化资源，推动红色文化与现代生活的全面融合，增进红色文化的生活化、发展的协同化，使光荣的革命传统以及永不磨灭的红色精神在现代社会仍然能够成为引领风潮的旗帜。

"文化是一个国家、一个民族的灵魂。文化兴国运兴，文化强民族强。没有高度的文化自信，没有文化的繁荣兴盛，就没有中华民族伟大复兴。要坚持中国特色社会主义文化发展道路，激发全民族文化创新创造活力，建设社会主义文化强国。"红色文化的保护与传承是建设社会主义文化强国之路的重要组成部分，是实现文化自信的必然要求，而边疆地区红色文化资源保护与传承支撑体系的建立，无疑为进一步扩大红色文化的影响力增添了砝码。该支撑体系立足于红色文化资源"看得见""记得住""传得开""融得进"四个方面，覆盖了红色文化资源的合理开发利用、红色精神文明深刻内涵的研究阐释与二次创作、红色文化的传播、红色文化与社会发展的融合等多方面要素，是一个全方位、立体性、系统化的文化保护与传承支撑体系。具体来说，这一体系的建立对边疆红色文化的发展有以下影响：

第一，有利于边疆各地摸清自身的红色文化资源现状，合理分配、整合红色文化资源，在有效保护诸如革命旧址等红色文化遗产的同时对边疆红色旅游景区的规划与发展具有重大意义。在我国经济建设相对发达的地区，红色旅游已然成为一种成熟的产业运营模式，依托于鲜明的旅游主题以及精品路线的建立，红色旅游已经成为旅游市场内新的宠儿。边疆地区在这一方面更是有着巨大的潜力，除了丰富的可利用红色资源，秀丽的自然风光更加能衬托人文景观厚重的历史感。诚然，目前在边疆的部分地区内，某些红色旅游景区的开发已经凸显了这种结合意识，但广阔的疆域内尚有众多优秀的红色资源亟待整合规划，而红色文化资源保护与传承支撑体系的建立正是从宏观视域对边疆红色资源的发展做出顶层设计与整体布局，实现红色文化资源的结构统一与协调发展。由于各边疆地区包含的省份众多，支撑体系的建立也有利于不同区域内红色文化资源的总体统筹，形成红色资源的合力优势，打造彰显地方性特色的红色旅游产业，带动边疆地区的整体发展。

　　第二，支撑体系的建立有利于深度阐释红色文化的精神内涵，建立中华文明的坐标系与参照系，提升边疆群众的文化认同感和身份归属感，重塑国民的精神文化信仰，最终实现中华民族的伟大复兴。自古以来，中国红便是深深烙印在国人基因中的精神图腾，这一热烈而明快的色彩始终承载着中国人民对美好幸福生活的向往与追求。对红色文化资源的保护与传承，亦是对这种文化认同的延续。随着全球化进程的加快，世界各国之间的联系比以往的任何历史时期都要更紧密，在促进全球经济飞速增长的同时也带来了巨大的挑战。对中国而言，西方不断挑起的意识形态冲突在很大程度上模糊了文化身份认同，所谓普世价值的推行实质上是文化霸权主义体系的建立，在这样的情况下对红色文化的保护与传承就更加具有显著的时代意义。红色文化并非凭空出现的，而是一种必然的民族文化发展结果，是融入中国人民骨血中的文化归属感的时代性体现，也是实现文化强国、提高国家文化软实力的历史性选择。红色文化资源保护与支撑体系的建立能够进一步彰显中华民族独特的精神文化标识，坚定群众的理想信念，塑造国民的红色文化信仰。边疆地区受外部势力的干扰较大，易受某些别有用心的信息影响，支撑体系的建立能保证边疆地区的人民远离有害文化的侵袭，有效地、系统地抵制外来糟粕文化的渗透，对弘扬社会主义文化主旋律具有不可替代的战略性意义。但是，建立红色文化资源保护与支撑体系也不意味着全盘否定所有外来文化，红色文化也代表着中华民族平和、包容、沉稳的优良品质，所以该体系的建立实际上有利于多元文化在边疆地区的融合，在保证红色文化引导作用的前提下构建和谐的文化发展体系。

　　第三，支撑体系的建立对边疆地区民族工作的开展以及社会的和谐稳定具有不可估量的意义。党的十九大报告指出："深化民族团结进步教育，铸牢中华民族共同体意识，加强各民族交往交流交融，促进各民族像石榴籽一样紧紧抱在一起，共同团结奋斗、共同繁荣发展。"民族工作始终是社会主义建设事业中不可缺少的一部分，在新形势和新挑战下，民族工作的内涵也日趋复杂化、精细化，包括民族学、经济学、人类学、管理学在内的众多理论学科都在不同程度上丰富着民族工作的理论内涵，正确运用这些理论性知识，构建民族学整体理论框架，对解决民族问题、维护国家团结统一大有裨益。而红色文化的中心主导作用，有利于民族理论与实践工作的协调统一展开，习近平总书记提出："民族工作关乎大局，做好民族工作，顶层设计要缜密，政策统筹要到位，工作部署要稳妥。"红色文化资源保护与传承支撑体系的建立就是从全局的角度统筹规划民族问题，以红色文化精神指导民族工作的科学研究，提高民族问题的治理经验，为边疆地区的制度建设提供重要的理论根据，引导各族人民树立国家意识，建设全国各族同胞共同追求的精神文明家园。而且，利用红色文化的保护与传承指导民族问题的解决，不仅有利于对内的和谐稳定，也有利于为世界其他多民族国家提供治理经验与范例。作为国际事务的主要参与者，中国持续在国际问题的处理中提高自身话语权，红色文化的国际化能够让世界人民借鉴中国智慧。中华文化历来都是开放与包容的，促进不同民族、不同文化的和谐共生也是保护与传承红色文化的最终目的之一，党中央立足于此，对民族理论的合理阐释及民族政策的正确实施最终会在多边政治交往中发挥更大的价值导向作用，有利于巩固中国在"一带一路"等经济建设中的主导地位，构建更加稳定、团结、高效的区域政治、经济、文化生态，从而使民族工作更好服务于决胜全面建成小康社会，实现中华民族伟大复兴的总体战略部署。

第四，红色文化资源保护与传承支撑体系的建立，有利于促进边疆地区经济结构和生产方式的变革，也有利于改进边疆群众的生活方式，缩小边疆与发达地区的社会发展差距。许多边疆地区的主要产业结构及创收方式仍然以第一产业为主，生产力的发展水平已无法充分满足群众日益增长的物质文化需求。建立红色文化资源的支撑体系，便能在最大程度上激发区域红色资源优势，促进产业结构的优化升级。文化产业作为一种新兴的服务型产业，拥有巨大的市场前景和市场空间，边疆地区尚有很大的文化市场空白，科学的红色文化支撑体系能够指导地方政府与企业建立完整的红色文化生态产业链，增加当地居民收入，满足人民的日常生活需要。这也有利于边疆人民改变传统的生活方式，开拓自身视野，提高自身的人文素质和道德修养，更好地投入社会主义建设事业中来。发展并建立红色文化的保护与支撑体系对当地教育水平的提高也有重大意义，只有文化教育持续进步，才能从根本上解决边疆地区人才不足的局面，才能为中华民族之复兴输送源源不断的新鲜血液。红色文化是一剂强心针，始终激励着一代又一代的有志青年投身于建设祖国的伟大事业，保护好、传承好、弘扬好社会主义红色文化主旋律就是在保存中华文明的精神火种，令中华民族始终屹立于世界民族之林。

二、边疆多民族地区红色文化资源保护与传承的支撑体系的政策分析

（一）围绕"看得见"发力，加大红色文化保护传承力度，推动红色文化资源保护规范化、法制化

要想使红色文化资源保护与传承真正实现"看得见"，就必须加强宏观性的顶层指导，政府、企业、非营利性社会组织团体都要正确发挥各自的职能与优势，合力将边疆地区的红色文化资源保护好、传承好。

相关政府部门做好红色文化资源保护与传承工作应当做好以下几个方面：第

一，要做到全面厘清本地的红色文化资源现状，了解每一处红色文化资源的保护情况与开发利用情况。从整体上看，边疆地区政府投入了大量的人力、物力、财力用于红色文化资源的保护与发展，但是仍然有不少地区的红色文化资源遭到了不同程度的破坏，其中最大的问题便在于管理部门的不统一和监管部门的力度不足。各地的博物馆多属于文物局管理，纪念馆则多属于文化局管理，革命烈士陵园等具有纪念意义的园林则大都归民政局管理，而一些红色遗址、遗迹有些属于园林局管理，有些则缺乏监管单位。这些部门隶属于不同的领导机构，所受的财政支持也不尽相同，这就在一定程度上造成了红色文化资源管理的不统一，也不利于区域红色资源的整体规划。相关地区的政府应建立权责明确、职能清晰的统一管理部门，对红色文化资源的保护与开发统一调拨资金，确保财政支持可以切实落到红色文化资源的保护工作中去。同时，也应该增加本地区红色文化资源的调查人手，对各资源的分布情况和保护利用情况做出全面的评估，形成详细的工作报告，再根据本地区红色文化资源的实际情况由政府制定统一的保护措施。此外，增强对于红色文化资源的监管也是十分必要的，由于边疆地区的许多红色文化资源欠缺有力度的政府监督，不少资源被随意开发利用，甚至有些地区的红色文化资源管理者通过售卖给私人的方式获取经济利益。对这种情况，必须加强监管的力度，在必要时应对其进行坚决的打击和有效的惩处。对边疆特别偏远的地区来说，政府可能无法组织相关部门进行全面系统的红色文化资源监督管理，在这种情况下就要大力推进民间监管机制，对当地群众进行一定的红色文化教育，使其了解保护红色文化资源的重要意义，发挥群众的自觉性；同时也可以责成有关部门制定奖惩机制，调动群众对保护红色文化资源的热情，切实推动全面保护红色文化资源系统的形成。

第二，拓宽财政渠道与促进资金来源的多元化。红色文化资源的保护与传承及之后的开发工作，主要资金来源仍然需要依靠政府部门的规划与调拨，虽然部分红色资源的商业开发已相当成熟，形成了较为完整的红色文化产业链，能够借此获得充足的资金保障，也有的红色文化资源依靠民间捐赠等资金来源方式得到了妥善的保护，但大部分红色资源一旦失去了政府的财政支持便很难继续开展保护工作。而边疆地区的财政压力相对来说较大，其他领域的建设也需要政府大力的资金支撑，在这样的情况下，拓宽财政渠道与促进资金来源的多元化便十分重要。对一些管理经营不善、客流量相对较小、游客吸引力较差的红色旅游景区，可以通过出租承包的方式令社会资本重新对其进行整合规划，在收取租金、扩大财政来源的同时也能促进这些红色景区的可持续性发展。对一些具有重要历史价值和文化价值的红色遗产、藏品，政府可以出资进行复刻品的研发与营销，打破传统的纪念品销售模式，形成独具特色的红色文化产品市场，增加经营收入。红色文化资源相关影视剧、歌曲、文学作品、游戏的创作也是增加财政收入的重要来源，而目前相关文化产业的开发多处于混乱无序的状态，当地政府应组织统一的红色文娱创作活动，建立严格的审查制度，在保证作品严肃性、真实性的同时进一步挖掘市场潜力，寻找具有较高市场价值的红色文化资源。在红色文化单位的开支方面，资金的流向主要用于行政人员的薪酬发放，用于红色文化资源的宣传资金较少，缺乏集中式、网络化的宣传模式。相关部门应大力寻求与诸如广告赞助商等社会资本力量的合作，在当地的主要公共设施中投放关于红色文化资源的宣传标语、视频。

第三，进一步优化红色文化资源保护与传承的相关立法工作。根据我国现行的相关法律，地方政府有权对当地的文物保护与非物质文化遗产的保护进行行政立法，《全国重点文物保护单位保护规划编制审批管理办法》规定：全国重点文物保护单位的保护规划由其所在地的县级以上人民政府编制，再由省级文物行政部门等进行审批。所以，当地政府对于红色文化资源的保护与利用具有绝对的话语权。但问题在于边疆地区的许多相关立法工作并不完善，对红色文化资源的管理与保护办法只能依靠一些相关的条例进行，地方立法机关并没有在这一过程中发挥自身的职能，造成了当地政府既是立法者又是执法者，既是规则的制定者又是规则的具体施行者，这实质上是边疆地区红色文化资源管理混乱、产权不清晰、监管不到位的根本原因。在这样的情况下，明确当地政府的职权行使范围，增强立法机关的作用便成为解决这一问题的关键。作为红色文化资源保护工作的总体统筹者和最后执行者，政府应首先对需要保护与开发的红色文化资源做出规划大纲，对相关的立法工作、条例提出宏观的整体方向，进而委托具有丰富文化保护经验的科研单位进行具体的大纲完善与条例编写，再报予当地立法机构进行审批，通过之后由政府会同民间企业、个人等合作执行。这一流程在明确了各单位具体职权的同时也充分调动了社会的一切资源力量，使红色文化资源的保护与传承工作不只是政府进行的单方面努力，有利于使立法、执法的各个工作环节运行合理高效，在法律层面推动红色文化资源保护体系的建立。

第四，大力推动建设地区特色红色文化旅游线路，打造区域精品红色文化品牌，扩大红色资源的市场影响力。其中关键是要与当地的革命历史紧密结合，制定合理的营销策略，形成独特的红色品牌效应。提到江西省瑞金市便能联想到"红色故都""共和国摇篮"等名号；而当游客去往西柏坡时便会自觉想到"新中国从这里走来""中国命运定于此村"等美誉，红色文化的品牌效应与当地革命文化形成联动机制后产生了巨大的市场价值。而边疆地区的许多红色文化资源也具有出色的号召力与吸引力，如百色起义、龙州起义、三区革命、九一八事变等发生在边疆地区的历史事件对中国革命的走向同样产生了不可估量的意义。但是边疆地区对这些红色文化资源的开发普遍深度不足，无法形成规模化的红色品牌价值，也没有和当地的其他旅游产业紧密结合。瑞金市于 2020 年举行了首届红色文化旅游节，将本地的红色文化资源优势同自然旅游及群众的日常生活联系在了一起，囊括了红色景区参观、自然风光欣赏、音乐节、美食节、购物节、民宿盛会在内的多种旅游方式，打造了全域红色旅游的新模式，为当地居民和游客都提供了不同的参观体验。这种红色文化资源的利用方式也可以被边疆地区所借鉴，当然，一切红色资源品牌的开发都应立足于当地的实际情况，不可完全套用其他地区的方法，应在借鉴先进经验的基础之上发挥创造性思维，制定适合于自身的政策。此外，建立区域性的"红色文化联盟"也是打造红色文化品牌的有效途径。例如东北三省地区可以利用自身交通便利、红色文化资源丰富、财政支持充裕等区位优势，打破单一化的红色旅游路线，建立复合化的运营体系，形成东北三省一体的区域红色旅游品牌。这就要求不同地方的政府突破各自的行政壁垒，建立一定的合作机制，调动区域内的一切资源打造精品红色文化旅游。其他边疆地区的政府也可以视自身情况制定相应的策略，努力实现红色旅游的区域整体化。

第五，在开发过程中注重对环境的保护。习近平总书记多次强调"绿水青山就是金山银山"，在红色文化资源利用的每一个环节中也必须时刻注重生态环境的治理，不能因小失大，只注重短期经济效益而忽视了红色资源的可持续性发展。边疆地区的自然资源具有得天独厚的优势，很多旅游景区仍然保持着良好的自然生态原貌，未受到大规模的环境污染，但随着近些年边疆经济的增长，也出现了一些资源过度开发的问题。对于这些污染现象，政府应给予群众一定的政策性指导，加强环境保护的宣传教育，各红色旅游景区也需要提升监督管理能力，设置游客黑名单，对明显破坏园区环境的游客给予限制参观、罚款等处罚。同时地方政府应坚决贯彻先保护、后开发的整体红色文化资源规划布局，避免走上先污染、后治理的发展道路；在进行红色旅游景区的开发时应对景区内的自然环境、树木、地形、水文等要素做出系统的评估，制定合理的开发方案，将红色文化与锦绣山河自然融为一体。在旅游旺季的情况下，部分热门红色景点可以通过限制游客数量的方式避免参观人数过多而对环境造成破坏；在游览过程中，景区内部工作人员也需注意对游客进行科学引导，对一些不文明的行为进行劝阻与警告。只有将红色文化资源的保护与传承纳入地方可持续发展的环境综合治理体系中，才能使红色文化展现出迷人的魅力。

政府的总体统筹工作与科学指导是建立"看得见"红色文化资源保护与传承支撑体系的根本所在，但仅仅依靠政府的力量也很难真正建立这一体系，民间的资本力量与企业的努力同样不容忽视。文化旅游业作为一种新兴的产业，拥有广阔的投资前景和较大的经济收益，中国很多省份的主导型产业目前均为文化旅游产业，而红色文化资源的开发在文化旅游产业中又十分具有市场吸引力，边疆地区的市场空白也给了民间资本更大的投资空间，合理运用企业的力量无疑可以为边疆地区的红色文化保护工作添砖加瓦。

民间资本要想为红色文化资源的保护与传承作出贡献从以下几个方面着手：第一，从内心真正树立对红色文化的保护意识。企业的运作以盈利为根本目的，一切投资活动的根本目的皆是经济效益的最大化。民间资本对红色文化资源进行注资并期望获得回报本无可厚非，但是这一切的基础必须建立在企业决策者真正从内心深处热爱红色文化并愿意为红色文化的保护与传承作出贡献之上。金融经济学领域的学者们普遍认识到，文化因素对企业行为的影响是不容忽视的。具体而言，文化会影响经济主体的认知、互动与策略选择，或构建社会群体一致认同的社会规范，对企业的经营决策产生影响。民间企业的决策者也是在一定的文化环境中成长起来的，企业的经营理念与内部文化的塑造在很大程度上决定了其未来的发展道路。红色文化已经成为影响我国经济建设的主导文化，特别是在边疆的革命老区，有许多民营企业的主要决策者都经历过传统革命文化的熏陶，这对红色文化资源的保护与传承工作来说是一个天然的优势。在这样的情况下，各民间企业应该在内部大力开展红色文化的学习活动，让员工在日常工作的同时感受红色文化带来的精神力量。可以通过举办红歌会、集体欣赏红色影视剧、阅读红色书籍等团建活动增强企业员工对红色文化的认同感，同时也可以增强团队的凝聚力，激励其在工作中创造更大的社会经济价值。企业决策者还可定期让员工前往红色文化园区和旅游景区参观学习，这既可以起到调节身心的作用，又能让员工们获得宝贵的红色文化体验。当红色文化植根于民间资本的每一个细微之处时，就能充分发挥其主观能动性，更好地奉献于红色文化资源的保护与传承工作。

第二，加大对红色文化资源的投资力度，寻找有特色的红色文化资源进行深度的开发工作，将资源优势转化为经济优势。对民间资本来说，保护传承红色文化最重要的一点是创造更大的经济效益，作为红色文化资源保护资金的重要来源，民间资本只有获得更大的市场收益才能更好地保护红色文化资源。红色文化资源的所有权大都掌握在政府手中，而开发权、经营权一般会由政府委托给文化旅游公司进行，政府的主要职能在于宏观性的指导，而具体的市场营销策略则由企业实施。在制定红色文化资源和红色旅游景区的市场销售规划时，民间资本必须遵从当地政府的相关政策和条例规定，在政府的统一领导下进行资源的进一步开发，不能随意利用红色文化资源赚取不正当的经济利益。在整体政策的引导下，承包红色文化资源开发及经营的民间资本需要发挥自主创新意识，明确自身所开发的红色文化产品及红色旅游景区的市场优势，确定目标消费人群，结合地方特色打造沉浸式的红色旅游体验。根据目前的市场状况及红色文化传播的情况，进入红色旅游景区的参观者以中老年人群及团体游客为主，针对青年群体消费不足的情况，红色文化旅游公司应致力于打造多元化红色旅游模式。贵州省遵义市的四渡赤水实景体验园区便是沉浸式红色文化旅游的典型范例，该园区以红军长征时期的四渡赤水战役作为背景，详细参考了大量历史资料和研究成果，高度还原了当时的真实战场情况。游客进入园区内可随机抽取角色卡，以参与表演的方式体验1935年的这场著名战役，服装、道具、枪支、军用装备等都最大程度地还原了战场原貌，通过精彩的剧本编写和炮火特效的运用，可以令游客感觉自己置身于当年枪林弹雨的战斗场面中。园区更提供了多种实景式战斗体验，参观者可以在情报战、物资战、歼灭战三种情景中获得不同的沉浸式体验，更能通过实景模拟感受到中国共产党领导人的高超指挥艺术和作战技巧，充分领略"四渡赤水出奇兵"的魅力。而且，四渡赤水实景体验园区也与土城古镇红色遗址形成了优势互补，在红色文化旅游的现代感与历史感中找到了平衡点，可以使游客获得更大的满足感，从而更好发挥红色文化的教育意义。西南边疆地区的许多红色文化资源也可以按照四渡赤水实景体验园区的模式进行规划，但需要注意的问题仍然是发挥自主创新意识，在深入了解本地红色文化资源历史的基础之上打造最适合的商业模式，其他边疆地区也可借鉴此模式。民间资本力量介入红色文化资源保护工作的一大优势便是民营企业者往往敢于突破传统的限制，利用相对充裕的资金进行别具一格的文化景区建设，但要时刻注意的是，沉浸式红色文化旅游的主题不能被歪曲，文旅结合是手段而不是目的，经济收入是结果而非初心，更好地弘扬红色主旋律是一切红色资源开发的前体和基础。

第三，加大投入对红色文化园区内配套设施的建设。只有更好地完成红色旅游景区基础设施的建设，才能使游客获得更便捷、更高效的游览体验。边疆地区整体的基础设施建设相对落后，很多红色文化园区缺乏一定的相应配套设施，为解决这一问题，民间企业需首先获得政府的支持，与其签订相关合作协议，争取政府的委托权或特许经营权，进而在红色文化园区内完善道路，建设诸如酒店、餐厅、休闲区、美食街、停车场等基础配套设施。因地制宜是红色文化园区配套设施建设工作的根本要求，东北三省拥有较为完整的基础设施体系，故该区域红色文化园区内的配套设施应以日常维护、翻新为工作重点，对一些老旧的配套设施加以改善，提高现代化元素的比重，在资金充裕的情况下应加强配套设施的科技感，运用人工智能的方式为游客提供更人性化的服务。西北、西南边疆的部分红色文化园区并不建设在基础设施完善的大城市中，多集中于偏远的乡村、牧场。这些区域的配套设施建设要积极结合地方特色，大力开展诸如农家乐式的经营方式，加强景区相关服务人员的专业素养培训，修建基础的停车场、餐厅等设施。对于一些知名度较高、商业运转较为成熟的红色文化园区，可以在周边建设相对高端的度假小镇、文化创意馆、红色文化风情街、私人俱乐部、休闲养生会馆等配套设施，满足不同人群的消费需要。游客导引系统和咨询系统的完善也是配套设施建设不可或缺的一部分，尤其是边疆很多的偏远地带，现代化通信设备无法有效发挥作用，这便要求红色旅游景区内需拥有完整的游客信息中心、游客咨询中心以及游客接待服务平台。同时移动运营商也需加强与当地政府的合作，努力实现移动通信的全面覆盖，建立现代化的游客服务体系。游客步道、观景台、休息亭以及相关配套的消防、电力、绿化、环卫、给排水等工程的进行也需要依靠民间资本力量的注入来完成。企业电子商务平台的建立也是配套设施的一部分，在网络金融的推动下，许多项目的投资及建设工作需要电子商务平台进行处理，企业可以充分利用这一平台提供的网络基础设施对资金的投入、支付、流动、整合做出快速决策，极大提高生产效率，降低运营成本，红色旅游景区也可以利用电子商务平台实现园区数字化，为游客提供质量更高的服务。电子商务平台的建立对吸引外国资本的合作也有一定的作用，中国的红色文化需要被全世界"看得见"，电子商务开放性与全球性的特点创造了更多国际贸易的机会，为其他国家了解红色文化提供了一个窗口。在此基础之上，红色旅游景区也要注重国外游客的体验，相关的翻译设备、景区标识、景区讲解等基础设施的建设需逐步加强。

第四，高度重视专业人才的培养与使用，形成人才建设梯队，以人力资源的开发保障红色文化资源的保护与传承。"看得见"的红色文化资源终究要靠具体的人来执行政策，无论在何时何地，优秀人才的培养都是决定企业发展高度的根本因素。在红色文化资源的开发利用工作中，应大力引进综合素质较强的高层次人才，边疆地区的红色产业开发更应注重民族学人才的使用，利用其专业知识进行大量的实地调查，有效与当地人进行沟通协商，以便更好进行红色文化产业园区的建设。从整体上来看，文化创意产业的人才缺口较大，红色文化产业的发展尤其缺乏相应的人力资源。作为技术密集型、文化密集型、人才密集型、资本密集型结合的产业集群，文化资源的建设本就需要拥有极强专业能力和创新能力的人才完成内容构建，红色产业的发展则更需要相关人才具有一定的红色知识储备和历史文化素养，能在项目构思中巧妙结合红色历史元素和现代旅游需求，使园区主题鲜明突出。边疆地区的高校教育虽然较其他地区来说相对滞后，但在经济管理学、民族学、政治学、历史学等专业仍然有着较大的人才使用空间。作为民营企业来说，合理的薪酬待遇是引进人才的基础，边疆地区并不缺乏高素质的专业人力资源，但人才流失现象较为严重，如何留下这些英才开发区域红色文化资源是重难点。除了企业自身提供的报酬以外，还应加强与政府的联系，为高端人才提供更多的政策优惠、制度优惠，解决其后顾之忧。在人才培养体系方面，实力较为雄厚的民间资本力量可以与当地教育部门、旅游部门、文化部门合作，建设专门的红色旅游文化人才培养基地，以红色文化教育为基础，以红色文化旅游为特色，以文化创意产业为依托。在人才培育中时刻秉承爱国主义精神，全面而系统地进行专业红色文化产业人才的养成。在具体上岗环节，企业内部应制定严格的竞争上岗机制。红色文化资源的开发虽然要为游客提供更丰富的娱乐性，但其内在的历史严肃性永远不能被遗忘，红色文化园区内的员工更应牢记红色精神，保持初心与较强的政治性，他们往往直接代表了红色文化的具体形象，是红色文化的践行者，也是提高红色产业建设质量的关键环节。所以企业负责人要建立严格的管理制度和考核制度，打造高素质的红色人才队伍。大力培养农村文化人才也是边疆红色文化产业建设的突破口之一，红色产业的发展不能只局限于城市地区，受边疆客观条件的影响，只有重视乡村地区的基层人才培育，才能为红色文化资源在边疆的全域建设奠定坚实的基础。民间企业可以发挥自身灵活性的特点，在边疆偏远地区投资建设乡村文化站等文化服务中心，就近宣传红色文化精神，为群众展开形式多样的文化服务，对一些具有潜力的人才给予扶持，有针对性地进行专业培训，让红色文化通过资本的力量走进边疆基层，使百姓真正"看得见""摸得着"红色文化。

第五，产业的融合共生是现代经济发展的必然趋势，在红色文化资源的开发利用中，红色旅游企业不只要注重红色文化产业的建设，还要与其他产业、资源形成和谐共生的关系，带动区域经济的整体发展。边疆地区红色文化产业的共生关系体现在三个方面：一是红色文化产业与其他社会产业的天然共生；二是红色文化产业与当地风俗的天然共生；三是红色文化产业与自然资源的天然共生。红色旅游是一种特殊的文化旅游方式，但并非脱离社会经济的运转而独立存在的，它的发展也必须建立在一定的关系网络中，良好的产业生态有利于区域不同产业的协调式发展，使不同的企业发挥各自的资源优势，形成产业的集群效应。由于我国的红色文化园区和旅游景区主体的修建都是由公共财政出资修建，实行免门票制度，所以承包景区开发经营的红色旅游企业已经丧失了旅游产业中最基本的门票收入。这也是红色文化产业最为特殊之处，所以更加要求相关企业与其他社会资源建立良好的融合共生关系，实现红色文化资源的可持续利用。基于此，红色旅游企业要努力实现核心共生、主要共生以及跨界共生。所谓核心共生，是指红色旅游景区的主体价值存在不可替代性，是红色文化资源保护与传承的重要基石，免门票制度是红色产业的基本特色，亦是社会主义制度优势的集中体现之一。这就要求企业站在整体的文化性与公益性的角度进行红色旅游景区的经营管理，与社会及公众形成健康的和谐共生关系，不能通过变相收费以及掠夺性开发的方式赚取短期经济收益。红色景区内的自然资源也是构成核心共生关系的一部分，企业要响应政府的号召，跟随政策的指引，努力协调治理与环境保护的平衡，在红色文化园区内部建立良好的产业生态，实现全方位的共融式发展。所谓主要共生，是指红色产业的开发绝不仅只靠一家企业完成，而是涉及多产业、全领域的整体社会责任，具体景区的承包经营权也不能完全被个别资本垄断。在红色文化园区中存在大量的个体经营者和相关服务人员，他们的存在对于红色旅游景区的日常运营意义重大，这就要求主要负责红色景区经营管理的企业重视内部合作，引导并建立良好的市场环境，严格遵循契约精神，避免形成恶性竞争。只有在红色景区内部建立有序、稳定的市场运行机制，才可以使各利益方都获得可观的经济收入。所谓跨界共生，是指红色文化产业的建设包含于区域整体的经济发展之中，红色旅游企业应该注重与外部企业的合作，与其他产业之间形成联动机制，利用其他社会资源弥补自身的不足，使红色文化产业呈现多元化的新格局。

民间资本力量的注入是红色文化资源保护与传承工作的生力军，在"看得见"的红色文化支撑体系建设当中是必不可少的关键环节。适当的营销策略与市场包装可以提升边疆地区红色文化资源的知名度，进而推进区域经济建设的发展。然而在这一过程中，仍然要加强政府的指导作用和市场监管力度，避免红色文化资源被经济利益所驱使，成为资本家赚取金钱的工具。

除了政府和民间企业的努力外，非营利性志愿团体也是红色文化资源"看得见"的社会保障。红色文化内涵与志愿精神"奉献、友爱、互助、进步"相辅相成，例如志愿精神中"奉献"精神与红色文化提倡的"为人民服务"精神是一致的；而红色文化中的"团结互助"精神，既体现了志愿精神中"友爱""互助"，又是当代形成良好社会风气的重要标尺。红色文化的保护与传承需要更多社会志愿者的参与，只有使更多的人参与到红色文化资源的建设工作中来，才能真正令红色精神渗透到社会中的点点滴滴。而要实现这一宏远目标，社会志愿团体需要做到以下几点：

第一，加强自身的红色文化专业素质。社会志愿者团体虽是非营利的，工作的初心公益，但红色文化的保护与传承工作较为特殊，要求志愿者有较高的政治素养和专业素养，仅凭热情无法很好地完成工作。边疆地区的志愿者团体尤其需要学习更多的专业知识，除了必要的党史、军史、革命史之外，志愿者还要提高自身的民族文化史水平。多民族聚居的情况使民族专业知识的储备尤为重要，所需的志愿者人数也较多，这便要求志愿者团体内部组织系统、全方位的专业学习。除了大量文献阅读之外，邀请相关领域的专家学者举办讲座活动是提高专业素养的有效途径。与老党员、老军人的交流工作的展开也有利于志愿者群体掌握一手的文献资料，更深刻了解红色精神的传承意义。保护红色文化的一个重要基础便是讲好红色故事，这些红色故事中有着震撼人心的信仰力量，很容易让人产生强烈的情感共鸣。社会志愿者团体不仅可以通过讲座的方式学习红色历史，还可以通过走访、去老党员家做志愿者服务等方式搜集珍贵的历史资料、聆听老党员自身的革命经历，增强代入感，对红色故事的历史渊源及后续影响深入研究调查，体会尘封岁月中的革命激情，将红色故事背后的人文主义精神传递给整个社会。不同时代有不同的审美感受和情感体验，讲好红色故事还需要注重时代精神，赋予其新的时代内涵。志愿者群体在提升专业素养、掌握大量历史资料的同时也要保持高度的思想开放性，增强共情能力，做到深入浅出、灵活生动。

第二，选择适合的实践地点与宣讲地点，不能盲目地进行红色文化的传承，要做到目标明确、有的放矢。具体来说，边疆地区的志愿工作重点应放在高校服务、社区服务、乡村服务三大领域。高校是红色人才培养的天然基地，其中的优秀人才不仅可以进入政府与企业工作，还可以通过加入红色文化志愿团体完成红色资源的保护与传承。志愿团队可与当地教育部门形成合作机制，在高校专门添加保护红色文化资源的志愿服务教育模块，在日常学习中向青年大学生宣传红色文化资源的保护理念，培养其志愿者精神。学校可以领导组织红色志愿服务教研室，统一对课程进行安排，定期对学院加以考核，对考核成绩优秀者发放志愿者工作证，并组织其参与社会红色文化保护的志愿活动。在此基础之上建立大学生红色志愿服务管理体系，由相关志愿者团体进行学生志愿者的综合管理及评定，形成大学生的长期志愿服务机制。虽然志愿工作以非营利性为主，但还是可以通过一定的奖惩机制提高学生的参与热情和积极性。对表现良好的大学生志愿服务者，应在学校的评优评先活动中获得相应的加分，也应被纳入党组织的重点考察范围之内。志愿者团体可以为优秀学生颁发奖状，必要时也可以与一些民间企业达成协议，进行优秀人才的推荐。在社区服务中，志愿者团队不仅要注重红色文化知识的宣讲，还要注重对居民的生活关怀，让群众切实体会红色文化的要义。通过将红色文化引入社区生活，志愿者团体可以与社区领导进行协商，建立长期的红色文化讲堂、小型红色文化资源展览馆等设施，打造红色文化社区，让更多的居民看到红色文化资源保护的成果。在乡村服务方面，由于边疆地区的乡村多处于较为偏远的地带，部分群众很难在日常生活中接触到红色文化资源，志愿者团队在进行工作时应更加耐心讲解红色文化，可通过图文并茂的方式加深乡村居民对红色文化的印象，还要注意在工作中尊重当地风俗，维护民族习惯，在做到不扰民的基础之上弘扬红色文化的主旋律。

总而言之，为实现"看得见"的红色文化资源保护与传承，就要实现全社会、全领域的通力合作，调动一切可能的社会资源进行红色文化的保护与传承工作，加大红色文化保护传承力度，推动红色文化保护的规范化、法制化、信息化、多元化，深度挖掘红色文化资源的开发潜力，形成经济效益、文化效益、环境生态治理的有机结合。更要注意在红色文化保护传承工作中始终牢记以人为本的方针，践行为人民服务的基本目标，利用红色文化的影响力引领社会风向标，使群众真真切切地看到红色文化的带动作用，心甘情愿为建设社会主义伟大事业而作出贡献。

（二）围绕"记得住"发力，加强红色文化研究阐释，推动红色精神时代化、通俗化

要想使边疆地区的红色文化资源保护与传承"记得住"，便要大力发挥科研机构的力量，加强对红色文化的研究与阐释工作；同时要做好党建思想工作的建设，推进党员红色教育的常态化、制度化；还要鼓励文艺界进行大量的红色作品创作，深化红色文化的二次创作。

在科研领域方面，为了让边疆红色文化的研究与阐释工作顺利进行，可采取以下举措：第一，对党史、军史、革命史以及相关的民族文化史文献资料进行全面的整理，进行重点文献的研究与阐释。边疆地区的革命史内容较为庞杂，涉及的历史人物及历史事件较多，如果研究重点不突出，就会导致阐释的内容不足以引起社会的重视。在相关科研机构的工作进行中，还是应该寻找对中国革命历史进程有重大意义的事件、人物进行立体化的研究，将其背后蕴含的红色文化精神及人文主义关怀用理论的形式阐释出来，以加深群众的印象。不同边疆地区所需要的红色文化研究重点也不一样，突出地方特色是红色文化阐释工作的重要一环。如在新疆维吾尔自治区，红色文化资源的研究重点可以放在西路军在新疆的历史以及军垦文化当中。尤其是中国工农红军西路军在新疆的活动，由于相关研究得不够充分，一些历史事件至今鲜为人知，而民众也迫切渴望了解这一方面的历史知识。在新疆某地的纪念馆中，当参观者问到讲解员西路军的有关情况时，讲解员竟然不能做出令人信服的回答，这充分说明研究阐释的不足已经导致了许多红色文化精神在当今社会无法有效传承。

1936 年 10 月，中国工农红军红一、红四方面军的主力部队为了打通河西走廊，连接新疆地区，组成了西路军渡过黄河作战。在一系列战斗中，西路军虽然表现英勇，毙敌无数，但终因孤军深入涉于险地。在敌众我寡，弹尽粮绝的情况下，西路军经过惨烈的战斗而覆灭，谱写了中国革命战争史上最为悲壮的一曲。西路军覆灭后，仅余四百多名指战员溃至新疆，是为中国工农红军西路军左支队，对外称为"新兵营"。这支部队虽然人数较少，却在新疆地区遵照党中央的指示开展了大规模的政治学习和文化学习，在此基础之上又根据党中央关于把总

支队办成多兵种的军事技术学校的指示精神，组织学习了航空技术、炮兵技术、无线电通信技术、装甲车的维修与驾驶等多项军事专业技术，为中国共产党培养了一大批军事技术骨干，为抗日战争的胜利作出了巨大的贡献。"新兵营"是中国共产党进入新疆地区的第一支武装力量，集中展现了中国工农红军的风采以及中国共产党坚韧不拔的优秀品质，也很好地诠释了红色文化不怕牺牲、团结互助的革命精神，对今天有重要的教育作用。目前新疆地区存有中国工农红军西路军总支队旧址、中国工农红军西路军总支队纪念馆等红色文化资源，而西路军在新疆的历史却不为人知，所以加强对此的研究阐释对红色文化在当今社会的保护与传承十分重要。

在内蒙古自治区，红色景区与自然风景的融合工作较为出色，应重点加强对一些历史文献资料的研究。《蒙古农民》是内蒙古地区最早的革命刊物，1925 年在党的创始人之一李大钊同志的关怀下，由北京蒙藏学校党支部书记多松年、中国党员乌兰夫、奎璧三人创办。《蒙古农民》是蒙古族人民斗争史上第一个马列主义刊物，以蒙、汉两种文字题写刊名，在第一期第一篇文章《开篇的话》中，此刊开宗明义地写道："蒙古农民的仇人是——军阀、帝国主义、王公。"这短短16 个字的发刊词宣传了中国共产党反帝反封建的民主革命纲领，揭示了帝国主义与军阀对蒙古族人民的压迫和反动统治，用简洁的表述传递了红色文化的深刻内涵。《蒙古农民》还用通俗易懂、朗朗上口的写作方式描述了蒙、汉两族的关系，主张蒙古族与汉族拥有共同的命运和共同的使命，打倒帝国主义列强和军阀的统治，建立以人民为中心的独立政府是两族共同的历史任务。虽然《蒙古农民》仅发行了四期便因国内外的强大阻力而被迫停刊，但在内蒙古的斗争史当中留下了光辉的一页。此外《内蒙古自治运动联合会成立大会特刊》《内蒙古周报》等刊物也集中展现了中国共产党的革命理论纲领和民族团结的内容，对这些资料加以现代化的研究阐释有利于让群众更好了解内蒙古的革命史，对维护民族团结也有重大作用。

西南地区的红色文化资源较多，研究重点更应明确，龙州起义的相关阐释可以作为突破口。相较于同样发生在西南边疆的百色起义和南宁兵变，龙州起义的知名度相对较小，但其在革命历史中的作用不容忽视。1930 年 2 月 1 日，由中国共产党广西前委统一指挥，何世昌、俞作豫、宛旦平、李明瑞等人领导成立了中国工农红军第八军和左江革命根据地，发动了龙州起义，与邓小平同志领导的右江革命根据地连成一片，初步形成了规模庞大的左右江革命根据地。龙州起义虽然只有短短的几天时间，却在左江地区谱写了一曲英雄的壮歌，邓小平同志后来在龙州起义纪念碑上亲自题词："革命的胜利果实，是烈士们的鲜血凝成的。红八军和人民革命先烈们的丰功伟绩，永远活在我们的记忆里。"龙州起义的胜利及其英勇无畏的精神体现了中国共产党人对获得民族解放与国家独立的坚定信念，在今天的红色文化传承中也可以激励群众艰苦奋斗、不怕困难，为社会主义建设事业而努力奉献。

东北边疆地区则应主要研究并弘扬抗联精神，九一八事变之后，日军开始了长达14年的侵华战争，东北人民抵抗的时间最长，付出的代价也最大。中国共产党领导东北抗日联军在白山黑水之间与日寇进行了艰苦卓绝的斗争，涌现了一批又一批的英雄烈士，他们在东北大地上抛头颅、洒热血，以自己的血肉之躯铸成了一道道钢铁长城，誓死阻挡敌人前进的步伐。据不完全统计，在东北抗日联军的14年作战期间，有38位军级以上将领牺牲，100多位师级干部牺牲，上千名各级指战员牺牲，更有无数普通战士的尸骨永远埋在了这片土地上。正是因为心中抱有坚定的理想信念，东北抗日联军的广大将士们才能谱写出一首首壮丽的凯歌，这种精神力量也正是中华民族生生不息的根基所在。在今天，抗联精神亦是红色文化资源的宝贵一部分，加强对此的研究阐释有利于弘扬以爱国主义为核心的中华民族精神，让群众在新时代、新条件下"记得住"革命先烈的光辉事迹。

第二，加强与时代热点的融合，包括时代政治热点、思想热点及经济热点在内，都可以融入红色文化价值观的影响。习近平总书记曾在哲学社会科学座谈会上指出："我们说要坚定中国特色社会主义道路自信、理论自信、制度自信，说到底是要坚定文化自信。"坚定文化自信是当今保护与传承红色文化的根本目的，中华民族要真正在世界中拥有话语权必须立足于自身的文化传统，打破西方的文化霸权主义与价值认同体系，以中国的特色社会主义制度为依托，坚定不移走自己的发展道路。在红色文化的研究工作中，应当阐释其对文化自信产生了何种重要意义，也要在研究中适当融合道路自信、理论自信、制度自信的内容，深入探究红色文化在其中的指导作用。在经济建设方面，"一带一路"是目前我国为构建全方位开放新格局，深度融入世界经济体系而提出的伟大倡议，在相关的研究中也应突出"一带一路"与红色文化之间的关系，特别是西北边疆作为"一带一路"建设的核心区域，应重点阐释红色文化对区域经济发展的影响力。经济的发展使文化有了更强的承载力，"一带一路"的提出也使红色文化的国际之旅成为可能。这不仅是经济的交流之路，也是文化的传播之路，专家学者应针对红色文化与建立人类命运共同体的关系进行探讨，形成新时代独具中国特色的红色文化理论体系。在社会思潮中，娱乐文化的发展是近年来的热点问题，新一代国人似乎陷入了"娱乐至死"的风潮当中，渐渐忽略了传统文化与红色文化的作用。所以，红色文化的阐释工作还要从理论的高度论述红色文化对娱乐文化的引导作用。二者虽然在内涵上存在较大的差异性，但是并非水火不容，用红色文化的力量引导娱乐文化，使其成为新时代的进步文化与健康文化，是红色文化在新时代发展的必由之路，在这一过程中也能让许多青少年得以体会红色文化的博大内涵。

除了相关科研机构和专家学者的努力外，将红色文化教育引入党建工作中，使广大党员永葆红色基因，是"记得住"红色文化资源保护与传承实现的必要条件。只有巩固党员的红色记忆，才能确保红色文化的根基不被动摇。要使红色文化融入党建工作，就要让红色文化教育引领党建工作的日常化、制度化，同时还要注重红色文化对基层党建工作的影响。

2016年2月，中共中央办公厅发出了《关于在全体党员中开展"学党章党规、学系列讲话，做合格党员"学习教育方案》的通知，要求各地区、各部门、各党委认真贯彻执行"两学一做"教育，开展学党章党规、学系列讲话、做合格党员的教育活动。这些教育活动的展开，就是红色文化引领党建工作日常化、制度化的体现。在具体的执行过程中，不同区域有不同的针对性政策，在边疆地区实现党建工作的常态化，应做到以下几点：

第一，合理利用红色文化资源进行现场党性教育，提高党员的思想觉悟，引领党员在新时代有新作为，以历史、现实、未来相结合的教育方式提升党员的使命感。红色文化园区的建设，不仅要让游客有沉浸式的体验，也要让党员在学习过程中有参与感、现场感和融入感。为了让党员在现场党性教育中获得更多的教学体验，应首先在园区内建设红色文化现场教育路线，划出专门区域建立党建作培训中心，努力培养专业素养过硬的优秀红色文化讲解员，形成情景式党课教育、游览式党史学习、座谈交流会、誓词教育这一条完整的红色文化教学链。让前来学习的党员在进行沉浸式游览的同时获得深度的党性教育和红色文化熏陶，提高党建教育活动的针对性和时效性。除了线下的现场教学活动之外，线上党建工作的开展也十分必要。学习强国等APP的上线为全国党员学习中央精神及红色文化提供了便利条件，而边疆地区的红色文化园区也可以推出专属的线上教育学习软件，用线上教育与线下教育结合的方式将相关红色知识巧妙融入党建活动之中，利用微信、微博等现代交互平台为载体，强化党建教育的灵活性与多元性，提高教学的趣味性和吸引力，让党员在日常生活中也能时刻参与红色教育活动。

第二，利用区域红色资源优势进行整合式党建教育活动，变单点式党建教育为协同式党建教育，发挥各地党委的总体统筹作用，推进红色文化资源的共享共建，建立联动式机制，开展协调式党建工作的同时形成相应的制度模式。由于边疆地区部分红色文化资源距离较远，党员无法通过实景参观学习的方式进入每一个红色文化园区进行党建教育活动，所以地方党委、党校应该发挥师资优势与带头作用，同各个红色文化园区展开广泛的合作，建设一站式服务的党建教育培训基地。该基地的建设可以依托于当地相邻近的红色文化遗产、纪念馆、博物馆、旅游景区等，进而打造规模庞大，体系完备的红色文化教学点，形成区域红色文化教育联盟。党建教育基地的建设不仅需要地方政府的统一规划，还可以与企业签订合作协议，引入现代高科技的信息技术手段，打造精品的党建教育课程。地方党校的学员与其他党员可经统一组织进入党建教育培训基地进行学习，并根据不同的红色文化资源优势设置相应的学习目标，突出地方特色。这一模式制度的建立可参照遵义红色文化联盟的体系，其依托桐梓川东地下党支部联络站旧址、丙安红一军团纪念馆、红军街、遵义会议会址、毛主席旧居等红色文化资源，经遵义市政府批准建立了遵义市红源泉文化教育服务中心，是一所融培训、咨询、服务、红色产品研发为一体，以弘扬遵义精神，保护与传承中国传统革命文化为宗旨的专业培训教育基地。它为全国各地的各级党政机关、党校、企事业单位、社会团体、部队、大中专院校、中学、团校等组织机构提供了深度红色文化体验，进行革命传统理想信念教育。在师资教学方面，该培训中心与遵义市各级党校展开合作，教学团队强大，办学经验丰富，坚决贯彻并执行党的十九大及十九届二中、三中、四中全会精神，课程理论性强，能够为学员提供丰富多样的红色文化教育和红色文化拓展培训。在配套设施方面，红源泉文化教育培训中心设有教务部、培训部、拓展部，与 12 家星级酒店、数十家旅行社及高档餐厅签署了合作协议，能够为不同的学员群体提供定制化的课程培训，培训班的食宿、行程安排、专车接送等都可以根据不同的情况进行针对性地安排。在具体的课程设置方面，培训教育中心安排了诸如遵义理想信念红色教育两天行程、遵义信念红色教育三天行程、遵义红色旅游兼红色培训四天行程、遵义红色教育培训五天行程、遵义党性红色教育培训七天行程、遵义坚定信仰培训特色课程等形式多样的精品党建路线，还设有长期的红色文化培训班，满足学员的长期学习需要。边疆地区的综合党建培训教育基地的建立或可参考遵义红色文化联盟的这种形式，重点是要突出当地的红色文化资源优势，运用体验互动式的教学方法让党员、学员深深"记得住"红色文化资源的保护与传承。

鼓励文艺界大力进行红色文化的二次创作是推动红色文化大众化的主要途径。创作出深入人心的精品红色作品，讲好通俗易懂的红色文化故事有利于加深红色文化在群众中的印象，有利于红色文化反映更多的时代新风尚，贴近群众的日常生活。边疆文艺工作者将具有浓郁地方特色的民族文化融入红色文化作品的创作中，为社会主义主流文化提供更广阔的发展空间，带来更强烈的时代感染力，这是文艺工作者的历史使命与职责。深化红色文化的二次创作，就要从影视文学、红色歌曲、多元创作三个方面同时进行。

第一，在影视文学创作领域，加强红色编剧人才的建设培养，变导演中心制为编剧中心制是推动红色影视发展的关键环节。自古以来，文学作品始终是时代风尚及社会思潮最直接的体现形式，文学艺术成就的高低往往反映着一个时代的文化繁荣程度。在现代化社会的新时期，影视文学创作已然具有相当庞大的规模，用现代化的光影技术与传统文学相结合的方式进行创作，能够最大限度发挥红色文化资源优势，让群众更直接地进行交互式的红色文化体验。在这一过程中，红色编剧的创作至关重要。虽然影视剧的精彩程度往往由表演者的演技和制作团队的技术来决定，但是剧本的创作仍然是影视文学赖以生存的灵魂。目前在红色影视文学创作中体现的突出问题便是对红色文化的二次创作过于随意，对一些相关史料缺乏严谨的考证，导致创作过程中出现了较多的历史硬伤以及逻辑上的错误。过度神话红色英雄人物也导致了诸如抗日神剧的出现，严重歪曲了历史事实，反而使群众产生了反感情绪。导演中心制在一定程度上有利于激发表演工作者的潜力，对现场的统一调度也有积极的意义，但这也导致了影视文学创作随意性弊端的出现。为了一些艺术化情节的服务，已经成型的剧本往往需要经过现场更改，使红色影视文学的严肃性大大降低。编剧中心制的确立，就是将编剧作为一部影视剧的绝对核心，以剧本的创作为一切影视化的基础，在此之上进行影视资源和红色文化资源的上下整合。中国目前的影视编剧自主创作权较小，待遇较差，地位也相对较低，一些出色的红色影视剧本无法完成最后的影视化制作，剧本的研读工作也稍显不足。但目前，我国红色影视市场也建立了类似中国红色影视文化联合会、红色记忆影视策划中心等机构，中国红色影视文化联合会的成立对红色文化资源的整合以及红色编剧人才的培养具有重大意义。而这种模式也可以向边疆地区进行推广，由地方政府牵头组织成立红色文化影视基地中心，形成红色史料的收集、编剧人才的培养、红色剧本创作、演员挑选、剧本研读、现场拍摄、后期制作、宣传发行、影视剧审核的一条龙式服务，从根本上解决红色影视文学创作力度不足、随意化倾向高的问题，从而打造精品红色剧本，传播符合史实、积极、健康向上的红色影视文化。

第二，在红色歌曲的创作及传唱领域，边疆地区的文艺工作者们应紧扣新时代与民族性两大突出特点，在继承传统的基础上努力进行红色歌曲的创新，争取创作出符合新时代审美特征的精品红色歌曲。中国的红色歌曲是中国特色社会主义文化的标志性符号之一，在战争年代具有激励人心，鼓舞士气的巨大作用。中华人民共和国的国歌《义勇军进行曲》便是其中最为突出的代表性作品。但是在新时代条件下，红色歌曲的影响力逐渐减弱，受流行音乐的冲击以及欧美文化的影响，传统的红色歌曲已然面临被时代潮流抛弃的趋势。群众对于红色歌曲的印象逐渐固化，只有在一些特定的场合中才会进行相应的红色歌曲表演。而在日常的工作、学习、生活中，红色歌曲的出现以及相关活动的展开也稍显刻意。一些企事业单位以及各级学校每年强制性举办红歌会、红歌比赛等活动，且演唱作品毫无任何新意，不仅没有起到红色文化资源的保护与传承，还由于过度灌输式演唱导致红色歌曲成为形式主义的代名词。红色歌曲的传唱初衷本就是用音乐这种轻松愉快的文化方式与群众进行更好地交流，如果遗忘了这一初心并使红色歌曲脱离了人民，那么红色歌曲中所承载的革命精神便失去了存在的意义。要想使红色歌曲在新时代中仍然能发挥应有的功效，其一，要对传统的曲目进行现代化的改编，由专业的音乐制作人进行重新编曲，在保持原调精髓的情况下更加符合流行歌曲的风格。2019 年国庆期间，电影《我和我的祖国》上映，而其同名主题曲便是经典作品经由适当现代化改编之后形成的，伴随着电影的热映和国庆欢乐的气氛，《我和我的祖国》再一次传唱大江南北，也让群众深刻体会到了传统革命文化的力量。这种现代化的编曲以及电影与音乐相结合的方式，无疑有利于加强现代公众对红色文化的印象。其二，红色歌曲在新时代的发展不仅要传承经典还要勇于创新，利用新媒体、新平台的影响力鼓励音乐人进行新的红色歌曲创作。近年来，随着《中国好声音》《中国有嘻哈》《我是歌手》等音乐节目的火爆以及一批新的音乐人出现，中国的音乐市场注入了新的活力，其中不乏边疆地区的优秀唱作人的涌现。新时代红色歌曲的发展应该利用这一契机进行曲风的大胆突破和融创，打破传统的音乐题材限制，努力展现时代新风貌。而在突出民族特色这一方面，红色歌曲天然具有优势，许多红色歌曲的创作都具有浓郁的民族特性，民族文化是音乐文化的灵魂，亦是红色歌曲的根基所在，可以通过在边疆地区举办演唱会、开展公益性演唱活动、红色歌曲下基层等形式加强民族文化与红色歌曲的融合，让群众在红色歌曲的传唱中加深对革命历史、民族历史以及红色精神的记忆。

第三，在促进多元红色文化二次创作方面，边疆地区目前仍面临严峻的考验。通过影视文学、红色歌曲等二次创作的传播虽然也能够加固公众的红色的记忆，但这些形式较为传统，传播方式也较为单一，难以从根本上解决红色文化资源"记不住"的现象。所谓多元红色文化的二次创作，就是根据目前经济发展的新形势以及科学技术的进步而形成的有别于传统方式的作品。比如游戏产业的迅猛崛起以及短视频技术的风靡，为红色文化的二次创作提供了更为广阔的空间。在世界以及中国经济较为发达的区域，目前都比较注重在游戏中融合各种文化元素。这一产业的优势在于受众较广、线上销售模式较为成熟、沉浸式体验感出色，一款具有深度的游戏产品能够体现一个国家和一个民族的内在文化精神。目前来说，虽然我国的游戏产业也在直追世界领先水平，但在红色文化的融入方面尚不充分，没有充分发挥红色文化的引领作用，也没有借助游戏这一全新的社交平台扩大红色文化的影响力。边疆红色文化资源中拥有众多可歌可泣、感人肺腑的红色文化故事，这些资源不仅可以被改编为文学作品、影视剧，也可以成为游戏开发的独特素材。在游戏中深度植入红色文化的要素有利于让青少年群体在沉浸式体验中了解红色文化背后蕴藏的含义，也有利于净化游戏环境，引领青少年健康成长。关键是要敢于突破传统思维的束缚，为一些游戏开发商提供一定的优惠政策与便利条件，大胆进行跨领域、多产业的融合创新，在致敬红色经典作品的基础之上尝试改编工作，让其在信息化技术的加持下具有更深远的社会影响力。

上述对策只是建立"记得住"红色文化资源保护与传承支撑体系的部分建议，要想真正使边疆地区的红色文化资源保护与传承"记得住"，还需要在更多领域进行努力与突破。总之，加强红色文化的研究阐释和对其特色的挖掘、推动红色文化的通俗化与时代化以及良好的红色文化二次创作，是让红色文化"记得住"的根本所在。

（三）围绕"传得开"发力，拓展红色文化宣传教育平台，推动红色文化大众化、形象化

建立"传得开"的边疆红色文化资源保护与传承是一项长期工程，与红色文化的"看得见""记得住"相比，红色文化的"传得开"更需要通过大量的时间进行检验，这不仅涉及传播技术与传播媒介的问题，更为根本的是如何转变传播思维，确保红色文化在长时间内得到有效传播。而且，除了国内的红色文化传播，对国外的宣传工作也要跟上时代的脚步，在世界范围内提升中国的文化话语权。所以，"传得开"的红色文化资源保护与传承政策分为红色文化传播观念的改变、红色文化传播方式的创新以及红色文化对外传播方案三个方面。

在红色文化传播观念的转变方面，最根本的是要变红色文化传播的"传递观"为"仪式观"。这两个概念是由美国新闻传播学教育家詹姆斯·凯瑞于20世纪70年代提出的，他首先明确了传播的定义，传播是一个制造、保持、修补和转换实现的象征性过程。在这一象征性的过程中，一定的社会群体共享民族、阶级、性别和身份信仰，也即他们通过这一象征过程而拥有共同的文化。传播的"传递观"就是指传播为实现控制的目的而进行的信号或信息在空间中的传递，"传递观"的核心主体在于传播者与受传者。传播者的目的是通过信息的传递实现对空间与人的控制，使自己的思想或价值观念更有效、更迅速、更直接地传达给他人，通过符号化的信息观念进行意义的转移、传递与扩散，强调训诫、灌输与教导的功用。"传播的传递观强调信息在空间内的传布，以社会心理学与行为主义为基础，目的在于实现对空间和人的控制。"这也是目前中国红色文化传播的普遍思维，即在红色文化的传播过程中重视红色信息的直接传导，试图以

直接灌输的传递方式增强红色文化在当今社会的存在感。但多元化的社会发展以及各种社会思潮的融合碰撞，使这种红色文化传播的"传递观"很难真正起到让红色文化深入人心的作用，特别是边疆地区的思想情况较其他地区来说更为复杂，仅仅依靠强制性的信息传递不足以让红色文化得到有效传播。

而传播的"仪式观"是指一个现实社会得以生产、维系、修正和转变的象征性过程，其传播核心主体角色是参与者和旁观者，通过意义和符号的共同生产、共享和再生产来维系社会的运转，其目的是构建并维系一个有序、有意义的文化世界，对人类的行为加以遏制，表明一种社会秩序的存在，强调符号的象征性、艺术性和戏剧性。传播的"仪式观"认为，现实社会是由共享文化的群体共同参与构建的象征性现实，其宗教渊源在于把人群聚集在一起产生群体感情和共同性的神圣仪式。"传播的仪式观不是分享信息的行为，而是共享信仰的表征，强调文化的共享，目的在于维系一个社会。"与传播"传递观"相比，"仪式观"的最大不同就是重视文化的全民参与和全民共享，这使得文化信息的传递不是自上而下的说教与训导，而是所有具备共同情感与信仰的社会群体的彼此分享与重新确认，旨在确定维系社会秩序与社会情感的纽带，并从中汲取到不竭的精神鼓舞和情感源泉。在当今的中国社会中，这种红色文化传播观念的转变尤为重要。红色文化的创造主体是中国最广大的群众，本身就饱含着人民炽热的情感，随着时间的推移，这种对红色文化深沉的爱意不应被磨灭，而应让新时代的公众对红色文化有更加强烈的情感共鸣。红色文化应是全体中国人共同的信仰和情感基础，而不应仅仅只留存于执政党与党员心中。促进红色文化传播观念的转变有利于让全体群众以平等的方式，站在公共平台上分享对红色文化的感受与感情，使人与人之间的交流更加诚恳，这种以人为本的方式也符合时代潮流与社会客观发展规律。

要实现红色文化传播"传递观"向"仪式观"的转变，就要从节日仪式和媒介仪式两方面进行分析。

首先，从节日仪式上来说，这是促进红色文化传播观念转化的最直接途径。重大的节日与活动本身就是仪式的一部分，人们可以在元旦、春节、端午节、中秋节等重大节日中寻找到共同的情感归宿与精神力量，中国的传统文化也得以在这些节日庆典之中延绵不绝，成为维系整个中华民族的共同感情基础。边疆地区由于多民族聚居的情况，节日庆典活动更是丰富多彩，这些节日仪式不仅体现着各民族独特的信仰力量，也展现了民族大融合下的共同人文诉求。正是这些节日的存在，才能令群众在崇拜仪式的过程中感到兴奋与喜悦，才能不断提醒公众那些深藏于整个文明血脉中的集体记忆永远是我们一起创造的精神财富，"这些节日仪式所承载的传统的文化以及价值观即是作为我们中国的文化身份的最好证据。有了这些富有现代意义的节日仪式传统，内容才得以有栖身之地，中国的脊梁才得以顶天立地。"所以重视节日仪式的作用能够更有效地促进红色文化传播观念的转变，这就需要做到如下两点：一是重视加强红色传统节日中的仪式感并大力举办红色文化活动；二是在边疆地区的民族节日中结合红色文化的元素。

中国的传统红色节日形式多种多样，建党节、建军节、国庆节等节日都承载着重要的红色历史文化意义，目前党中央和人民政府也十分重视庆祝这些红色传统节日，会举办诸如纪念大会、阅兵仪式、红色文化教育等不同的仪式性活动，而群众的参与热情也在逐渐提高，会通过各种方式表达对红色文化的崇拜与喜爱。但是，红色文化传播观念的转变仍然任重而道远，在边疆的许多地区仍然存在群众参与度不高的情况，没有让全民共享红色传统文化节日的氛围，他们倾诉自己心中的感情。适当在这些传统红色节日当中增添愉快的文娱活动，有利于激发群众内心的仪式崇拜感，找到自身的情感归宿。2019 年是中华人民共和国成立 70 周年，在这一重大的历史时刻，全体中华儿女都从内心深处感到无比的自豪与喜悦，党和政府也没有仅仅只注重国庆节这一天的庆祝活动，而是将这种恢弘盛大的仪式感贯穿于一整年的活动当中。通过中华人民共和国成立 70 周年纪录片的拍摄、爱国主题影视剧的上映、红色歌曲演唱会的举办、红色读书日的开展、商品的打折促销以及线上线下各种大型聚会活动的进行，这种浓厚的节日氛围渐渐被推上了顶峰，全国各族的人民都能在这些仪式中增强爱国情感，彼此分享交流内心的感受，这便是红色文化中蕴涵的永恒的精神价值的外部象征性体现，也是促进红色文化传播观念转换最为广泛而行之有效的途径。这种充满仪式感的庆祝模式，不一定只停留在重大节日当中，而是可以通过一定的方式使之日常化。新疆洛甫县开展了主题党日活动欢庆七一建党节的到来，各级党组织安排了观看升国旗仪式、全体党员重温入党誓词、新党员发表入党感言、集体参观爱国主义教育基地、党课的交流学习等实践活动，而且还将主题党日活动深入乡村基层，使基层群众与领导干部、广大党员欢聚一堂，大大增进了群众的红色文化认同感，也时刻提醒着党员干部不忘初心、牢记使命、继续前行。除了新疆的部分地区外，西南边疆、内蒙古自治区、东北三省地区都在开展形式多样的主题党日活动，而且形成了"主题党日 +"的模式。主题党日 + 学习讨论、主题党日 + 脱贫攻坚、主题党日 + 扶贫帮困、主题党日 + 互联网红色文化传播，这些活动仪式的举办无疑能够让群众在日常生活中也能体会到红色文化中蕴涵的深刻精神思想。要加快转变红色文化传播观念，就要在保持这些模式的基础之上在边疆地区继续做全面而深入的推广，让红色文化的仪式感充满每一个人民心中。

其次，从媒介仪式上来说，这是实现红色文化传播观念转变的重要手段。所谓媒介仪式就是指"通过电视这一媒介形式，观众被邀请参与到一些重要的、具有共同性的活动或者事件中，从而呈现出的一种具有象征性质和表演性质的文化实践过程和行为。"在当今社会，电视不是媒介形式的唯一形式，各种网络信息交互平台也可以成为媒介仪式的承载形式，通俗来说，媒介仪式就是一个社会公共群体事件通过一定的媒介而被大众熟知，进而引起全民讨论，激发公众的强烈情感共鸣和文化认同。红色文化的传播也需要通过媒介仪式实现传播观念的变化，在这一过程中最为重要的是媒介事件的组织、策划、描述。边疆地区的群众很多无法直接亲身参与到红色传统节日的庆祝活动当中，必须通过一定的媒介直播带来现场体验，感受仪式盛会的恢弘与隆重。所以媒介仪式的本质是媒介事件的包装与策划，通过新闻工作者和媒体工作者的努力，使媒介事件的现场直播成为一场全民参与的盛会，让无法亲临现场的观众也能感受到仪式感带来的强烈文化认同。春节联欢晚会就是典型的媒介仪式的体现，春晚的直播既是一种文化表达行为，又是一种全民狂欢的仪式。通过春晚，国家意识形态得以再次体现，中国春节的民俗文化得以广泛认同，华夏儿女的共同身份得到再一次心理确认，它代表着一种民族精神与文化标识的传承，同时也让全国各族同胞找到了心灵的归宿。国庆阅兵式的直播也是媒介仪式的代表，通过观看这一隆重的国家仪式，群众得以树立民族自信心和自豪感，也能从中体会到红色文化自强不息、艰苦奋斗的伟大精神，彰显爱国主义情怀。要想进一步让媒介仪式在边疆红色文化的传播过程中发挥作用，除了维持这些国家庆典的仪式感之外，也要体现基层工作的仪式感。地方政府以及新闻电视台可以深挖本地区的红色资源，并与媒介事件进行整合，合理进行组织策划，进行主题鲜明的媒介仪式直播活动。这样不仅可以提高基层党员的工作积极性，也能带动当地民众的参与热情，提高内部的凝聚力、向心力。国家也要给予边疆地区一定的政策支持和财政支持，建立基层媒介仪式的长效机制，明确预期目的，健全仪式的反馈制度。

通过节日仪式与媒介仪式两种传播手段，能够有效促进边疆地区红色文化传播观念的转化。但需要注意的是，立足于群众永远是红色文化传播仪式观的基础。一旦这种仪式感陷入了"官方化""商业化""形式化"当中，就会消解其中的社会构建与情感表达功能，所以无论何时何地，都要随时注意构建媒介事件与民意、民情的相互关联。

在边疆红色文化传播方式的创新方面，加强新媒体平台的利用、促进中央媒体与边疆地方媒体的联动、打造边疆新型传媒集团是三个主要的对策。

网络信息时代，互联网已成为最重要的文化宣传平台，在信息化程度日新月异的背景下，如何利用好红色文化的网络传播是一个重要课题，新媒体平台为红色文化的传播注入了活力，但边疆地区的红色资源信息化程度相对较低，为解决这一问题就要做到以下三点：第一，在各大红色旅游景区建立微信公众号、网络售票平台、网络宣传中心等公共平台，一方面，这些公共平台的建立能够让大众更清晰、更直观地捕捉红色文化资源的信息，了解红色景区的特色，制定更详细的游览计划；另一方面，公共平台的建立也能方便红色旅游景区的宣传工作，扩大其影响力，并节约管理成本。第二，利用短视频平台等新媒体加强红色文化的网络传播，诸如抖音、快手、今日头条等短视频 APP 如今已经在群众的生活中占据越来越重要的地位，并且带来了所谓的"快餐文化"现象，这种文化思潮追求通俗、速成、短期效应，并不注重文化内涵的长期深厚积累。快餐文化是社会生活节奏加快的产物，对任何形式的传统文化都造成了极大的冲击，但也正因为如此，快餐文化得以在群众广泛传播，成为一股不可忽视的文化力量。红色文化与"快餐文化"并非不能融合，红色文化天然具备的包容力和引导力能够正确引导"快餐文化"的前进方向，使之成为帮助社会发展的健康文化，而红色文化也可以借助短视频平台的时效性与通俗性扩大传播的影响力。第三，完善红色文化的网络监管机制。红色文化在网络新媒体平台的传播虽然卓有成效，但是不能放松对网络舆论的监督管理。过度的红色文化消费导致了一些带有戏谑成分的"红段子"的产生，更有甚者利用网络平台对红色文化进行恶意诋毁，诸如此类的现象必须予以严厉的制裁与打击。尤其是在边疆地区，许多涉及境外敌对势力与民族分裂的信息、言论、词汇要予以坚决的屏蔽，造谣传播者也要接受依法传讯。只有加强网络红色文化传播的监督环境，才能有利于红色文化更健康地利用新媒体平台进行传播。

建立中央媒体与边疆地方媒体的联动机制也是红色文化传播方式创新的重要途径，在媒体融合愈发明显的情况下，媒介资源的整合能够进一步促进红色文化资源的传播，发挥中央媒体与地方媒体的各自优势，也可以令红色文化的传播更有针对性。在红色文化资源的保护与传承工作中，中央媒体无疑具有决定性的推动力，在新闻报道、红色影视剧的播出、大型红色文化活动的直播、社会主义核心价值观引导等方面，中央媒体有着不可替代的作用。依托于强大的财力支撑、技术支撑以及专业素养较高的新闻媒体工作者，中央媒体能够最大限度地进行红色文化资源的整合、包装、宣传，且中央媒体的传播受众面较为广泛，公信力高、权威性强，这些优势都让中央媒体在红色文化的传播过程中拥有主导性的地位。而边疆地方媒体同样也有着自身的优势，由于红色文化资源具有地域性的特点，且部分红色资源还具有民族性的特征，地方媒体在红色文化的具体传播过程中拥有了中央媒体某些不具备的效力。从受众角度上来说，地方媒体虽然没有广泛的受众面，但却更有针对性，目标受众较为明确，这使得地方媒体能够根据受众的文化口味制定专门的红色文化传播策略。虽然其权威性远不如中央媒体，但更具备亲和力，也更容易被当地的受众群体所接受。此外，虽然地方媒体受财政、技术、人员的限制无法制作太隆重的红色文化节目，却可以根据本地的红色文化资源情况进行详细考察，形成更具趣味性和本土化的传播内容。所以，中央媒体和地方媒体在红色文化的传播方面各自具有重要作用，如果能整合二者的优势，建立自上而下的红色文化资源纵向传播网络，那么便会对红色文化的传播起到巨大的助推作用。要做到这一点，就要加强红色文化资源的共享、共建、共同传播，边疆地方媒体可以深挖本区域优质的红色文化资源，并输送到中央媒体，由中央媒体进行筛选后进行新闻报道、电视节目等的策划工作，利用中央媒体强大的技术能力形成高质量的红色文化媒体内容。而中央媒体也可以派出专业的技术人员深赴边疆各地，为边疆媒体提供一定的技术指导与方向引领，同时在当地寻找红色文化资源，同地方媒体进行联合内容的制作，以便让红色文化的传播深入基层、深入群众。国家中央新闻网络也可以在边疆地区建立分站，积极与地方媒体进行合作，提高红色文化资源传播的广度与深度。加强中央媒体与地方媒体的层级交流互动机制，既能发挥中央媒体的领导作用，又能使地方媒体有更广阔的传播前景，既保证了红色文化传播的严肃性、专业性，又不失趣味性与亲和力，有利于实现红色文化资源利用的最大化，促进红色文化传播的进一步发展。

加强红色文化的传播不仅需要传播观念的转变以及官方、地方媒体的融合，还需要打造新型红色文化传媒公司，以资本和文化传播相结合的方式提高红色文化资源的社会影响力。习近平总书记在主持召开中央全面深化改革领导小组第四次会议时强调："坚持先进技术为支撑、内容建设为根本，推动传统媒体和新兴媒体在内容、渠道、平台、经营、管理等方面的深度融合，着力打造一批形态多样、手段先进、具有竞争力的新型主流媒体，建成几家拥有强大实力和传播力、公信力、影响力的新型媒体集团，形成立体多样、融合发展的现代传播体系。"建设培养新型媒体集团是形成现代传播体系的内在要求，也是促进红色文化传播的必要手段。随着改革开放的逐渐深入与经济的持续平稳高速发展，中国的传媒企业已经具有了相当雄厚的实力，但是边疆地区的传媒集团数量较少，规模较小，没有形成一定的市场竞争力，导致边疆的很多红色文化资源得不到充分的开发利用。从目前的红色文化传播现状以及传媒行业的发展局势来看，在边疆地区打造新型红色文化传媒集团首先要得到中央政府的大力支持，包括一定的财政倾斜与政策优惠。新型红色文化传媒集团的建设最根本的基础是优秀的媒介内容，只有不断进行红色传媒内容的创新，才能为群众带来质量过硬的红色文化传媒产品。新型红色传媒集团的建设要注意进行跨领域、多渠道、多媒体的多线传播，建立综合的传播网络体系，为红色文化的发展提供良好的条件与通道。目前，单一领域的红色文化传播已无法满足群众的日常需要，而从我国的传媒领域整体战略布局上看，大部分传媒集团的传播渠道仍稍显单一，文化影视传媒企业只通过影视剧的制作来实现文化的传播，电视文化传媒企业则主攻文化电视栏目的制作，报业传媒集团则主要以传统纸质媒体为文化传播平台。边疆新型红色文化传媒集团的打造，就要在传媒领域进行大规模的业务整合，运用多渠道复合的传播方式，实现红色文化的全线传播，并利用跨领域、跨平台的传播优势与技术优势对优质红色文化资源进行全面的包装处理，形成具有内容深度以及真挚情感的红色文化产品。还可以在此基础之上推出红色文化周边产品，在带动红色文化产业进步与经济建设发展的同时推动红色文化传播的创新型传承，跳出传统思维的束缚与产业限制，形成经济效益与文化效益双赢的局面。

红色文化在对外传播方面，目前还存在着明显的短板。与在国内的传播不同的是，红色文化在境外的传播需要面临诸多新的挑战，语言不通、文化观念差异、缺乏有效渠道是三个主要问题。由于中外的语言环境差异较大，红色文化的内涵很难被国外完全理解，而语言又是一个民族最重要的文化载体和价值符号，只有跨越语言的障碍才能保证传达精准有效的文化信息。边疆多民族地区本身就有着不同的语言环境，这对红色文化的对外传播来说既是一个优势，也是一个劣势。优势在于，边疆地区的多语人才较为丰富，有利于红色文化的翻译、宣传等工作的开展；劣势在于，如何在复杂的语言环境下保持红色文化的基本内涵不被曲解、歪曲、误传。这就需要国家与当地政府继续优化边疆地区语言人才的培养模式，让红色文化首先扎根于这些人的心中，强化多语言人才的专业技能，使其深入了解不同国家的语言习惯、修辞、语法等知识，保障红色文化的信息能够畅通无阻地传达给世界各国人民。和语言障碍相比，文化观念与意识形态的差异对红色文化对外传播造成的困难更为显著。红色文化本身就是中华民族传统文化的结晶，代表着社会主义主旋律的独特价值体系，世界各国的文化也是其经历漫长岁月后留存下的宝贵精神财富。文化本无先进与落后之分，任何文化都是本民族独特的精神文明标识，习近平总书记在亚洲文明大会开幕式上说道："人类只有肤色语言之别，文明只有姹紫嫣红之别，但绝无高低优劣之分。认为自己的人种和文明高人一等，执意改造甚至取代其他文明，在认识上是愚蠢的，在做法上是灾难性的！我们应该秉持平等和尊重，摒弃傲慢和偏见，加深对自身文明和其他文明差异性的认知，推动不同文明交流对话、和谐共生。"① 这也是红色文化对外传播应该秉持的核心理念与指导思想。文化之间的交流融合难以避免会出现分

---

① 习近平在亚洲文明对话大会开幕式上的主旨演讲. 新华社，http：//politics. people. com. cn/n1/2019/0515/c1024 - 31086589. html.

歧与矛盾，关键是如何正确处理这些矛盾。红色文化本身就是开放包容的文化，它所传递的文化观念亦是平等的、温和的，其中的自强不息、艰苦奋斗、顽强拼搏等精神内涵更是具有普世意义的文化价值，它代表着中国人民对真理、公平、正义的不懈追求，也代表着一种世界共通的人文主义情怀。而"一带一路"等经济建设的推动以及文明交流大会等的举办虽然可以为红色文化的对外传播提供有效的渠道，但在民间的交流还稍有不足。红色文化的传播还是应该立足于基层之中，特别是边疆地区的群众与境外的交流机会较多，应当利用这一天然优势鼓励群众创造更丰富的红色文化形式，并不断提高群众的文化素养，让红色文化的对外传播在基层生根发芽。

（四）围绕"融得进"发力，合理开发利用红色文化资源，推动红色文化产品生活化、发展协同化

要建立"融得进"的红色文化资源保护与传承体系，就要使红色文化真正融入群众的工作、学习、生活，要使红色文化的元素渗透到群众生活的点点滴滴当中。

红色文化融入群众的日常工作生活中，首先就要做到让红色文化融入基层党员的工作中去，其次在一些民间企业中用红色文化引领员工的工作方式与生活方式。边疆地区的很多工作都需要在基层完成，重视基层党员的工作生活、精神建设能够提高其积极性与工作热情，有利于边疆地区的进一步发展。红色文化中开拓进取的时代精神与全心全意为人民服务的核心理念，为基层的党建工作和边疆地区的建设提供了重要的精神支撑，能够提升广大党员的奉献情怀与责任意识，提高基层党组织的凝聚力与向心力，让党员同志永葆初心，保持坚定的政治信仰和正确的社会价值观。要使红色文化更好融入边疆基层党员的工作生活中，就要用红色文化指导边疆基层党组织的思想建设、制度建设和作风建设。

利用红色文化指导边疆基层党员的思想建设是目前最重要的工作之一，也是使红色文化融入党员工作、生活的根本所在。要合理利用本地区的红色文化资源，提高党员的党性修养，坚定理想信念与政治决心。红色文化是社会主义文化的一部分，并非孤立存在。要时刻以马克思列宁主义、毛泽东思想、邓小平理论、"三个代表"重要思想、科学发展观、习近平新时代中国特色社会主义思想作为自身的指导纲领，努力克服落后封建思想的束缚以及资产阶级思想的腐化，摆脱畏难情绪，培养吃苦耐劳、勇于奉献的精神，踏踏实实为边疆地区的经济建设、政治建设、民生建设贡献力量。保持群众路线永远是基层党建工作的法宝之一，在具体的实践过程中，一要让基层党员加强对当地民众的思想教育和生活关怀，二要加强党员自身的政治素养与道德品质。边疆基层党员除了日常的工作外，也要时刻注意与当地群众之间的联系。在乡村、牧区等边疆地带，基层党组织要对当地民众进行定期的专题培训，领导党员深入偏远区域，发挥党员的模范带头作用，还要认真听取群众的意见，为人民办好事、办难事、解难事。在对当地民众的思想教育工作中，最关键的是避免红色文化的刻意灌输与深奥理论的简单说教。毛泽东曾于《在延安文艺座谈会上的讲话中》提到："什么叫作大众文化呢？就是我们的文艺工作者的思想感情和工农兵大众的思想感情打成一片。"①利用红色文化指导边疆地区的思想建设就是要让红色文化与社会主义核心价值理论变成大众的文化，这就要求广大深入基层的党员学习群众的语言，用通俗易懂、生动活泼、贴近生活的语言形式将红色文化的深刻内涵与人民的日常思维联系在一起，使基层党组织能够更好地教育群众、服务群众、引导群众，努力实现党员与群众共同建设边疆偏远地区的新局面。同时基层党组织也要热心关切群众的日常生活，定期组织人员对偏远地区的群众开展慰问工作，在乡村、牧区等地区举办红色文化活动，成立一支专门的红色文化宣传队伍，改变目前红色文化在基层宣传载体落后的局面。在加强基层党员的个人政治素养与道德品质方面，边疆党组织要积极组织红色文化的学习培训工作，利用网络化的优势建立红色文化远程教育平台，充分利用新媒体等信息技术，对基层的党员进行全方位的科学文化教育，引导广大党员在学习平台上交流日常心得、分享学习经验。同时还要注重基层党员开发实用的生活技能，多为当地群众解决一些具体的生活困难，并注重这些生活技巧的总结与传授，以便更好与人民打成一片。还要注意对基层党员个人生活的关心，在工作与学习之余开展形式多样的文娱活动，丰富党员的业余生活。

红色文化中的集体主义精神和个人服从组织、下级服从上级的理念为其指导基层党组织的制度建设提供了理论依据，也只有更好地确立基层党组织的基本组织原则和工作原则，才能更有利于红色文化融入广大党员的工作生活中。边疆偏远地区的党组织工作具有一定的特殊性，地域面积的广大使党员需要深入不同地方进行工作，这就造成了一定程度上党组织管理的松散。加之偏远地区的人才数量相对不足，很多基层党组织缺少足够的能力完成党的制度建设任务。改善这一局面的关键首先在于统一组织当地的党员学习最新的理论精神，紧跟时代的步伐，做到团结统一，合力向前。西藏自治区的林芝市就在 2020 年多次举办了学习贯彻党的十九届四中全会精神，市委及时召开了市委常委会议，对中央的最新决策部署以及十九届四中全会的会议要旨做了透彻的宣讲与学习。市委常委成立带头班子，深入林芝市的偏远地区进行会议精神的宣传工作，在各级政府、机

---

① 毛泽东选集．第 3 卷［M］．北京：人民出版社，1991：853.

关、团体开展专题党课，引导广大党员与群众深刻了解中华人民共和国 70 年来形成历史巨变背后的制度优势和制度逻辑。各级党组织也成立了专门的宣讲队深入到林芝市的各个基层地区，与群众展开了亲切的交流对话，利用座谈会、分析案例、讲红色故事等形式在全市上下掀起了一股学习红色文化与十九届四中全会精神的热潮。从市中心到偏远山村，从城市到牧区，从各级机关到每一位百姓家中，红色文化如春风般浸润了这片土地，让革命传统精神与社会主义建设精神在每一位市民心中生根发芽。只有不断进行类似的红色文化学习活动，定期在基层召开学习大会并形成长效机制，才能武装党员的思想，铸成牢不可破的长城，为党的基层制度建设奠定坚实的基础。在此基础之上，贯彻民主集中制的基本工作原则是制度建设的根本保障，灵活运用这一原则可以创造性地解决基层工作中的许多疑难杂症。为保证民主集中制的落实，边疆地区的党组织就要定期召开民主生活会，围绕目前党的中心工作与地方建设工作进行一系列的讨论与分析。在民主生活会中，基层党组织要及时传达党中央与上级党组织的指示要求，认真学习党的路线、方针、政策；参与会议的党员应结合当地的实际情况认真总结经验，并提出自己的建议，还要认真听取其他党员的思想汇报，开展批评与自我批评，加强问题意识的养成，在不断的学习交流中提高自身的政治素养。在民主生活会中，还要在条件允许的情况下邀请当地居民参加，党员干部要认真听取群众对工作的意见，分析群众的情感需要，关心群众的生活保障，构建实事求是、平等民主的基层组织管理机制。为解决边疆地区人才不足的现状，应加强相应的人才吸引政策，鼓励优秀人才入党，由党组织牵头成立专业的长期人才培养基地。

以红色文化指导基层党组织的作风建设，是建立"融得进"的红色文化的保护与支撑体系的又一有效途径。红色文化中为人民服务的公仆精神以及廉洁奉公的高尚品质都是净化组织作风问题的良药，弘扬立党为公、执政为民的红色文化理念有利于让广大的党员干部自觉抵制奢靡之风、腐败之风、享乐主义和官僚主义，构建以红色文化为主要内容的党风廉政制度。大风起于青萍之末，细节的成败往往决定了事物发展的最后结局，要想进一步加强基层党组织的作风建设，首先，要从细微之处入手。边疆基层党组织要定期组织党委机关、村民委员会、居民委员会等领导干部、党员学习《中国共产党廉洁自律准则》《中国共产党纪律处分条例》以及习近平总书记系列讲话内容，提升机关干部与党员对廉政作风建设的认识，使其意识到作风问题的重要性，形成严于律己、作风端正的良好工作氛围。其次，坚持执政为民的宗旨。目前在我国的党政工作中，还是存在较为明显的官僚主义作风。尤其是边疆的偏远地区管理较为困难，使部分领导干部形成了懒政、不作为等不良风气，带来了不良的社会影响，严重影响了党和政府的公信力。在这样的情况下就要加强对基层党员工作者的党性教育，坚持人民的利益无小事的办事方针，努力把最优质的服务带给边疆地区的群众，切实解决群众的生活所需、工作所需，达到惠民、便民、利民的治理目的。最后，还要在基层党组织的作风建设中加强问责机制，对一些违反党员准则与工作规定的人员应予以严肃处理。边疆地区的自然条件、物质条件较为艰苦，治理难度相对较高，在某些时候容易造成党员干部工作热情不高的现象，除了要对其进行一定的心理指导外，还要从制度上根本性地杜绝这一类问题。基层党组织应明确告假制度，严格执行上下班制度。对长期缺勤缺岗的党员干部应视现实情况进行查处，上级党组织应派出专人对其进行思想教育；对在工作中散漫懒政的党员，应在适当的条件下将其调离当前岗位；对屡教不改、态度不端正者应上报上级领导进行严肃处理。

在红色文化融入群众的学习方面，边疆地区也存在着许多的不足。首要的问题便在于边疆的学校资源相对不足，师资力量相对较弱，教育体系不完善。学生的日常知识汲取尚无法得到有效保障，红色文化的融入就更显困难。针对这一情况，让红色文化融入边疆群众的学习生活就要加强政府对边疆地区的教育资源倾斜，增加社会财政投入与教育支出。但仅仅做到这一点是远远不够的，只有建立完备的红色文化教育体系，并且让红色文化积极融入校园文化之中，才能真正让红色文化融入边疆人民的学习生活中去。

建立边疆红色文化教育体系，应从课程设置入手进行一定的改革。目前我国的各小学、中学、高校都设有政治理论课程，让学生能够全面了解中国政治的各个方面的知识，但突出的问题在于实践教育的不足。红色文化的教育应紧密与学生的实际生活相联系，努力创建新型红色文化实践体验模式。除了传统的军训、实践基地的教育之外，科学运用本地的红色文化资源优势打造全新的教育方式是打造红色文化教育体系的重中之重。各级学校应与本地的红色旅游景区、革命文化遗产、纪念馆、博物馆保持良好的合作关系，定期让学生参观红色文化资源，并配以专业的讲解人员进行宣讲，增强学生对红色文化内涵的领悟力。在参观结束后，除了撰写观后感、进行必要的交流讨论外，可以让学生进行自由结组，以参观内容为基础依托，通过查阅相关的文献资料将其改写为剧本，并进行红色小剧场的展示演出。这一过程中不仅可以放松学生的身心，达到寓教于乐的目的，而且还能够加深学生对于红色知识的印象，使其更深刻地理解红色文化的内涵。各级学校还要积极开展学生进社区服务工作，在周末、假期等课余时间，学校可组织学生参观革命老区、敬老院等社区，尤其是偏远贫困地区的社区服务工作更应该得到重视。学生应在服务的过程中积极与老党员、群众等展开交流活动，交流自己对于革命精神与红色文化的认识，进行义务劳动工作，为社区居民献爱心、送温暖。开展社区实践服务，能够让学生进一步体会革命胜利果实的来之不易，提醒其感念先辈、不忘初心，让学生认识到自己是国家未来前途命运的承担者，培养其担当意识，身体力行地践行红色精神。各级学校还应注意将红色文化渗透到校园的每一个角落中去，创造校园的红色文化氛围与环境。可以在学校内部修建具有当地特色并且带有典型革命历史意义的人物雕像、事件雕像，让学生时刻感受到红色文化博大精深的内涵，激励其上进心与荣誉感。可用一些重要的、为当地作过突出贡献的红色历史人物为教学楼、校园道路命名，提醒学生牢记历史、不忘使命，努力成为对社会有用的栋梁之才。在学校的校刊、宣传海报、班级画报中，也可以突出红色文化的影响，充分利用学校的宣传阵地优势，做红色文化、历史事件、历史人物的日常科普，刊登时政要闻，让学生时刻置身于红色文化的熏陶之中。最后，学校也可以在内部举办诸如红色知识竞赛等文化活动。为弘扬中华传统文化，央视在近年连续推出《中国诗词大会》《中国成语大赛》等文化节目，而红色文化在校园的融入可以遵循这一模式，让学生在竞争的环境中更好体会红色文化的内涵。在必要时可以扩大红色文化活动的规模，通过多校联合举办的方式形成有地区影响力的红色知识竞赛，优胜者颁发证书并获得一定的学分、奖学金等评选优势。边疆师资力量较为雄厚的学校还可以邀请相关红色文化的专家举办讲座活动，拓宽学生的学习视野，让学生更细致深刻地了解红色文化的传承脉络。对红色文化有特别兴趣者，学校应组织创办红色文化学习论坛或小组，给学生更多交流的机会，进一步培养他们对红色文化的兴趣，使红色基因更好地融入校园的学术风气中。

使红色文化融入边疆地区群众的娱乐生活，是实现"融得进"红色文化保护与传承支撑体系的有力补充。人民的生活不仅包含工作与学习，适当的娱乐对于社会的发展也大有裨益，只有让群众在红色文化中获得愉悦、舒适的体验，才能更有利于红色文化在现代社会的发展。潮流红色文化创意产品的开发是令红色文化融入群众娱乐生活的关键一步，要想开发出精品的红色文创产品，就要做到以下几点：第一，注重实用性与审美性兼备。现在红色文化创意产品开发的突出问题之一就是只注重产品的审美性而忽略了实用性，导致许多红色文化创意产品虽然设计精美并且具有较大的纪念意义，但很难引起消费者的购买欲望。第二，对消费者群体做细致而深入的市场调研，厘清各阶层、各年龄群体的红色文化需要，有针对性地设计红色文化创意产品，尽可能满足目标人群的消费需要、情感需要，将红色文化更好地传播到受众群体当中。这一点在目前的红色文化创意产品市场中并不缺乏经典案例，2007 年，李宁以经典的 001 球鞋作为基础蓝本，以为人民服务的精神作为内涵依托，以绿色军用书包和小红本为设计灵感，推出了"服务为民"的纪念款球鞋，在全球限量 35 双发售。这一鞋款的推出在当时的红色文化产品市场以及球鞋市场都引起了空前的震动，一度被业内人士认为是国产复古鞋领域的巅峰之作。李宁公司对这款鞋的设计，便很好地融合了红色文化元素与潮流文化元素，既照顾了产品的审美性，也具有极强的实用性。同时该产品的目标消费群体也较为明确，锁定在了热爱红色文化并且具有一定消费能力的人群之中。第三，突出当地特色的红色文化元素，避免红色文化产品陷入抄袭、重复的怪圈。如井冈山红色旅游景区有一款名为"八角之光"的床头灯具产品，其背后的寓意是一段感人至深的红色小故事。在井冈山革命斗争时期，毛泽东同志在一座八角楼上办公、生活，而由于物质的紧缺，毛主席每晚只会使用一根灯芯。所以"八角之光"的设计不仅突出了红色景区的地方特色，还具有深远的教育意义。边疆红色文化创意产品的设计与销售也可以借鉴这种开发模式，努力寻找区域内有特色、教育意义重大的红色文化资源，聘请专业产品设计师进行定制设计服务，追求匠心精神，大胆运用现代潮流的元素加以融合，强化红色文创产品的商品属性，加大创意力度，同时注重产品的实用功能，推出群众喜闻乐见的红色文创产品。更重要的是通过红色文化创意产品的开发传递一种红色文化理念，让广大消费者在获得满足感的同时体会红色文化的精神内涵，实现红色基因的广泛传承。

要做到红色文化全面融入边疆群众娱乐生活，另一个关键步骤是让红色文化与本地的民俗文化紧密结合，使红色文化的影响力在区域特色文娱活动中得以展现。各个边疆地区都有极具地方特色的民俗活动和娱乐活动，这些活动代表着独特的地域文化，与当地居民的日常生活息息相关，有些甚至成为必不可少的生活调味剂。红色文化要融得进群众的生活，就要巧妙融合在这些民俗娱乐活动之中。新疆维吾尔自治区以及内蒙古自治区每年都会举办举世闻名的那达慕大会，这是蒙古族历史悠久的传统节日，代表着娱乐、游戏、丰收等寓意，象征着蒙古族人民对美好幸福生活的享受与感激。在民族融合以及社会多元化发展的今天，那达慕大会已经不仅仅是蒙古族一族的盛会，更是全国各族同胞集体欢乐的海洋，甚至吸引了许多国外友人慕名而来。每一位游客在其中都能领略独特的民族风情，获得充分的旅游体验。除了传统的摔跤、赛马、射箭三项体育锦标之外，那达慕大会还融入了现代的田径、篮球、排球、拔河等项目。而当夜幕降临之时，大草原上四处载歌载舞，让每一个置身于其中的人都能沉浸在节日的欢乐气氛当中。而红色文化也应注意与这一类盛会的融合，近年来已有部分地区的红色文化代表队报名参与了那达慕大会的体育赛事，为红色文化的传播贡献良多。在此基础之上，应进一步加强红色文化资源与此类大会的联系，在入场仪式、歌舞表演等环节渗透进红色文化的元素。有些地区的那达慕大会已经利用这一国际盛会的吸引力和号召力在开幕式上展开先进集体和先进个人的表彰活动，凸显了隆重的仪式感。在那达慕物资交流会、民间手工艺品展等活动中，也可以加强红色文化产品的展示与销售，让全国各族人民及世界各国友人领略红色文化的风采。东北边疆地区的二人转、小品等也是脍炙人口的民俗文化形式，在东北三省乃至全国区域都具有非凡的社会影响力，但这些民间的艺术形式在一定程度上还存在低俗化的倾向，这就需要加强红色文化的引领作用，以红色故事为主要蓝本，创造更多积极向上的艺术内容。这既可以令红色文化搭上民俗活动这一强大的外部载体而扩大在社会中的传播效力，也可以让民间通俗的娱乐活动更具深度与广度，更好地展现时代精神与风貌。

总之，要建立"融得进"的红色文化保护与传承体系，就要合理开发利用红色文化资源，推动红色文化创意产品的创新研发与市场化，注重基层的党建工作与群众的日常生活，努力使红色文化元素融入学生的校园生活，做到红色文化的日常化、发展协同化，让红色文化资源"融得进"群众的工作生活、学习生活以及娱乐生活。

综上所述，要建立"看得见""记得住""传得开""融得进"的红色文化资源保护与传承支撑体系，就要广泛调动社会资源，做到政府、企业、社会团体、公民的协调统一。加强顶层制度设计，大胆运用现代化信息技术做红色文化传播的助推力，打破传统思维的局限，培养群众对红色文化资源的自觉保护意识，加大红色文化在基层的传播与影响，让红色文化大众化、时代化。

参 考 文 献

［1］Stuart Hall，Paul du Gay，ed. Doing Cultural Studies：the Story of the Sony Walkman ［M］. London：Sage Publications，1997，P. 12.

［2］安静. 西南少数民族的巫师及功能浅析 ［J］. 传承，2012 (4)：74 – 77.

［3］白四座. 以"三期规划"为指引　全面推进红色旅游发展 ［N］. 中国旅游报，2016 – 12 – 19 (3).

［4］本刊记者. 我爱"彝"也爱"红"——歌剧《彝红》九人谈 ［J］. 中国民族，2016 (10)：70 – 75.

［5］毕素梅，蔡道成，张侨. 海南中部民族地区旅游营销战略研究 ［J］. 科技和产业，2016，16 (9)：45 – 49，57.

［6］卞成林，阳玉平. 全方位、多维度铸牢中华民族共同体意识——广西民族大学党委书记、博士生导师卞成林教授访谈 ［J］. 社会科学家，2020 (5)：3 – 8，162.

［7］蔡翠红. 中美关系中的"修昔底德陷阱"话语 ［J］. 国际问题研究，2016 (3)：13 – 31，137.

［8］柴建才. 运城红色文化资源保护与开发研究 ［J］. 运城学院学报，2017，35 (1)：23 – 28.

［9］晁正蓉. 新疆红色文化资源开发利用现状及对策建议 ［J］. 新西部，2019 (19)：23 – 28.

［10］陈法娟. 新视阈下安徽红色文化资源保护和利用 ［J］. 湖北第二师范学院学报，2016，33 (12)：51 – 54.

［11］陈贵宗. 甲午战争爆发前中日各自决定派兵赴朝的原因 ［J］. 吉林大学社会科学学报，1994 (1)：73 – 79.

［12］陈国勇. 云岭红色记忆——新民主主义革命时期党在云南的民族工作 ［J］. 今日民族，2006 (7)：12 – 17.

［13］陈欢. 红色档案视角下边疆民族地区大学生理想信念教育机制的构建 ［J］. 经济与社会发展，2014，12 (3)：133 – 135.

［14］陈江生. 中国成为世界第二大经济体后应当研究的战略性问题 ［J］.

毛泽东邓小平理论研究，2014（10）：45 – 46，91.

[15] 陈晋. 红色文化是中国共产党人的鲜明政治标识 [J]. 党建，2019（5）：16 – 17.

[16] 陈力丹. 传播是信息的传递，还是一种仪式？——关于传播"传递观"与"仪式观"的讨论 [J]. 国际新闻界，2008（8）：44 – 49.

[17] 陈立长. 西北五省红色文化遗产保护与旅游开发研究 [D]. 郑州：河南大学，2014.

[18] 陈琦，秦泽慧，王中岭."红色物业"融入社区治理：理论与实践——以百步亭社区为例 [J]. 江汉大学学报（社会科学版），2018，35（1）：68 – 72，126.

[19] 陈强. 新时代少数民族地区红色文化资源整合研究——以四川省泸州市为例 [J]. 忻州师范学院学报，2020，36（4）：112 – 115.

[20] 陈伟，刘早. 论媒介依赖与媒介素养 [J]. 新闻天地（论文版），2008（3）：40 – 41.

[21] 陈燕. 边疆民族地区高校大学生社会主义核心价值观认同教育浅探——以广西民族师范学院为例 [J]. 广西民族师范学院学报，2015，32（1）：123 – 125.

[22] 陈忠国. 旅游人类学视阈下鄂西南民族地区红色文化研究 [D]. 恩施：湖北民族学院，2015.

[23] 杜向武. 中小学利用红色资源开展德育的现状与思考——以桂越边境地区为例 [J]. 广西民族师范学院学报，2016，33（3）：66 – 69.

[24] 杜振吉. 文化自卑、文化自负与文化自信 [J]. 道德与文明，2011（4）：18 – 23.

[25] 范连生. 黔东南红色文化保护与传承的现状及对策 [J]. 凯里学院学报，2013，31（1）：76 – 79.

[26] 范周，周洁."一带一路"战略背景下的中国文化软实力建设研究 [J]. 社会科学文摘，2017（3）：16 – 18.

[27] 冯骋. 贵州少数民族红色旅游区建筑遗产保护研究——以黎平为例 [J]. 江西建材，2015（5）：29 – 30.

[28] 冯尔康. 试析康雍乾三帝接受俄葡英三国使节国书礼仪 [J]. 安徽大学学报（哲学社会科学版），2018，42（5）：79 – 93.

[29] 高承海. 中华民族共同体意识：内涵、意义与铸牢策略 [J]. 西南民族大学学报（人文社科版），2019，40（12）：24 – 30.

[30] 高换婷. 英国使臣觐见中国皇帝引起的礼仪之争 [J]. 中国档案，2008（7）：54 – 57.

［31］龚厚清，邢晶晶．少数民族文化产业发展面临的困难与问题研究综述［J］．四川民族学院学报，2012，21（4）：50－55．

［32］古月明，钟易，温泉等．赣南红色文化资源的保护与开发研究［J］．赣南医学院学报，2013，33（5）：798－799．

［33］谷松岭，杨晓苏．试析红色文化对推进当代中国马克思主义大众化的作用［J］．山东行政学院学报，2011（1）：128－129．

［34］顾冠华．中国传统文化论略［J］．扬州大学学报（人文社会科学版），1999（6）：3－5．

［35］管永前．在文明互鉴中树立文化自信［J］．前线，2017（1）：51－54．

［36］郭鹏飞．文化循环理论视角下流行音乐文化的转型［J］．北方音乐，2018，38（21）：246－247．

［37］韩华．少数民族地区文化产业与市场发展探究［J］．四川戏剧，2014（12）：85－88．

［38］郝亚明．中华民族共同体意识视角下的民族交往交流交融研究［J］．西南民族大学学报（人文社科版），2019，40（3）：9－13．

［39］何立华，成艾华．少数民族人口流动的特征、变化及影响——基于最近两次全国人口普查资料的分析［J］．民族研究，2016（6）：23－38，124．

［40］何萍．文化产业发展影响因素实证分析及对策研究——基于产业集聚与知识投入的交互效应［J］．湖南财政经济学院学报，2013，29（6）：124－128．

［41］何晓明．近谋远虑谁能解　得失成败论书生——戊戌变法一百一十周年祭［J］．天津社会科学，2009（2）：122－127．

［42］何彦霏．边疆民族地区主流意识形态传播的困境与策略［J］．云南民族大学学报（哲学社会科学版），2019，36（3）：18－23．

［43］贺剑武．红色旅游热与广西民族地区旅游业的发展［J］．特区经济，2007（7）：169－170．

［44］洪雁．湘鄂西民族地区红色教育资源开发利用现状与思考［J］．湖北民族学院学报（哲学社会科学版），2010，28（3）：128－130．

［45］胡丹，邢彩丽．当前红色文化建设面临的主要挑战及对策建议［J］．现代商业，2012（33）：288．

［46］胡继冬．论红色文化的社会记忆建构——基于符号学的视角［J］．广西社会科学，2018（2）：179－183．

［47］胡艳梅．利用红色文化推进民族地区马克思主义大众化［J］．百色学院学报，2014，27（6）：108－111．

［48］黄海洲，周诚君．中国对外开放在新形势下的战略布局［J］．国际经

济评论，2013（4）：4－5，23－49．

[49] 黄家周．党的十七大以来国内关于马克思主义大众化路径研究综述 [J]．理论与改革，2014（3）：183－187．

[50] 黄谋琛．文化大发展的外部驱动 [J]．中共济南市委党校学报，2013（1）：48－52．

[51] 黄三生．发展红色文化：推进马克思主义大众化的重要路径 [J]．求实，2012（3）：90－92．

[52] 黄伟林，张俊显，彭鹏等．广西文化符号影响力调查报告 [J]．广西师范大学学报（哲学社会科学版），2012，48（4）：35－44．

[53] 黄霞．少数民族地区传承红色文化的现状、存在问题和路径分析 [J]．文化学刊，2020（2）：11－14．

[54] 黄有东．从"文化自卑"到"文化自信"——对"五四"以来中国三次文化宣言的诠释 [J]．中华文化论坛，2005（3）：118－123．

[55] 贾海洋，姜迎春．试论当代世界文化发展趋势及其面临的挑战 [J]．思想教育研究，2019（4）：123－127．

[56] 姜竹青．将红色文化融入基层党建工作 [J]．人民论坛，2019（4）：46－47．

[57] 焦艳，黄琳庆，李南．西南民族地区高校推进马克思主义大众化的路径探析 [J]．延边党校学报，2012，27（2）：11－13．

[58] 金香花．民族地区高等院校增强《中国近现代史纲要》课教学实效性探索——以延边大学为例 [J]．吉林省教育学院学报（上旬），2014，30（8）：40－41．

[59] 晋楠．内蒙古红色文化及其德育价值探析 [J]．学理论，2015（36）：189－191．

[60] 李婕．英国文化遗产保护对我国的借鉴与启示——基于财政的视角 [J]．经济研究参考，2018（67）：32－39．

[61] 李金．校园网络文化视域下大学生核心价值观教育——以民族地区高校为例 [J]．广西民族师范学院学报，2015，32（2）：118－120．

[62] 李康平．论红色资源在国防生军人核心价值观教育的运用 [J]．教育研究，2010，31（2）：73－76．

[63] 李美娴．一带一路战略下民族文化现实问题与机遇把握 [J]．贵州民族研究，2018，39（9）：43－46．

[64] 李楠，王懂礼．国家意识形态安全视域下中华优秀传统文化的传承和弘扬 [J]．思想理论教育导刊，2019（4）：85－89．

［65］李倩．红色文化资源：概念辨析、形成条件与发展历程［J］．武夷学院学报，2016，35（11）：65-68.

［66］李如．基于村民感知的红色旅游地旅游扶贫效应研究［D］．西安：西安外国语大学，2018.

［67］李世愉．改土归流与国家治理［J］．遵义师范学院学报，2018，20（2）：12-20.

［68］李喜所．关于戊戌变法失败原因的历史反思［J］．史学月刊，1998（4）：11-13.

［69］李焱．民族地区红色文化与社会主义核心价值观［J］．边疆经济与文化，2018（8）：61-63.

［70］李育民．甲午战争暨《马关条约》与中外条约关系的变化［J］．抗日战争研究，2015（2）：127-147.

［71］李育民．近代中外战争与条约关系（上）［J］．社会科学研究，2015（6）：173-183.

［72］李宗桂．试论中国优秀传统文化的内涵［J］．学术研究，2013（11）：35-39.

［73］梁楚晗，魏洁，梁洁．红色档案资源在民族地区高校人才培养中的探讨——以右江民族医学院为例［J］．右江民族医学院学报，2012，34（2）：254-255.

［74］梁化奎．概念的张力和边界——"革命文化""红色文化""党史文化"辨析［J］．前沿，2016（11）：75-78，86.

［75］梁军，陈丽娇，沈林．民族地区红色文化传承研究［J］．产业与科技论坛，2018，17（10）：203-204.

［76］梁军，马明飞，沈林．协同创新视域下西南民族地区红色文化传承研究［J］．科技资讯，2018，16（6）：224-225.

［77］廖坤慧．贵州民族地区红色旅游解说词翻译规范化研究［J］．贵州民族研究，2015，36（1）：160-164.

［78］林子．红军文化遗产保护利用与民族地区脱贫攻坚新路——以贵州省为例［J］．贵州民族研究，2018，39（1）：179-183.

［79］刘晨．宁夏红色文化的时代价值研究［D］．银州：宁夏大学，2019.

［80］刘程．新经济先锋："独角兽"企业［J］．决策，2016（10）：74-75.

［81］刘定禹，饶志华．红色文化资源开发的四维视阈［J］．学术交流，2013（8）：212-215.

［82］刘红梅．红色旅游发展的历史阶段研究［J］．井冈山大学学报（社会

科学版），2016，37（1）：18 – 28.

[83] 刘慧．世界秩序观变迁与我国现代化进程的发展 [J]．郑州大学学报（哲学社会科学版），2013，46（1）：161 – 164.

[84] 刘润为．红色文化论 [J]．文艺理论与批评，2013，（4）.

[85] 刘书林，王宏岩．五四运动与先进青年知识分子的选择——纪念五四运动 100 周年 [J]．思想理论教育导刊，2019（12）：46 – 55.

[86] 刘亚玲，林杰，曹荻等．边疆民族地区结合民族文化创新基层党建工作探析——以楚雄彝族自治州为例 [J]．中共云南省委党校学报，2013，14（2）：90 – 93.

[87] 刘志军，严淑华．社会主义核心价值体系融入国民教育的路径 [N]．光明日报，2012 – 07 – 14（11）.

[88] 卢尚月．民族地区社会主义核心价值观建设探究——以广西为例 [J]．鸡西大学学报，2014，14（12）：51 – 54.

[89] 陆春蓉．边疆民族地区大学生忧患意识教育实现路径 [J]．广西民族师范学院学报，2020，37（2）：133 – 135.

[90] 路月雷．石河子与沙湾区域旅游整合开发研究 [D]．石河子：石河子大学，2010.

[91] 吕其庆．不忘革命传统　坚定理想信念 [J]．红旗文稿，2016（9）：25 – 28.

[92] 罗方迪．浅析中国东北地区红色旅游开发 [J]．现代交际，2017（21）：38.

[93] 罗丽琳，蒲清平．红色文化的思想政治教育基因及其时代价值 [J]．新疆师范大学学报（哲学社会科学版），2018，39（6）：45 – 52.

[94] 罗晓蕙．广西边境地区马克思主义大众化实现路径研究 [D]．桂林：广西师范学院，2014.

[95] 马晶晶．大理地区红色资源的思想政治教育价值及实现研究 [D]．大理：大理大学，2019.

[96] 马开能，杨子英，和静平，等．传承红色基因　发扬优良传统　勇担新时代民族团结进步示范区建设使命 [J]．今日民族，2019（9）：1 – 7.

[97] 马戎．中华文明的基本特质 [J]．学术月刊，2018，50（1）：151 – 161.

[98] 马玉堂．新时期民族工作的指南——学习习近平同志在中央民族工作会议上的讲话 [J]．西北民族大学学报（哲学社会科学版），2015（3）：7 – 11.

[99] 毛泽东选集．第 3 卷 [M]．北京：人民出版社，1991：853.

［100］茅海建．戊戌政变的时间、过程与原委——先前研究各说的认知、补证、修正（二）［J］．近代史研究，2002（5）：135 – 192．

［101］莫海燕．西部民族地区高校依托脱贫攻坚"四结合"实践育人的研究与思考——以广西交通职业技术学院为例［J］．当代广西，2020（3）：58 – 59．

［102］戚文闯．超越与局限：魏源"师夷长技以制夷"的长时段考察［J］．理论月刊，2018（7）：58 – 63．

［103］齐渌晗．文化生态价值下少数民族传统村落保护与发展［J］．贵州民族研究，2016，37（11）：83 – 86．

［104］钱宁．云南边疆少数民族信仰基督教的社会历史原因分析［J］．中南民族学院学报（哲学社会科学版），1998（3）：39 – 43．

［105］秦容．基于循环经济理论的旅游发展研究——以四川凉山彝族自治州为例［J］．中国商贸，2010（20）：167 – 168．

［106］邱枫．红色文化传播研究［D］．长沙：中南大学，2012．

［107］邱志红．60 余年来国内洋务运动史研究述评［J］．兰州学刊，2014（12）：1 – 20．

［108］求是杂志．砥砺奋进的五年［M］．北京：学习出版社，2018．

［109］任复兴．晚清士大夫对华夷观念的突破与近代爱国主义［J］．社会科学战线，1992（3）：139，195 – 201．

［110］任平．全球文明秩序重建与中国文化自信的当代使命——兼论建构马克思主义中国化的文化形态［J］．中共中央党校学报，2017，21（1）：71 – 82．

［111］任旭彬．创新边疆文化旅游的思考——以广西崇左市为例［J］．沿海企业与科技，2018（5）：49 – 52．

［112］阮金纯，杨晓雁．云南少数民族文化传承模式及其现代化进程中的困境［J］．云南民族大学学报（哲学社会科学版），2014，31（5）：62 – 66．

［113］石培新．红色旅游教育功能提升与可持续发展机制创新［J］．宏观经济管理，2020（5）：83 – 90．

［114］史小亚．少数民族原生态音乐的原始困境与现代传承——基于民族文化保护与传承视角［J］．贵州民族研究，2015，36（6）：58 – 61．

［115］宋成鑫，王静．红船精神的内涵及其现实启示［J］．牡丹江大学学报，2021，30（1）：1 – 6．

［116］宋明昌．中国出版传承发扬中华文明［J］．中国出版，2014（13）：6 – 14．

［117］苏明达，梁汝毅．草原上的红色文化工作队——记内蒙古"乌兰牧骑"［J］．中国民族，1965（Z1）．

[118] 唐文娟，马立发. 深度挖掘红色内涵加快发展红色旅游——四川民族地区红色旅游发展现状、存在的问题和对策思考 [J]. 社科纵横（新理版），2010，25（1）：84-85.

[119] 田宗远，谢仁生. 西部少数民族地区马克思主义大众化困境与对策研究 [J]. 国家教育行政学院学报，2012（6）：6，56-58.

[120] 汪勇. 红色文化与马克思主义中国化、时代化、大众化 [J]. 贵州师范大学学报（社会科学版），2011（5）：77-81.

[121] 汪勇. 论红色文化与马克思主义大众化 [J]. 理论月刊，2012（4）：13-16.

[122] 王朝阳. 少数民族文化产业的传播技术困境及对策 [J]. 新闻前哨，2011（3）：32-34.

[123] 王崇景. 红色文化艺术教育对当代大学生思想道德的影响 [J]. 艺术百家，2016，32（S1）：319-320.

[124] 王春阳. 论红色旅游的产业发展 [J]. 学术交流，2014（1）：121-124.

[125] 王丛，卞春泉. 全球化背景下少数民族非遗文化的新型分类 [J]. 贵州民族研究，2016，37（2）：57-60.

[126] 王东. 五四新文化运动若干问题辨析 [J]. 哲学动态，1999（4）：37-40.

[127] 王广振，曹晋彰. 文化产业的多维分析 [J]. 东岳论丛，2010，31（11）：145-149.

[128] 王慧婷. 试析中法战争中李鸿章态度转变始末 [J]. 贵州文史丛刊，2011（3）：34-40.

[129] 王家荣，杨宇光，朱小理. 转化："红色资源"从育人困境中突围的关键 [J]. 南昌大学学报（人文社会科学版），2010，41（1）：16-19.

[130] 王姣艳. 关于红色文化基本问题的研究 [J]. 世纪桥，2018（10）：45-48.

[131] 王洁. 红色旅游文化与少数民族地区红色旅游 [J]. 贵州民族学院学报（哲学社会科学版），2008（4）：96-101.

[132] 王开琼. 民族地区红色文化资源建设与保护研究 [J]. 智库时代，2017（6）：14-15.

[133] 王敏，汪勇. 红色文化助推贵州民族地区脱贫攻坚的价值与路径 [J]. 老区建设，2020（2）：8-15.

[134] 王敏，汪勇. 新时代民族地区红色文化传承价值的四维探析 [J]. 观

察与思考，2020（6）：89 - 94.

［135］王敏．新形势下发扬乌兰牧骑精神的时代价值［J］．内蒙古电大学刊，2020（1）：66 - 69.

［136］王善，程川．海南黎族红色文化与社会主义核心价值体系［J］．贵州民族研究，2015，36（2）：5 - 8.

［137］王婉．云南：云岭之上攀高峰［J］．保密工作，2019（10）：14 - 17.

［138］王秀苹．红色文化融入民族地区高校社会主义核心价值观培育的路径探析［J］．开封教育学院学报，2019，39（10）：209 - 210.

［139］王中强．社会主义核心价值体系建设视域中的红色文化传承与创新［J］．山东社会科学，2010（10）：134 - 137.

［140］温健琳．民族地区高校思想政治教育的三重维度：文化、传播、认同［J］．贵州民族研究，2013，34（3）：175 - 179.

［141］温岳鹏．百色精神及其当代价值研究［D］．桂林：广西师范大学，2012.

［142］温岳鹏．少数民族地区推进马克思主义大众化的思考［J］．群文天地，2012（8）：249 - 250.

［143］文琦．大庆红色文化资源开发利用策略——以名人印迹研究为例［J］．大庆社会科学，2019（4）：116 - 118.

［144］翁杰明，左汝忠，刘晓年．开拓创新更好发挥教育功效［J］．党建，2000（5）：41 - 42.

［145］吴慧明．基于红色文化传承的大学生志愿服务创新研究［J］．吉林省经济管理干部学院学报，2015，29（3）：136 - 138.

［146］吴娜．红色文化记忆与国家认同［J］．新疆社会科学，2017（3）：131 - 135.

［147］吴琼．民族地区高校思政课实践教学模式构建——以广西民族师范学院为例［J］．广西民族师范学院学报，2020，37（1）：137 - 140.

［148］吴越，于广莹．大数据时代红色文化传承的困境与路径研究［J］．现代交际，2019（24）：90 - 91.

［149］伍启杰，王丽．黑龙江少数民族地区弘扬红色文化的价值研究［J］．世纪桥，2019（12）：89 - 90.

［150］武建军．发展红色旅游的双重社会价值分析［J］．辽宁师专学报（社会科学版），2008（4）：12 - 14.

［151］习近平．决胜全面建成小康社会　夺取新时代中国特色社会主义伟大胜利［N］．人民日报，2017 - 10 - 28（1）．

［152］习近平．决胜全面建成小康社会夺取新时代中国特色社会主义伟大胜

利［R］. 在中国共产党第十九次全国代表大会上的报告.

［153］习近平. 决胜全面建成小康社会夺取新时代中国特色社会主义伟大胜利—在中国共产党第十九次全国代表大会上的报告［M］. 北京：人民出版社，2017.

［154］习近平. 在北京大学师生座谈会上的讲话［N］. 人民日报，2018 - 05 - 03（2）.

［155］习近平总书记看望文艺界社科界委员的微镜头. "共和国是红色的"［N］. 人民日报，2019 - 03 - 05（1）.

［156］夏吾交巴. 新时代民族地区文化自信及其实践价值［J］. 青海师范大学民族师范学院学报，2018，29（2）：42 - 45.

［157］项福库，何丽. 开发利用红色文化资源推进社会主义核心价值观培育对策研究——以渝东南红色文化资源开发利用为例［J］. 井冈山大学学报（社会科学版），2013，34（4）：16 - 20，27.

［158］新华网. 习近平：决胜全面建成小康社会　夺取新时代中国特色社会主义伟大胜利——在中国共产党第十九次全国代表大会上的报告［EB/OL］. http：//www. xinhuanet. com/2017 - 10/27/c_1121867529. htm. 2017 - 10 - 27.

［159］徐京跃. 习近平在湖南调研时强调：以更加奋发有为的精神加强和改进党的建设为实现"十二五"时期良好开局提供坚强保证［N］. 人民日报，2011.

［160］徐魁峰. 以文化自觉和文化自信指导老区高校文化建设——以百色学院为例［J］. 广西民族师范学院学报，2016，33（2）：52 - 55.

［161］许晓明. 论红色文化遗产与广西新兴城市文化发展［J］. 广西民族师范学院学报，2012，29（4）：21 - 23.

［162］薛子燕. 科学与救国：近代中国科学观念开展的历史语境［J］. 自然辩证法研究，2015，31（2）：66 - 72.

［163］杨建辉. 试论红色文化在建设社会主义核心价值体系中的价值及其实现途径［J］. 思想理论教育导刊，2010（11）：101 - 103.

［164］杨建新. 从民族关系视阈论中华文化［J］. 西北民族大学学报（哲学社会科学版），2011（4）：1 - 9.

［165］杨永春，韦宗林. 贵州民族文化的多样性保护与民族团结——从一个民族杂居村谈起［J］. 贵州民族学院学报（哲学社会科学版），2001（3）：14 - 16.

［166］杨泽明，陈钰业. 文化自觉·文化自信·文化繁荣·文化自强——探寻中华文化发展的内在逻辑［J］. 西北民族大学学报（哲学社会科学版），2013

（5）：131 – 137，146.

［167］尹诗雯．广西少数民族大学生民族精神培育研究［D］．桂林：广西师范大学，2016.

［168］尤文梦，王永贵．习近平中华优秀传统文化观的思想精髓和价值意蕴［J］．中国矿业大学学报（社会科学版），2020：1 – 9.

［169］于春梅，季诗洋，李文睿，等．少数民族红色文化资源的保护和传承［J］．理论观察，2018（4）：111 – 113，177.

［170］余威，翁若宇，陈秋平．民营企业慈善行为中的红色文化因素研究［J］．南方经济，2020（4）：100 – 114.

［171］袁艳，胡汉昌．中日近代化之制度模仿比较［J］．武汉大学学报（人文科学版），2004（5）：556 – 562.

［172］臧运祜．《马关条约》与近代中日关系［J］．湖南师范大学社会科学学报，2018，47（1）：125 – 133.

［173］张寒梅．红色文化的内涵、特征及传播创新研究［J］．重庆工商大学学报（社会科学版），2014，31（1）：157 – 160.

［174］张洁．立德树人背景下本土红色文化的价值转化——以兴义民族师范学院为例［J］．百色学院学报，2019，32（2）：130 – 135.

［175］张岚岚，魏代强．深度开发红色资源丰赡校园红色文化［J］．扬州大学学报（高教研究版），2009，13（6）：21 – 23.

［176］张泰城．论红色文化资源的分类［J］．中国井冈山干部学院学报，2017，10（4）：137 – 144.

［177］张微微，于海洋．"华夷秩序"研究的历史演进及其启示［J］．东北师大学报（哲学社会科学版），2017（1）：92 – 99.

［178］张艳敏，Jiao Shitai．边疆民族地区红色旅游内涵及其多元价值分析——以左右江红色旅游区为例［J］．百色学院学报，2015，28（3）：108 – 112.

［179］张怡，马驷骏，王雅娴．红色文化的"立体化"教育在大学生党建工作中运用的初探——基于江苏省高校的研究［J］．法制与社会，2017（13）：216 – 218.

［180］张元勋．豫南红色文化资源保护与开发中的问题与对策研究［J］．焦作师范高等专科学校学报，2011，27（4）：54 – 57.

［181］章建明．红色文化运用于党建工作研究综述［J］．红色文化学刊，2019（3）：94 – 101，112.

［182］赵宝云，吴建民．西藏民主改革以来发展人权的历史成就［J］．思想理论教育导刊，2011（2）：31 – 34.

［183］赵洪君. 积极推进红色旅游加快民族地区经济发展［J］. 西南金融，2007（3）：42－43.

［184］郑艳. 乾隆为何在圆明园中修建西洋楼［J］. 北京档案，2014（11）：55－56.

［185］中华人民共和国中央人民政府：中华人民共和国国务院令第 377 号［EB/OL］. http：//www. gov. cn/zwgk/2005－05/23/content_153. htm.

［186］钟国云，陈欢. 红色文化：桂越边疆民族地区农村基层党建工作的重要依托［J］. 学术交流，2012（11）：35－38.

［187］钟国云. 红色文化：桂越边疆民族地区社会稳定与和谐的重要依托［J］. 学术交流，2013（4）：20－23.

［188］周金堂. 把红色资源红色传统红色基因利用好发扬好传承好［J］. 党建研究，2017（5）.

［189］朱敏，林坤，王菲，等. 红色经济井喷［J］. 新经济导刊，2011（7）：20－27.

［190］左玉河. 洋务运动、甲午战争与中国早期现代化的顿挫［J］. 红旗文稿，2014（14）：27－29.

后　　记

"走的再远都不能忘记来时的路"，这是《习近平谈治国理政》第三卷中第十九专题的开篇第一章，习近平总书记强调，"共和国是红色的，不能淡化这个颜色"。红色文化资源是共和国的生命之源，是中国共产党百年奋斗的力量之源，是铸牢中华民族共同体意识的重要基础，能够为实现中华民族伟大复兴的增添动力。从上海中共一大会址到浙江嘉兴南湖红船、从江西于都中央红军长征集结出发地到甘肃高台中国工农红军西路军纪念馆，从沂蒙山老区华东革命烈士陵园到大别山老区金寨县红军纪念堂，党的十八大以来，习近平总书记遍访革命故地、红色热土，就是为了不断解读党的初心。用好红色资源，讲好红色故事，搞好红色教育，让红色基因代代相传，才能够让我们党领导人民进行的伟大社会革命继续推进下去，才能够以团结奋进的精神状态迈上全面建设社会主义现代化国家新征程。在"两个一百年"奋斗目标交汇之时，全国各族人民应当充分保护好、利用好、传承好红色文化资源，从中汲取永不衰竭的动力，早日实现中华民族的伟大复兴。

边疆多民族地区的红色文化资源十分丰富，红军长征、血战湘江、四战四平、百色起义、彝海结盟等重要历史事件为边疆多民族地区留下了十分丰富的红色文化资源，乌兰夫、赵尚志、韦拔群、陈潭秋等老一辈革命家在边疆多民族地区的红色事迹至今仍深深地影响着我们。在推进中国特色社会主义伟大事业、实现中华民族伟大复兴的征程上，边疆多民族地区的红色文化资源需要得到充分的保护和利用，才能够强有力地推动边疆多民族地区的经济社会发展，才能够增强各族人民的政治认同，才能够让各族人民树立文化自信。

保护和传承边疆多民族地区红色文化资源将增进民族团结。在边疆多民族地区，各族群众一同创造了历史悠久的中华文化，特别是在近代以来，中国共产党在广大少数民族地区宣传革命思想，留下了红色的火种，带领各族人民一同抵御外来侵略、夺取革命成功，创造了红色文化，留存下来的红色文化资源正是各民族团结奋斗的历史见证和共有记忆。保护好、传承好这一重要的文化资源，将成为开展民族团结进步教育、铸牢中华民族共同体意识的重要路径。

保护和传承边疆多民族地区红色文化资源将唤醒共有记忆。红色文化作为一种特殊的文化现象和意识形态，是中国共产党在革命时代领导全国各族人民创建的。在中国特色社会主义新时代到来的今天，仍然面临着发展不平衡不充分的社会现实，国内文化竞争日益激烈，国际局势日益复杂，红色文化面临着被消解、边缘化的现实问题。保护和传承边疆多民族地区红色文化资源，将凸显出追求民族团结和国家统一在边疆多民族地区红色文化资源中的根基地位，将唤醒各族人民的集体记忆，只有将红色文化资源留存下来，才能够维护民族团结和国家统一。

保护和传承边疆多民族地区红色文化资源将维护社会和谐。边疆多民族地区红色文化资源中蕴含着丰富的崇高理想信念和精神财富，忠诚爱国、艰苦奋斗、无私奉献等理想信念在建设和谐社会的今天依然有着强大的生命力，保护和传承边疆多民族地区红色文化资源将为重构新时代和谐民族关系和和谐社会提供重要的思想基础。同时，在文化多元化的今天，红色文化还担任着丰富精神世界、引领社会风尚、传播正能量的重要作用，保护和传承边疆多民族地区红色文化资源将加强边疆各族人民的思想道德建设，增强各族人民的凝聚力，推动我国边疆地区的和谐与稳定。

保护与传承边疆多民族地区红色文化资源将带动经济发展。当前我国社会主要矛盾已经转化为人民日益增长的美好生活需要同不平衡不充分的发展之间矛盾，脱贫攻坚战已经取得了全面胜利，如何让各族人民的日子过得越来越红火成为了边疆地区发展的重要问题。红色文化资源不仅仅是一种文化资源，同样也是一种重要的经济资源，在推动边疆多民族地区经济转型、引领经济高质量发展的道路上有着十分重要的作用。保护和传承边疆多民族地区红色文化资源，将为边疆多民族地区的社会发展提供坚实的意识形态保障和精神源泉，将为边疆多民族地区发展旅游业、文化产业提供关键的资源支撑，将使全体人民在共建共享发展中获得更多的获得感与成就感。

访革命圣地，忆峥嵘往昔。在进行实地调研和文献研究的过程中，革命先烈的英勇事迹不断感染着我。本书是我主持的 2018 年度国家社科基金重大项目"边疆多民族地区红色文化资源调查、保护与传承研究"（18ZDA270）的主要研究成果。在研究的过程中新冠肺炎疫情为我国人民的工作和生活带来了重大的冲击，也为课题组外出调研带来了巨大的挑战，但是课题组成员依旧克服了重重困难，完成了课题的相关调研工作，该书才能够顺利出版。回想起本书的撰写过程，课题组的成员从确定写作提纲、查阅文献，到实地调研，理论分析，既有艰苦和不易，也有快乐和成就。

我还要感谢课题组成员中国社会科学院民族学与人类学研究所所长王延中研究员、中国社会科学院马克思主义研究院邓纯东研究员、新疆师范大学副校长孙秀玲教授、延边大学民族研究院院长朴今海教授、广西民族大学发展规划处处长陈媛教授，在他们的支持下，课题组才能够深入西北、北方、东北、西南地区进行深入调研，进而获得了大量的有益于本书研究的一手资料。感谢经济科学出版社李晓杰对本书出版所付出的辛勤劳动，感谢在本书的校对和出版过程中所有付出心血的朋友们。

卞成林

2022 年 8 月